Jad Turjman
Wenn der Jasmin auswandert

Jad Turjman

Wenn der Jasmin auswandert

Die Geschichte meiner Flucht

Residenz Verlag

Bibliografische Information der Deutschen Nationalbibliothek
Die Deutsche Nationalbibliothek verzeichnet diese Publikation in
der Deutschen Nationalbibliografie; detaillierte bibliografische Daten
sind im Internet über http://dnb.dnb.de abrufbar.

www.residenzverlag.at

3. Auflage, 2020

Umschlaggestaltung: Thomas Kussin
Umschlagbild: Jad Turjman
Autorenfoto: Foto Flausen
Typografische Gestaltung, Satz: Lanz, Wien
Lektorat: Maria-Christine Leitgeb
Gesamtherstellung: CPI books GmbH, Leck

ISBN 978 3 7017 3480 1

Vorwort

Die Diskussion um die Flüchtlinge ist nicht nur in Österreich, sondern in ganz Europa eine virulente. Meist werden dabei alle, die ihre Heimat verlassen mussten, über einen Kamm geschert. Oft wird generalisiert. Selten werden individuelle Geschichten erzählt. Und fast immer wird *über* die Flüchtlinge, selten wird *mit* ihnen gesprochen.

Die absolute Ausnahme ist es, wenn die Flüchtlinge das Erzählen ihrer Geschichte selbst in die Hand nehmen. Dabei können sie selbst betonen, was sie an ihrer eigenen Geschichte wichtig und erzählenswert finden. Sie können nicht nur den aktiven Teil der Flucht schildern, sondern auch all die Gedanken, die sie bei der Abreise, bei der turbulenten Flucht und bei der Ankunft begleiteten.

Ich habe selbst als Journalist in der arabischen Welt viele Fluchtgeschichten gehört und habe vieles davon aufgeschrieben und versucht wiederzugeben. Dabei hat es durchaus oft etwas Sinnstiftendes, Menschen ein Gehör zu verschaffen, die normalerweise nicht gehört werden, in der Hoffnung, dass individuelle Geschichten über Leid, Unterdrückung und Flucht etwas in den Köpfen bewegen. Aber diese Arbeit hat immer ein Manko, das allen journalistischen Reportagen und Schilderungen anhaftet: Es sind Geschichten, wiedererzählt – aus zweiter Hand. Authentizität ist etwas, das jeder Journalist sucht, aber es gibt nichts Authentischeres, als wenn die Objekte, über die berichtet wird, zu Subjekten werden, die sich selbst Gehör verschaffen und bestimmen, was sie, etwa über ihre Flucht, anderen mitteilen wollen – aus erster Hand.

Dass es im deutschsprachigen Raum bisher nur wenige selbst gestaltete Schilderungen von Flüchtlingen über ihre Flucht gibt, hat sicherlich auch mit der Sprachbarriere zu tun. Und wahrscheinlich werden in den nächsten Jahren mit zunehmendem Spracherwerb diese Flüchtlingsgeschichten bei den Sachbüchern und in der Literatur ein eigenes Genre werden. Aber noch sind sie die große Ausnahme.

Eine dieser rühmlichen Ausnahmen liegt nun vor Ihnen. Geschrieben ist das Ganze von einem jungen Syrer, den ich vor Kurzem bei einer Veranstaltungsreihe des Landes Salzburg kennenlernen durfte. Wir beide hatten die Ehre, fast einen ganzen Tag lang zu der Gruppe von mehreren hundert Schülern im Pinzgau zu sprechen. Dabei fiel mir auf, wie engagiert, aber auch, für seine kurze Anwesenheit in Österreich, wie eloquent Jad versuchte, seine eigene Fluchtgeschichte den Schülern nahezubringen, die ihm lange aufmerksam zuhörten. Für diese jungen Menschen war es offensichtlich eine einzigartige Erfahrung, die Geschichte einer Flucht aus dem Mund eines Flüchtlings selbst zu hören. Ich glaube oder, besser gesagt, ich hoffe, Jad hat an diesem Tag viele Köpfe bewegt.

Phänomenal fand ich schon damals, wie gewandt Jad seine Geschichte in seiner gerade frisch erlernten Sprache Deutsch formulieren konnte. Vieles von dem, was er beschreibt, habe ich in Kriegsgebieten selbst erfahren. Etwa seine Schilderung von den »elastischen Seelen«. Besser lässt sich das Phänomen der Lebensnormalität im Krieg kaum ausdrücken. Die elastische Seele gewöhnt sich an fast alles. Jads Seele hat es auch in Damaskus im Kriegszustand ausgehalten, er hat im Stadtmagistrat gearbeitet, in einem Büro, in dem Menschen Schadenersatz für ihre zerstörten Häuser beantragen konnten. Er war also diesem Krieg im Kopf jeden Tag ausgeliefert. Einmal war er sogar von einer Al Kaida-nahen Gruppe für Lösegeld entführt worden, während im Nebenzimmer andere Gefangene exekutiert wurden. Ein anderes Mal fand er sich Gott sei Dank nur als zufälliger und unbeteiligter Besucher in einem der Folterkeller des Regimes wieder. Jedes dieser Erlebnisse ist so weit jenseits der österreichischen Erfahrungswelt, dass die Leserinnen und Leser wahrscheinlich Schwierigkeiten haben, sich solche Szenen überhaupt vorstellen zu können. Da ist der brutale Syrien-Krieg plötzlich zum Anfassen. Für Jad waren das nur weitere Tests für seine elastische Seele.

Sein eigentlicher Fluchtgrund war dann so banal wie der vieler junger syrischer Männer, die in den Regimegebieten leben. Als der Einberufungsbefehl in Assads Armee ins Haus geflattert kam, kam auch der Moment, in dem sich der junge Mann entscheiden musste, nicht nur, ob er sein Leben riskieren, sondern auch, ob er zum unfreiwillig eingezogenen Mittäter des Regimes werden wollte. »Das war nie mein Krieg«, rechtfertigt Jad seine Entscheidung im Buch mehrmals.

Man hat ihn zu diesem Zeitpunkt schon ganz gut kennengelernt, sein Berufs- und sein Familienleben, seine Freundin in Damaskus, als der aufregende Teil des Buchs beginnt und Jad die Leserinnen und Leser bei seiner Flucht über den Libanon, die Türkei und dann quer durch Europa mit an die Hand nimmt. Man fühlt sich dabei ein wenig wie ein Voyeur einer verzweifelten Flucht und taucht ein in die faszinierende Welt aus Enttäuschungen und Erfolgen, immer reflektiert durch die Gedanken des Flüchtlings Jad. Es ist keine Schwarzweißwelt, die da präsentiert wird, etwa die ambivalente Dynamik zwischen Flüchtlingen und Schlepper. Da trifft man immer wieder jene skrupellosen Menschen, die die Flüchtlinge wie Ware behandeln, die gleichzeitig aber für sie oft das einzige Ticket sind, weiterzukommen. Dabei hat jeder Schlepper auch einen Ruf, von dem er lebt und der ihm neue Ware beschert. »Der Schlepper lebt von seinem Ruf wie der Politiker vor der Wahl«, schreibt Jad. Wir treffen Sicherheitsleute, die Flüchtlinge verprügeln, und andere, die oft menschlich ein Auge zudrücken. Und wir lernen die fünf Schutzengel kennen, wie Jad sie selbst bezeichnet, ohne die er wohl nie in Österreich angekommen wäre. Mehr will ich an dieser Stelle nicht verraten.

Kairo, 3. Dezember 2018, Karim El-Gawhary

Einen großen Teil des Manuskripts habe ich auf dem dreieinhalbstündigen Flug zwischen Kairo und Wien gelesen, komfortabel zurückgelehnt in der wohltemperierten Kabine, unterbrochen von einer kleinen Speise. Der Flug ging über Griechenland, Albanien, Mazedonien, Serbien und Ungarn nach Wien. Beinahe die gleiche Strecke, die Jad so mühsam und voller Strapazen im Winter am Boden zurücklegen hat müssen, nur weil er den falschen Pass besitzt und ihm nur illegale Fluchtwege offengestanden sind. Es war ein Weg, der ihn ein Vielfaches meines Flugtickets gekostet hat.

Genau über dem Mittelmeer kam ich zu den Kapiteln, in denen Jad seine Fahrten mit dem Schlauchboot von der Türkei nach

Griechenland beschreibt. Bei einem seiner gescheiterten Versuche kommt ein kleines Kind ums Leben. Jad versucht zu begreifen, was passiert ist, da sagt der Flugkapitän eine kurze Turbulenz an, fordert die Passagiere zum Anschnallen an und entschuldigt sich für die Unannehmlichkeit.»Ist den Europäern eigentlich bewusst, was sie allein durch die Tatsache, auf diesem Kontinent geboren worden zu sein, geradezu geschenkt bekommen haben?«, fragt Jad in diesem Buch. Er sei geflüchtet, weil in seinem Land Krieg herrscht. Kaum ein Land sei im Laufe seiner Geschichte vom Krieg verschont geblieben.»Was ist also das Beschämende daran, dass es diesmal uns getroffen hat?«, hakt er nach. Nichts, möchte man antworten, beschämend ist eigentlich nur … dann gibt der Flugkapitän Entwarnung, die kurze Turbulenz ist vorüber, die Anschnallzeichen sind wieder ausgeschaltet. Laut dem Bildschirm im Sitz erreichen wir den europäischen Luftraum und die Südspitze des griechischen Festlandes. Noch zweieinhalb Stunden bis zur Landung in Wien.

أنا الدمشقي

أنا من رحل عن مدينته هرباً

وكم سمعنا عن قصص الحبّ التي

أوقد فيها الحبّ طوعاً وهو في عزّ شبابه ... رحلت

ولكن روحي أبت تتبعني وبقيت في جوار الياسمين

ومه رغم تجرّئي على الخيانة لم تنسني تلك الشقراء الجميلة رائحة

الياسمين ...

Ich bin der Damaszener.
Ich bin derjenige, der seine Stadt ohne Abschied flüchtig verließ.
Wie oft hörten wir schon von Liebesgeschichten, in denen die lebendige
Liebe freiwillig begraben wurde. Ich ging, aber meine Seele hat es verwei-
gert, mir zu folgen, und blieb in der Nähe des Jasmins.
Damaskus … Obwohl ich es wagte, dich zu betrügen,
hat es diese hübsche Blondine nicht geschafft, mich den Geruch
des Jasmins vergessen zu lassen.

JASMINERISCHE LIEBE
JAD TURJMAN

Mein Wecker

Wenn ich mir vorzustellen versuche, wie eine Heimat aussieht,
versuche ich danach, meinen Platz in dem Bauch
meiner Mutter zurückzuerobern.

NIZĀR QABBĀNĪ

Mein Bett wackelt. Man soll jetzt nicht gleich das eine denken, das
wäre sowieso das Falsche, denn bei uns muss die Frau als Jungfrau
in die Ehe gehen, und der Mann eigentlich auch … Mein Bett wackelte – unabhängig vom Krieg – immer wieder. Denn vor dem
Krieg hatte unser Nachbar Ammar, der unter uns wohnte, eine mo-
derne Musikanlage mit riesigen Boxen. Die Österreicher feiern übli-
cherweise nur am Wochenende, aber er hatte seine Anlage jeden Tag
in voller Lautstärke aufgedreht, und das hieß für uns: Man musste
jederzeit mit einem Erdbeben rechnen. Mit einem musikalischen
Erdbeben und mit einem wackelnden Bett. Denn wenn er gut drauf
war – und das war er immer –, machte es für ihn keinen Unterschied, ob es Tag oder Nacht war.

Zum Glück kann man bei uns niemanden wegen zu lauter Musik
anzeigen, das heißt, theoretisch kann man das schon, aber es wird
nicht ernst genommen. Und das einfach deshalb, weil die Polizei an-
derwärtig genug ausgelastet ist, nämlich mit Matetee. Matetee ist das
Getränk der Polizei und der Beamten in Syrien, so wie es Bier für
die Bauarbeiter in Österreich ist. Mittlerweile bauen unsere Polizeibeamten das Teetrinken als festes Ritual in ihren Berufsalltag ein.
Wenn die Polizei wegen eines Konflikts geholt wird, während die
Beamten mit ihrem Matetee beschäftigt sind, muss man entweder
warten, bis sie ausgetrunken haben, oder sie schenken dir, wenn sie
dich sympathisch finden, auch einen Matetee ein.

Das Erstaunliche an Syrien: Trotz der Bequemlichkeit der Polizisten war Syrien vor dem Krieg eines der sichersten Länder der
Welt. Laut einer Statistik des Global Peace Index aus dem Jahr 2010

lag Österreich nach Neuseeland an zweiter Stelle, und Syrien lag tatsächlich an zwölfter Stelle. Wenn man die Polizeileistung von damals in Betracht zog, versteht man, warum wir Syrer verblüfft waren, dass unser Land bemerkenswert sicher war. Man vermutete damals, dass der liebe Gott sich heimlich eingemischt und alles reguliert hat. Inzwischen liegt Syrien am Ende dieser Liste und gilt als das gefährlichste Land der Welt. Fraglich bleibt, warum der liebe Gott nicht mehr für uns sorgt. Vermutlich hat er momentan andere Länder lieber!

Die dröhnende Musik gehörte in unserem Wohnhaus also zum Alltag. Da Ammar ein guter Freund von mir war, beschwerte ich mich nie darüber. Immerhin hatte er jeden Tag in der Früh für uns Fairuz gespielt. Fairuz ist eine libanesische Sängerin, deren Lieder im Nahen Osten jeden Tag in der Früh als festes Ritual auf allen Radiosendern gespielt werden. Damals nannte ich Ammar »meinen Wecker«. Mit Ausbruch des Krieges haben andere diese Weckfunktion übernommen.

Unser Wohnhaus stand in einer optimalen Hanglage mit einer wunderbaren Aussicht auf Damaskus und seine Umgebung. Wir wohnten am Fuß des Berges Qasiun, umgeben von herrlichen Gärten, die reich an zwitschernden Vögeln waren. So mancher hat uns um diese wunderbare Wohnlage beneidet. Leider war diese Lage auch für das Militär ideal, um die Gegner am Rande von Damaskus anzugreifen. Nur dreihundert Meter von unserem Haus entfernt wurden unzählige Panzerkanonen installiert.

Es war herzzerreißend zuzusehen, wie sich mein Geburtsort, in dem ich aufgewachsen war und in dem ich all die wunderschönen Begebenheiten meiner Kindheit, an die ich mich so gerne erinnere, erleben hatte dürfen, zu einem Schlachtfeld umwandelte. In dieser Gegend stecken Tausende Erinnerungen an meine Jugend. Hier machte ich mit zwölf Jahren einer Mitschülerin meinen ersten Heiratsantrag. Lediglich an die Reaktion ihres religiösen und äußerst konservativen Vaters erinnere ich mich nicht gerne: Er schimpfte heftig mit mir und schickte sie am nächsten Tag mit Kopftuch in die Schule.

Nun also wackelte mein Bett aus einem anderen Grund weiter. Und nicht nur mein Bett, sondern das ganze Wohnhaus. Die Fensterscheiben zerbrachen regelmäßig durch den Druck der Detonationen. Mein Vater gab es nach einiger Zeit auf, die Glasscheiben immer wieder zu erneuern. Stattdessen wurden die Fenster mit Plastikfolien abgedichtet. So konnte, so musste man sagen: »Ich habe meinen Wecker verstellt«, weil dieser Wecker rund um die Uhr losging, weil rund um die Uhr ununterbrochen geschossen wurde.

Aber all das hat die Vögel in den Gärten meiner Nachbarschaft nicht abgehalten, nach wie vor in der Früh zu singen. Abgehalten von seinem gewohnten Leben mit viel Musik wurde nur mein Nachbar Ammar, er konnte uns nicht mehr mit seiner Musikanlage beglücken, weil er gezwungenermaßen in den Krieg gezogen war. Mittlerweile habe ich erfahren, dass er angeschossen wurde, und während ich hier schreibe, in Aleppo im Krankenhaus liegt.

Trotzdem waren wir zu dieser Zeit dankbar, dass wir durch den Kriegslärm nur belästigt wurden und die Bomben nicht bei uns einschlugen. Ich kann mich noch gut daran erinnern, als zum ersten Mal geschossen wurde. Es war so laut, dass ich das Gefühl hatte, mein Kopf würde zerspringen. Wir waren Karten spielen bei einem Freund. Plötzlich fielen die Karten bei einem lauten Einschlag aus meiner Hand auf den Boden. Der Knall war so laut, so nah und mächtig, dass wir glaubten, das Haus sei von Bomben getroffen worden. Wie wir später erfuhren, war das nur der Beginn des Kriegslärms, nämlich das Abfeuern der stationierten Panzerkanonen. Zunächst waren wir für einen kurzen Augenblick wie erstarrt. Dann liefen wir alle, ohne uns voneinander zu verabschieden, aus der Wohnung und fuhren wie verrückt nach Hause. Dabei stellte ich fest, dass ich direkt mit Michael Schumacher konkurrieren hätte können: Den Heimweg, für den ich normalerweise zehn Minuten brauchte, schaffte ich an diesem Tag in weniger als drei. Ich war krank vor Sorge, dass es meiner Familie nicht gut gehen könnte.

Nach einiger Zeit gewöhnten wir uns an die Kriegsgeräusche. Sie ersetzten bei den folgenden Kartenabenden die Musik. Obwohl sich die Lage dramatisch verschlechterte und immer mehr Kriegsgeräte eingesetzt wurden, spielten wir weiter, und bald schenkte keiner mehr den erschreckenden Geräuschen viel Aufmerksamkeit. Die einzige Ausnahme bildete der Lärm der Luftwaffe. Daran konnte ich mich nicht gewöhnen. Jedes Mal, wenn die Flugzeuge sehr niedrig flogen – und sie flogen immer sehr niedrig –, zuckte ich zusammen. Es war einfach unglaublich laut. Die Aussicht aus unserer Wohnung ermöglichte mir ein detailliertes Beobachten. Ich bekam alles mit, es war wie in einem Actionfilm – wie sie flogen, welche Strategien sie verwendeten, wo sie angriffen, welche Zerstörungen ihre Angriffe verursachten.

Eine dieser Szenen werde ich mein ganzes Leben nicht vergessen: Die Rebellen schafften es, einen Hubschrauber abzuschießen. Der Helikopter begann in der Luft zu brennen und fiel wie eine angeschossene Taube in Richtung unserer Nachbarschaft. Ich hatte das Gefühl, dass diese Feuerkugel auf meinen Kopf fallen würde. Kurz vor dem Aufprall warf sich einer der Piloten brennend aus dem zerstörten Fluggerät.

Nicht nur dieser Hubschrauber landete in unserer Nachbarschaft, sondern auch viele von den Rebellen abgeschossene Raketen, die oft ihr Ziel verfehlten. Anstatt die Militärstationen zu attackieren, schlugen sie bei uns ein. Dabei wurden viele unschuldige Zivilisten verletzt und getötet. Dasselbe geschah natürlich auch so durch die Angriffe des Militärs in jenen Gebieten, in denen sich die Rebellen versteckten.

Der Krieg brachte uns vieles bei. Wir lernten auch, zahlreiche Dinge zu schätzen, die wir vorher als selbstverständlich angesehen hatten, etwa einmal auf der Straße spazieren gehen zu können, ohne dabei Angst zu haben, von einer Rakete getroffen zu werden. Auch erfuhr ich, wie unglaublich wichtig mir die Familie war. Wir alle entdeckten die in uns versteckte Kraft, eine unendlich elastische Seele zu besitzen, die es möglich machte, diesen Krieg auszuhalten und uns dem neuen Lebensstil anzupassen. Ich weiß nicht, ob nur wir Syrer diese Gabe haben, oder ob die ganze Menschheit so wandlungsfähig ist und bei Gefahr diese plötzlich auftauchende Überlebenskraft hervorbringt. Trotz allem hatten wir den unbändigen Willen weiterzuleben. Es war unglaublich, wie das Leben trotz dreier Jahre Krieg fast normal weiterging.

Weiterleben zu wollen war auch eine Entscheidung, die ich nach meinem ersten Trauma traf. Selbst meine Entführung und die Folterung schafften es nicht, mir mein Lachen zu nehmen. Ja, ich wurde entführt und gefoltert. Alles, was ich diesbezüglich im Moment erwähnen kann, ist, dass ich der Einzige von fünf Menschen bin, der aus dem dunklen Keller lebend herauskam.

Der Todesbrief

Manche Menschen glauben, Durchhalten macht uns stark.
Doch manchmal stärkt uns gerade das Loslassen.
HERMANN HESSE

Ich wache auf, mein Bett wackelt schon wieder. Aber das Krachen ist nicht mehr so erschreckend. Ich habe mich daran gewöhnt. Heute ist Sonntag, der 5. November 2014, ein Datum, das mein Leben endgültig verändern wird. Am Sonntag beginnt bei uns eine neue Woche. Ich habe keine Ahnung, was draußen los ist. Aber anscheinend haben die Soldaten neue Befehle erhalten, um effizienter das Vorgehen des IS zu verhindern. Ob die Soldaten nur den IS attackieren, oder ob auch unschuldige Menschen zu Tode kommen, wissen wir nicht. Unsere Informationen bekommen wir aus den Medien, und das ist wie ein Wettbewerb zwischen den Medien der Regierung und den Medien der Regierungsgegner. Sie beschuldigen einander ständig gegenseitig, für den Tod der unschuldigen Zivilisten verantwortlich zu sein. Aber die Frage ist: Wer glaubt noch an das, was in den Medien berichtet wird? Ich? Sicher nicht!

Die sogenannte Gruppierung Jabhet al-Nusra, die al-Nusra Front, war tatsächlich sehr nah, nicht viel weiter als drei Kilometer von unserer Wohngegend entfernt. In der Woche zuvor hatten die Rebellen, der IS und die al-Nusra-Front die Stadt an einem einzigen Tag mit rund vierhundert Raketen beschossen. Dabei handelte es sich um Boden-Boden-Raketen, die mit Schrott gefüllt werden und beim Einschlag in Tausende Einzelteile aufplatzen. Ihre Schrapnells verursachen meistens schwere Verletzungen. Diese Raketen funktionieren nach dem gleichen Grundsatz wie Fassbomben, die das Militär aus Hubschraubern oder Flugzeugen auf Stellungen von Militärgegnern abwirft, und zwar ohne Rücksicht auf Zivilisten. Es war nicht klar, welche der drei verschiedenen Gruppierungen die Raketen beschossen hatten, denn zu diesem Zeitpunkt verlor die Regierung die Kontrolle über einen großen Teil des Umlands von Damaskus, und jede dieser drei Gruppierungen herrschte über einen Teil des Gebiets. Sie arbeiteten unabhängig voneinander. Sie bekämpften einander sogar gegenseitig, je nachdem, wie sich die Gelegenheit bot.

Ja, ich weiß: Es ist nicht einfach, die Lage in Syrien zu durchschauen. Man muss es sich einfach wie eine Schneeballschlacht vorstellen, wo jeder jeden bewirft. Daher verließen auch viele unserer Nachbarn ihre Wohnungen. Das kam für meine Familie jedoch nicht infrage, da wir keine andere Wahl hatten, als hier zu bleiben. Das Leben in Damaskus war zu diesem Zeitpunkt sehr gefährlich. Trotz dieser Gefahr galt Damaskus als der letzte Unterschlupf in Syrien. Rund zwei Millionen Flüchtlinge aus anderen mittlerweile völlig zerstörten syrischen Städten waren in die Hauptstadt gezogen. Es gab aus Damaskus nur mehr einen einzigen Fluchtweg, und das war der Weg in den Libanon.

Meine Mutter und ich hatten immer schon ein festes Ritual, in der Früh gemeinsam Fairuz zuzuhören und Mokka zu trinken. Sie kochte immer Mokka mit ihrer Geheimmethode, und es war jeden Morgen sehr angenehm aufzustehen, wenn der Duft des frisch gebrühten Kaffees durch die Wohnung zog. Die politische Lage in Syrien und der Krieg waren damals unser Gesprächsthema Nummer eins am Morgen. Meine Mutter beschrieb die Lage damals als *Circus HalliGalli* und hielt alles für sinnlos. Darüber waren wir uns einig. Sie hielt mich am Anfang der Aufstände streng davon ab, an den Demonstrationen gegen die Regierung teilzunehmen. Sie begriff die Lage von Beginn an. »Mein Sohn«, sagte sie, »halte dich davon fern. Es geht nicht mehr um Freiheit und um die Bekämpfung von Korruption. Es gibt viele Länder, die alles ganz still beobachten und heimlich Öl ins Feuer gießen, damit sie danach, wenn das Land ins Chaos stürzt, ihre Ziele erreichen können.«

Diese Verschwörungstheorie überzeugte mich damals wenig. Die Menschen gingen am Anfang auf die Straße, weil sie dieses System nicht mehr ertragen konnten. Es waren friedliche Demonstranten, die Parolen gegen Unterdrückung und Korruption riefen, denn die 15 Geheimdienste machten unser Leben zur Hölle. Sie hatten ihre Hände fest um den Hals jedes einzelnen Bürgers gelegt. Menschen, die es wagten, sich in die Politik einzumischen, galten als Feinde unseres verehrten Präsidenten, was gleichbedeutend damit war, ein Feind des Landes zu sein, und in den meisten Fällen wurde ihnen unterstellt, dass sie von Israel bezahlt wurden. Man musste sein Leben nach der Vorstellung der Geheimdienste und ihrer Parteien richten, sonst wurde man als lebensmüde bezeichnet. Als Kind hatte ich immer geglaubt, dass der Vater des jetzigen Präsidenten Prophet Muhammad gewesen sei. Seine Bilder waren überall gegenwärtig, und man musste sofort zu klatschen anfangen, sobald man seinen Namen hörte. Wie naiv ich damals war!

Jetzt, acht Jahre nach Beginn des Krieges, verstehe ich, was meine Mutter gemeint hat: Der Krieg ist zu einem Stellvertreterkrieg geworden, und die zahlreichen Regierungsgegner tragen nichts zur Umsetzung der Parole der friedlichen Demonstranten von damals bei: »Es lebe die Freiheit! Eins, eins, eins: Das syrische Volk ist eins!« Sie machen genau das Gegenteil und dienen anderen Agenden. Sie nutzen die berechtigten Bedürfnisse des syrischen Volkes aus, um ihre Interessen zu verfolgen. Sie sind aus meiner Sicht genauso schlimm wie die Regierung, wenn nicht sogar schlimmer.

Das Wochenende verbringe ich damit, viel für die kommende Woche zu organisieren. Mit meinem besten Freund Hussam habe ich gemeinsam die Aufstellung unserer Fußballmannschaft festgelegt. Wir sollen am Donnerstag gegen eine Mannschaft spielen, gegen die wir bisher immer verloren haben, aber dieses Mal wollen wir unbedingt gewinnen, oder zumindest nicht mit hohem Unterschied verlieren!

Ich checke mein Handy. Der Akku ist leer, obwohl es am Ladekabel angeschlossen war. Toll, wieder einmal Stromausfall! Sarah, meine Freundin, ist sicher angespannt. Immer, wenn ich nicht erreichbar bin, hat sie die Vorstellung, ich sei in irgendeiner Stripteasebar, obwohl es gar keine solchen Bars in Syrien gibt. Sie ist sehr eifersüchtig, und ich scheue mich davor, stundenlang schwören zu müssen, dass ich mein Handy nicht absichtlich ausgeschaltet habe. Also mache ich mich schnell auf den Weg, ohne dieses Mal in der Früh Kaffee mit meiner Mutter zu trinken, wie ich es sonst jeden Morgen mache. Täglich hole ich Sarah von zu Hause ab, um gemeinsam mit ihr zur Arbeit zu fahren. Wir sind nämlich auch Arbeitskollegen.

Den Weg zur Arbeit bezeichne ich als den »Weg des Todes«, da es die Straße mit den meisten Raketeneinschüssen ist. Man sieht auf dem Weg Einschlagspuren von Raketen, mit denen die Regierungsgegner die Stadt Damaskus ständig beschießen. Jeder Einschlag hat eine kleine Einkerbung auf der Fahrbahn verursacht. Es ist ein höchst unangenehmes Gefühl darüberzufahren. Man befürchtet, an derselben Stelle könnte wieder eine Rakete einschlagen.

Durch die dauernde Angst und die Ungewissheit, wie es denn weitergehen soll, hat sich eine Art Gleichgültigkeitsgefühl entwickelt, sodass ich inzwischen kaum mehr Angst verspüre. Mein Herz klopft auf diesem Weg nicht mehr so schnell. Ich halte es sogar für wahrscheinlich, eines der nächsten Opfer zu sein und in einer der Eilmeldungen im Fernsehen erwähnt zu werden. Damit würde sogar ein Kindheitstraum wahr: Ich wollte schon immer Schauspieler werden und Tag und Nacht im Fernsehen gegenwärtig sein.

Als ich wie jeden Tag an meiner Arbeitsstelle, dem Magistrat in Damaskus, ankomme, hat sich bereits eine Menschenschlange vor unserem Büro gebildet. Hier warten Menschen, die durch den Krieg obdachlos geworden sind. Unsere Aufgabe ist es, eine neue Unterkunft für sie zu organisieren oder ihnen eine Entschädigung für das zerstörte Haus auszubezahlen.

Es hat mich schon immer fasziniert, mit Menschen zu arbeiten. Jeder Mensch ist anders und hat seine eigene Geschichte. Es gibt keine Routine. Die Arbeit ist vielfältig und bereichernd, weswegen ich mein Interesse an dem Studium der Englischen Literatur aufgegeben habe. Ungefährlich war es nicht gerade, für die Regierung zu arbeiten, insbesondere nach meiner Entführung damals vor einem Jahr. Aber ich fühlte mich verantwortlich, meine Position weiterhin auszufüllen, um diesen Menschen zu helfen. Ich arbeitete für diese Menschen und nicht für die Regierung. Wir hatten täglich durchschnittlich rund dreihundert Anträge auf Entschädigung zu sichten.

An diesem Tag fange ich, wie gewohnt, damit an, meine Post durchzusehen, bevor ich die neuen Anträge entgegennehme. Ein Schock! Meine Augen können es kaum glauben. Einer der Briefe ist tatsächlich mein Einberufungsbefehl! Im selben Moment wird mir klar, dass hier alles für mich vorbei ist. Gleichzeitig sehe ich am Display meines Handys den Anruf meiner Mutter. Sie hat mich noch nie zuvor um diese Uhrzeit angerufen. Ohne den Anruf entgegenzunehmen, habe ich bereits eine Ahnung, dass die Beamten schon zu Hause vor der Tür stehen. Heutzutage gibt es in der Stadt nur zwei Gesprächsthemen: Wo haben die Raketen eingeschlagen und wer muss als Nächstes zum Militär. Ich habe schon lange die Befürchtung, dass ich bald in den Krieg ziehen muss. Meine Gedanken sind dauernd damit beschäftigt, denn ich bin bereits darüber informiert worden, dass mein Jahrgang demnächst einberufen werden wird. Einige meiner Freunde haben den Militärdienst bereits antreten müssen. Meine Wehrpflicht habe ich zwar bereits 2010 absolviert, aber da der Krieg nicht allein mit Wehrpflichtigen geführt werden kann, ist ein Gesetz in Kraft getreten, nach welchem auch jeder, der die Wehrpflicht bereits erfüllt hat, wieder einrücken muss.

Ich bitte meine Mutter, die Beamten mit Bestechungsgeld auf nächste Woche zu vertrösten. Ich bin erstarrt und fühle mich wie gelähmt. Was soll ich jetzt machen? Als Erstes schicke ich Sarah eine SMS und bitte sie, mich sofort draußen zu treffen. Auch meinem ältesten Bruder Mahmud schicke ich eine Nachricht, in der ich ihn bitte, zu Hause auf mich zu warten.

Wie kann ich Sarah diese schreckliche Neuigkeit überbringen? Ich gehe aus meinem Büro, da steht sie bereits. Ich weiß nicht, was ich sagen soll. Meine Kehle ist wie zugeschnürt, in meinem Kopf gibt es nur einen Gedanken: Jetzt ist alles aus. Ich muss in den Krieg. Das ist das Ende. Ich halte ihr einfach den Brief mit dem Einberufungsbefehl hin. Ohne ihn zu lesen, weiß sie alles und beginnt zu weinen.

Wir fahren gemeinsam nach Hause. Dort trifft Sarah das erste Mal auf meine Mutter. Es ist bislang nicht ohne Weiteres möglich gewesen, sie einander vorzustellen, denn Sarah ist Alevitin und mein Vater ist Sunnit. Daher ist unsere Beziehung in unseren Familien unerwünscht. Leider können Religionen auch das Gegenteil von Zusammenhalt bewirken und dabei für viel Unheil und Dummheit sorgen. Religionen sind jedoch jetzt gerade nicht unser Thema.

Meine Mutter hat natürlich gewusst, dass es Sarah gibt, aber nicht mehr. Anscheinend verstehen sie sich jedoch schnell und können die Religionen in diesem Moment vergessen. Sie umarmen einander und weinen gemeinsam. Mein Bruder schaut mich hilflos an. Der Raum ist geradezu erfüllt von unzähligen tiefen Gefühlen.

Dieser Brief ist ein eindeutiges Zeichen für den sicheren Tod. Wenn man dem Einberufungsbefehl nachkommt, gibt es zwei Optionen: Entweder wird man umgebracht, oder man tötet jemand anderen und stirbt bald darauf selbst. Ich will niemanden umbringen. Mir ist auch nicht bekannt, gegen wen ich kämpfen müsste. Ich bin von Beginn an nicht mit dem Krieg einverstanden gewesen. Ich möchte weder für die Regierung noch für die unzähligen Regierungsgegner kämpfen. Die Regierung ist bis zum Hals korrupt und mit dem Blut der Unschuldigen befleckt. Genauso verhält es sich bei all den anderen Gruppierungen. Selbst wenn es einen klassischen Krieg geben würde, im Zuge dessen ein Feind aus dem Ausland versuchen würde, das Land zu erobern, könnte ich niemanden töten. Ich bin nicht einmal in der Lage, ein Huhn zu schlachten. Wäre ich ein Österreicher, würde ich den Zivildienst wählen anstatt des Bundesheeres.

Ich finde, dass keine der unzähligen Gruppierungen, die immer noch gegeneinander kämpfen, den Wünschen des Volkes entsprechen. Der Großteil des syrischen Volkes wünscht sich ein friedliches, freies und demokratisches Land, unabhängig von der Religion oder dem Willen eines Diktators. Diesen Wunsch kann aus meiner Sicht keine der am Krieg beteiligten Parteien erfüllen. Daher weigert sich der Großteil der syrischen Bevölkerung auch, am Krieg teilzunehmen.

Es muss eine Lösung für mich gefunden werden. Das Land zu verlassen, scheint im Augenblick der einzige vernünftige Ausweg zu sein. Aber ich darf als Beamter das Land ohne die Erlaubnis des Bürgermeisters von Damaskus nicht verlassen. Und auch wenn ich dürfte, wohin sollte ich gehen? Ich bin völlig durcheinander und kann nicht mehr klar denken. Ich kontaktiere alle meine Bekannten im Ausland. Zu dieser Zeit flüchteten zahlreiche Syrer nach Europa oder haben sich dorthin auf den Weg gemacht. Einer davon ist unser Nachbar Rami, den ich damals kritisiert habe, als er geflohen ist. Damals war das für mich nicht nachvollziehbar. Wieso verließ jemand sein Land? Ich bezeichnete das als Untreue. Mittlerweile habe ich festgestellt, dass wir Menschen jede Menge Vorurteile haben, die meisten von ihnen werden hastig und oberflächlich gepflegt.

Rami empfiehlt mir, dasselbe zu tun, was er getan hat: das Land zu verlassen. »Du wirst wie ich die Lösung deines Problems in Europa finden«, sagt er. Verwirrt weigere ich mich, denn ich kann mir nie vorstellen, einen Plan selbst in die Tat umzusetzen. Ich soll meine Familie, Sarah, die Arbeit und meine Freunde und vor allem meine geliebte Stadt des Jasmins hinter mir lassen? Nein, Rami spinnt doch! Es würde eine andere Möglichkeit geben müssen. Und wenn das Land zu verlassen der einzige Ausweg ist, dann bleibe ich im Libanon, nahe zu Syrien. Ich sitze zu Hause voller Unruhe und Verzweiflung und warte auf meinen »Erlöser«, der mich immer in allen schwierigen Situationen meines Lebens unterstützt hat, meinen Vater, der mein Vorbild ist und bleibt. Er ist ein weiser Mann, der immer rational denkt und uns mit Vernunft und Weisheit erzogen hat.

Mein Vater war in allem immer großzügig. Obwohl wir aus normalen Verhältnissen kommen und er ein durchschnittliches Einkommen hatte, hat er mir trotzdem jeden Wunsch von den Augen abgelesen. Auch nach dem Ausbruch des Krieges tat er alles, um uns den gleichen Lebensstandard wie vorher zu ermöglichen. Im Laufe des Krieges trat er eine zusätzliche Arbeitsstelle an. Meine Geschwister und ich versuchten, leider erfolglos, ihn zu überreden, dass er sich ausruhen und uns die Verantwortung überlassen sollte. Aber dazu war er zu stolz. Er konnte sich nicht vorstellen, am Abend nach der Arbeit nicht mehr wie bisher Freude mit nach Hause zu bringen. Als Familienoberhaupt übernahm er immer die Einkäufe und brachte uns jeden Abend etwas mit. In meiner Kindheit wartete ich sehnsüchtig jeden Abend auf ihn und freute mich, gemeinsam mit meinen Geschwistern die Einkäufe in den fünften Stock – ohne Lift – hinaufzuschleppen. Nicht weil ich besonders hilfsbereit war, sondern weil ich genau wusste, dass in einem der Säcke meine Süßigkeiten waren.

Die Damaszener verherrlichen ihre Gäste, daher hat fast jede Wohnung in Damaskus ein sogenanntes Gästezimmer, ein Zimmer, das nur geöffnet und genutzt wird, wenn man Gäste empfängt. Exakt in jenem Zimmer hatte ich in der großen Vase stets meine Süßigkeiten vor den Räubern, meinen verfressenen Geschwistern, versteckt, denn das Zimmer war streng von meiner Mutter bewacht. Niemand durfte das Zimmer betreten. Es sollte immer glänzend sauber sein.

Nun warte ich in dem Gästezimmer wie immer auf ihn, dieses Mal nicht so freudig. In der Zwischenzeit informiert er mich, dass er auf dem Weg nach Hause ist, gemeinsam mit meinem Onkel und meinen anderen Geschwistern. Mit besorgtem Gesicht kommt er zu Hause an. Rami hat ihn inzwischen kontaktiert und vom *Traum Europa* und von dem Schlepper gesprochen, mit dessen Hilfe er es nach Schweden geschafft hat. Dieser lebe ebenfalls in Schweden und solle ein zuverlässiger Schlepper sein. Und es scheint, dass Rami meinen Vater überzeugt hat. »Im Libanon zu bleiben, ist keine gute Idee! Die Lage ist auch dort nicht stabil. Der Krieg hier hat auch dieses Land stark verändert. Wenn es dir gelingen sollte, dort Arbeit zu finden, was selbst für die Einheimischen keine Selbstverständlichkeit ist, wirst du für einen Hungerlohn zwölf Stunden am Tag schuften. Wenn du so weit bist, deine Heimat zu verlassen, dann sollst du dich so weit wie möglich von diesem Wahnsinn hier entfernen und dir ein anständiges Leben in einem Land aufbauen, einem Land, in dem Menschenrechte gelten und dein Fleiß und dein Einsatz gerecht entlohnt werden.« Mein Vater ist jedoch nicht unbedingt ein Mann, der seinen Sohn einem Schlepper überlässt. Der sonst so weise Mann ist plötzlich planlos.

Ich glaube, ich bin nicht der Einzige, der durch meine Entführung im Jahr 2013 traumatisiert worden ist. Ich weiß, dass mein Vater sehr darunter gelitten hat. Ohne seine Hilfe und die Bezahlung des Lösegeldes wäre ich nicht mehr am Leben. Er will mich um jeden Preis in Sicherheit wissen und außer Landes bringen.

Meine Mutter ist komischerweise auch dafür, dass ich nach Europa flüchte und nicht in einem der Nachbarländer bleibe: »Wenn du dem Leiden hier entkommen musst, dann sollst du es nicht mit einem anderen Leid woanders tauschen! Du sollst einfach ein neues Leben beginnen!«

Die ganze Familie ist dieser Meinung. Kein einziges Mitglied unserer Familie ist abwesend. Dass wir alle gleichzeitig spontan zu einer Besprechung zusammenkommen, ist normalerweise nicht einfach. Aber an diesem Abend kommen tatsächlich alle, als wäre eine laute Sirene einer Alarmanlage innerhalb der Familie losgegangen. Meine Onkel, meine Tanten und Geschwister – alle sind sie da. Das Gästezimmer ist voll, und die Hälfte der Verwandten findet keinen

Sitzplatz. Sie müssen stehen bleiben. Alle sind der Meinung, dass ich den Vorschlag von Rami annehmen und das Land verlassen soll. Sie versuchen mit allen Mitteln, mich zu ermutigen. Mein Onkel drückt mir ein paar Geldscheine in die Hand, und andere Familienmitglieder folgen seinem Beispiel. Meine Tante versucht, mir die bevorstehende Reise schmackhaft zu machen, und meine Schwester umarmt mich schweigend. Ich selbst habe nicht viel dazu zu sagen. Ich kann momentan nicht rational denken. Aus meiner Verzweiflung heraus nehme ich die Herausforderung an. Am Ende des Abends fällt die Entscheidung: Ich werde Damaskus in zwei Tagen, am 7. November 2014, an einem Dienstag, verlassen. Hussam und die anderen müssen am Donnerstag ohne mich spielen.

Jasmin

Sie sagte: Du wirst mich sicher vergessen!
Ich antwortete: Auch wenn ich mein Gedächtnis verliere,
werde ich dich nicht vergessen. Ich werde den Verrückten von dir erzählen.

MAHMUD DARWISCH

Wir alle treffen im Laufe des Lebens stets Entscheidungen. Aber Entscheidungen zu treffen, ist der einfachere Teil. Schwerer ist, mit den Konsequenzen der Entscheidung zu leben. Und ich habe mich entschieden … Aber was sind die Auswirkungen meiner Entscheidung? Ob es wirklich meine eigene Entscheidung war, kann ich noch immer nicht sagen. Ich hatte eigentlich keine Wahl, und trotzdem rede ich von meiner Entwurzelung als meiner Entscheidung, als ob ich das freiwillig gemacht, ja, gewollt hätte.

Heute frage ich mich oft, in welcher Hinsicht diese Entscheidung mein Leben und meine Persönlichkeit verändert hat. Sowohl zu jenem Zeitpunkt als auch jetzt noch habe ich auf diese Frage keine Antwort finden können. Derselbe Mensch wie damals vor vier Jahren, als der ich Damaskus verlassen habe, bin ich sicherlich nicht mehr. Aber jeder Mensch auf der Erde befindet sich stets in einem Entwicklungsprozess. Ob dieser Prozess uns auf den richtigen oder falschen Weg bringt, hängt davon ab, wofür wir unsere Zeit investieren. Denn womit man seine Zeit gerade verbringt, hat einen maßgeblichen Einfluss darauf, zu welchem Menschen man in der Zukunft werden wird. Dies ist mir erst nach der Flucht bewusst geworden. Jede Minute zählt, und jeder Tag ist eine Chance, um mein schönes verlorenes Leben zurückzugewinnen.

Jeder Mensch geht mit schwierigen Situationen und Zeiten anders um. Aber der Schmerz ist im Prinzip derselbe, mit unterschiedlicher Stärke, aber den gleichen Auswirkungen. Was die Menschheit immer schon enorm geprägt hat, ist nämlich der Schmerz. Ich stelle ihn mir als ein Werkzeug vor, das unsere Seele trainiert und stärkt.

Der Schmerz ist für die Seele genau so wie Sport für den Körper und Bildung für den Geist. Der einzige Unterschied ist, dass der Schmerz vorübergeht, und es nur eine Frage der Zeit ist, wann er nachlässt. Und genau das, was seinen Platz in uns ausfüllt, ist es, woraus großartige Menschen werden. Ich meine mit Schmerz hier, nicht dass man unbedingt etwas Dramatisches erleben soll, sondern unter anderem einfach mal die Komfortzone zu verlassen. Denn von allen Dingen auf der Welt ist Leid am realsten. Es ist unmöglich Schmerz und Leid zu ignorieren oder anzuzweifeln. Das handfeste Gefühl des Leidens gibt unserem Scheitern, unserer Sehnsucht, unser Krankheit einen greifbaren Körper, der sich in einen potentiellen Antrieb verwandeln lassen kann. Mir kommt es so vor, als könnte ich mittlerweile bei Begegnungen sogar spüren, wenn Menschen viel Schmerz erfahren haben. Hat man das andere Gesicht des Lebens einmal gesehen, das ungeschminkte, legt man keinen Wert mehr auf Schminke. Wahrscheinlich kann ich gerade deshalb diese Menschen so gut verstehen. Aus diesem Grund halte ich meine schmerzvolle Entscheidung zur Flucht im Nachhinein für etwas Positives, auch wenn ich mir das an jenem Abend im Jahr 2014 nicht vorstellen konnte.

Nur eines sehe ich an diesem Abend voraus, nämlich dass diese Entscheidung meine Beziehung mit Sarah gefährden wird. Dieses Gefühl bekomme ich, als ich Sarah in der Ecke des Raums sitzen sehe. Sie schaut uns wortlos zu. Obwohl es das erste offizielle Treffen ist, an dem sie meine gesamte Familie kennenlernt, wird sie so gut wie gar nicht angesprochen, alle sind wegen meiner Einberufung ziemlich sprachlos, inklusive mir. Ich bin geistig abwesend.

Irgendwie, in einem kurzen Augenblick, nehme ich sie wahr. Ihre Augen sind voller Tränen, sie ahnt, dass unsere Liebe ein neues Gesicht bekommt: das Gesicht des Leidens, des Vermissens, der Entfernung. Wie sie in diesem Moment aussieht, wird für immer in meiner Erinnerung bleiben. In diesem kurzen Augenblick fließen zwischen uns jede Menge Gefühle, die wir bis dahin noch nicht gekannt haben, Gefühle der Hilflosigkeit und der Verzweiflung. Ich setze mich zu ihr, und während einer festen Umarmung flüstere ich ihr etwas ins Ohr. »Komm, bleib nicht stumm, hilf mir, was hältst du davon?« Sie kann nicht antworten, was die Situation für mich nicht leichter macht.

Sarah war nicht nur meine Freundin, sie war die erste Frau, die in mir den Wunsch geweckt hat, mit ihr mein Leben zu verbringen und sie zu heiraten, was ich vorher noch nie gewollt hatte. Sie ist eine in jeder Beziehung großzügige und fürsorgliche Frau. Ihre Gedanken sind stets um mich gekreist. Sie hat mich begehrt. Sie wollte, dass ich glücklich bin. Sarah ist eine kluge Frau. Weil sie mich gut kannte, hat sie auch gewusst, wie sie mich verletzen konnte, wenn ihr mein Verhalten nicht gepasst hatte. Mit Schwierigkeiten in unserer Beziehung ist sie jedoch immer mit Bedacht umgegangen. Sie verfügt über die Sensibilität und das Gespür, zu erfassen, ob im Moment Nähe oder Abstand, Unterstützung oder Provokation angebracht sind. Sie hat mich in meiner Kreativität inspiriert. In der Früh vor der Arbeit habe ich jeden Tag eine Handvoll Jasminblüten aus unserem Garten mitgenommen und ihr dann im Büro auf den Schreibtisch gelegt. So hatte ihr Büro immer einen Hauch von Jasmin.

Jasmin … So viele Erinnerungen an die Vergangenheit – nicht nur an Sarah und ihr Büro. Meine Stadt Damaskus wird als die Stadt des Jasmins bezeichnet. Jasmin wächst überall in der Altstadt von Damaskus. Diese sternförmigen weißen Blüten klettern an jedem Haus der alten Stadt hinauf und schließen sich über den engen Gassen oft zu einem himmlischen Baldachin. Auf den Bäumen duften die Blüten, und die Straßen der ältesten Hauptstadt der Welt sind mit getrockneten Blumen bedeckt. Der Geruch ist allgegenwärtig.

Nach langer Suche in Österreich habe ich einen Jasmin gefunden, gekauft und in den Garten eingepflanzt. Leider hat er den kalten Winter hier nicht überlebt. Sehr traurig bin ich aber deshalb nicht, weil er nicht wie zu Hause gerochen hat, ganz so, als hätte meine Geliebte Damaskus dem Jasmin diesen besonderen Duft gegeben und nicht umgekehrt. Der Verlust des Jasmins war zu verschmerzen, aber der Verlust der Liebe hat sich wie die Tragödie eines Waisenkindes angefühlt.

Zwei Tage

Ich bin ein Reisender. Ein Seemann bin ich,
und mit dem Beginn eines jeden Tages offenbart sich mir
ein neues Territorium in meiner Seele.

GIBRAN KHALIL GIBRAN

Sarah sagt zu mir: »Geh!« Sie stimmt der Flucht zu. In ihren Augen lese ich anderes. Ich habe nur zwei Tage Zeit von der Briefzustellung bis zu meiner Abfahrt. Wieso nur zwei Tage? Wir müssen fürchten, dass mein Name an der Grenze bereits bekannt ist und ich mit einem Ausreiseverbot zu rechnen habe oder sogar mit der Verhaftung, da ich der Einberufung zum Kriegsdienst nicht gefolgt bin. Mir bleiben zwei Tage, um meine ganze Existenz in der Stadt, in der ich aufgewachsen bin, zu beenden. Ich muss 25 Jahre voller Erinnerungen an die Kindheit, die Familie, das Studium, die Freunde, die Arbeitskollegen hinter mir zurücklassen. In diesem Moment begreife ich noch nicht ganz, was das für mich bedeutet. Ich bin wie in einem chaotischen Traum, wo sich unzusammenhängende Szenen flüchtig aneinanderreihen.

Wie und wer meine zwei großen Koffer gepackt hat, weiß ich nicht. Es geht alles so schnell. Das Geld für die Reise zu organisieren, Termine abzusagen, mich von Menschen zu verabschieden, das alles muss in nur zwei Tagen passieren. Die Mittel für die Flucht aufzutreiben, ist das Schwierigste. Der Freund von Rami, mein Schlepper namens Fadi, fordert fünftausend Euro für die Reise. Dafür will er mich bis Schweden bringen. Das ist ein Freundschaftspreis, behauptet er. Ohne Bedenken akzeptieren wir den Vorschlag. Ich stelle die Bedingung, das Geld auf drei Raten aufzuteilen, die ich in drei verschiedenen Städten bezahlen möchte. Natürlich besitze ich keine fünftausend Euro, das wäre das Gehalt von fast zwei Jahren Arbeit. Fadi akzeptiert meine Bedingung widerwillig.

Wir mussten Fadi das Geld in Euro und nicht in syrischen Lira übergeben, was außerordentlich schwierig und darüber hinaus gesetzlich verboten war, weil nach Ausbruch des Krieges die syrische Lira bis zu diesem Zeitpunkt ungefähr achtmal abgewertet worden und der Umtausch in ausländische Währungen auf legalem Weg nicht mehr möglich war. Es war ein erfolgloser Versuch der Regierung, die syrische Lira zu retten. Durch den Krieg war ja die Wirtschaft völlig zusammengebrochen. Vor allem die wirtschaftliche Metropole Syriens, Aleppo, war von Anfang an vom Krieg stark betroffen gewesen. Es war daher nicht verwunderlich, dass die Währung so stark an Wert verloren hatte. Daher muss mein ältester Bruder riskieren, das Geld auf dem Schwarzmarkt aufzutreiben und Kontakte zu knüpfen, um das Geld zusammenzubringen.

Es waren zwei unbeschreibliche Tage. Ich konnte kaum schlafen, musste an alles denken, was kommen würde. Wie würde die Reise ablaufen? Was wartete auf mich? Was sollte ich mitnehmen? Sollte ich mich von meinen Kindheitsfreunden verabschieden oder einfach wortlos gehen? Das war eine Frage der Sicherheit. Würde der Geheimdienst erfahren, dass ich vorhatte, das Land zu verlassen? Würde er mich verhaften und als Landesverräter einsperren?

An meinem Arbeitsplatz meldete ich mich krank und erzählte niemandem von meinem Einberufungsbefehl. Es war einfach zu riskant, anderen mein Vorhaben mitzuteilen. Viele wollen sich beim Geheimdienst einschleimen und dort Freunde gewinnen. Ich wollte nicht ihr Opfer dafür sein. Ich habe immer noch Freunde, die beleidigt sind und glauben, dass ich mich deshalb nicht von ihnen verabschiedet habe, weil ich sie für Schnüffler halte oder nicht viel Wert auf ihre Freundschaft lege. Sie wollen nicht verstehen, dass das eine notwendige Sicherheitsmaßnahme war, vor allem auch, um sie vor Gefahr zu schützen. Aber in unserer Mentalität ist Freundschaft so verankert, dass ich mich ihnen anvertrauen hätte müssen. Inzwischen haben einige von ihnen Verständnis für meine Vorgehensweise, weil sie im Laufe der Zeit auch einen solchen Brief bekommen haben und einen ähnlichen Weg wie ich gegangen sind: Drei meiner besten Freunde wohnen seit einiger Zeit in Köln.

Ich kann mich nicht einmal jetzt, drei Jahre später, an den genauen Ablauf dieser beiden Tage erinnern, so sehr bin ich aus dem inneren Gleichgewicht gebracht. Jede Menge Gedanken und Gefühle, die ich nicht zuordnen kann, stürmen auf mich ein. Ich wusste immer, dass die Familie etwas Wichtiges ist. Nach diesem Brief war sie für mich geradezu etwas Heiliges geworden. Ich schulde ihnen, dass ich noch am Leben bin. Die Art und Weise, wie meine Eltern, meine Geschwister und mein Onkel sich dafür eingesetzt haben, dass ich das Land verlassen konnte, war beeindruckend. Sie waren auf einmal alle da, ließen alles liegen und stehen, um mir zu helfen.

Seit dem Moment, in dem die Entscheidung für die Flucht gefallen ist, habe ich einen ständigen Gedanken: Ich muss mein Versprechen gegenüber meinen beiden vierjährigen Nichten, Sandra und Malak, den Zwillingen meines Bruders, halten und sie am Montag auf den Spielplatz bringen. Am Tag vor der Abreise nehme ich mir eine Stunde Zeit, um gemeinsam mit Sarah die Kinder zu besuchen. Hinzufahren ist für mich, wie zwei Fliegen mit einem Schlag zu erwischen: Ich halte mein Versprechen und kann mich, ohne dass sie es merken, von den Kindern verabschieden. Es ist mir bewusst, dass es ein Trauma für sie wäre, würde ich ihnen sagen, dass ich im Begriff war, das Land zu verlassen.

Zu Sandra und Malak habe ich eine ganz besondere Beziehung, sie sind fast wie meine eigenen Kinder. Alle Kinder sagen als erstes Wort »Mama« oder »Papa«, Sandra hat jedoch als Erstes meinen Namen ausgesprochen. Jedes Mal, wenn sie bei uns zu Besuch waren, krabbelte Sandra zu meiner Zimmertür, patschte dagegen und rief meinen Namen. Wir haben eine starke innere Verbindung zueinander. Als sie etwa bei einem Anschlag am Rücken verletzt wurde, erlitt ich aus Angst um sie einen Kreislaufzusammenbruch, und auch heute sollte sich unsere ganz besondere Beziehung zueinander zeigen.

Nach Absprache mit meiner Schwägerin holen wir die Kinder ab, und von dem Moment an, wo ich vor ihrer Haustüre stehe, bin ich stumm, bis ich die Kinder wieder nach Hause zurückbringe. Ich weiß genau, wenn ich jetzt zu sprechen anfange, werde ich weinen. Tränen stehen bereits die ganze Zeit in meinen Augen. Sarah bemerkt es und übernimmt die Aufgabe, sich mit den Kindern zu unterhalten und mit ihnen Spaß zu haben. Ich schaffe es nicht, eine ganze Stunde mit ihnen auf dem Spielplatz zu bleiben. Daher schlage ich vor, ihre Lieblingssüßigkeiten zu kaufen und nach Hause zu fahren. Ich ertrage die ganze Situation nicht mehr. Mit einer festen Umarmung versuche ich mich unauffällig von ihnen zu verabschieden, was mir aber nicht wirklich gelingt. Denn als wir später am Heimweg sind, ruft mich ihre Mutter an und stellt mir eine unerwartete Frage: »Stimmt es, was Sandra sagt? Sie weint, seitdem ihr sie nach Hause gebracht habt, und behauptet, dass du uns verlassen willst.« Fassungslos bleibe ich stumm. Wie kann Sandra das wissen, wenn es nicht einmal ihre Mutter weiß? Sie ist schließlich als Einzige bei dem Familienrat nicht mit dabeigewesen und mein Bruder hat sie auch nicht darüber informiert. Diese Frage beschäftigt mich heute noch. War es Telepathie? Ihre Mutter wiederholt die Frage einige Male, aber ich bleibe stumm, bis sie aus meiner Stummheit den Schluss zieht, dass Sandra recht hat, und sie mit tränenerstickter Stimme fragt: »Stimmt das? Stimmt das?« Ich kann ihr in diesem Moment nicht antworten. »Ruf bitte meine Mutter an. Sie erklärt dir alles. Aber es soll ein Geheimnis bleiben.«

Zu Hause erwarten mich schon viele Menschen, meine Familie und ein Bekannter, der meinen Laptop gekauft hat, von dem ich mich trennen muss, weil ich das Geld brauche. Meine Kamera will ich aus demselben Grund verkaufen, aber mein ältester Bruder, Mahmod, hält mich davon ab, weil er weiß, dass Fotografieren meine Leidenschaft ist. Er ist es auch, der beinahe die Hälfte der Reisekosten übernommen hat. Dass ich jetzt hier in Österreich bin und meine Kamera verwenden kann, schulde ich hauptsächlich ihm. Auch meine Mutter und meine anderen Brüder geben mir, was sie an Geld gespart haben. Am Eingang stehen zwei große Koffer, ich kontrolliere schnell, ob meine Lieblingssachen darin sind, die Kamera, ein Fotoalbum mit Fotos aus meiner Kindheit, eine kleine Flasche mit Parfum, die mir mein Vater zum Geburtstag geschenkt hat – dasselbe, das er selbst trägt.

Ich habe stets meinen Koffer selbst eingepackt, wenn ich auf Urlaub gefahren bin, aber diesmal ist alles anders. Man stellt sich die Frage: Was willst du mitnehmen, wenn du deine bisherige Existenz von einem Tag auf den anderen beenden musst? Was ist wichtig, was unwichtig? In Wahrheit war mir auf einmal alles egal. Das, wofür ich lange gearbeitet habe, um es mir kaufen zu können, ist in diesem Augenblick wertlos. Wenn dein Leben infrage gestellt wird, du nicht weißt, ob du nach einer Woche noch am Leben bist, stellt sich sehr schnell eine völlige Gleichgültigkeit den materiellen Dingen gegenüber ein. Das Wichtigste und Wertvollste, das ich mitgenommen und jetzt bei mir in Österreich habe, sind die schönen Erinnerungen.

Als Fadi, der Schlepper, mir an diesem Abend die Reise am Telefon ausführlich schildert, ist mir klar, dass man auf eine solche Reise am besten gar nichts mitnimmt, nur sich selbst. Laut seiner Aussage würde ich mir in Europa ohnehin alles wieder neu kaufen können, weil dort das Geld auf den Bäumen wachsen würde. An diesem Abend telefonieren wir das erste Mal miteinander, und von der ersten Sekunde an, als ich seine Stimme höre, bekomme ich ein komisches Gefühl. Seine Stimme, seine Aussagen, seine Art zu sprechen, wie er meine Vorstellungen von Flucht geringschätzt, wie er auf meine Fragen nur oberflächlich eingeht, das alles klingt nicht sehr vertrauenerweckend. Er selbst sitzt in Schweden, eine Kontaktperson aus seinem Netzwerk soll mich von einer Station zur anderen weitervermitteln. Alles klingt irgendwie nach *James Bond*, aber wir sehen keine andere Möglichkeit. Ich muss ihm vertrauen und ich muss mich in seine Hand begeben. Ihm blindlings zu vertrauen, ist aber nicht meine einzige Sorge. Mein Kopf ist voll von Sorgen, und ich weiß nicht, in welcher Reihenfolge ich mich damit beschäftigen soll.

Die allererste Sorge gilt dem Erreichen der Grenze zum Libanon und dem Überqueren derselben. Damaskus selbst und der Weg in den Libanon, der nicht mehr als fünfzig Kilometer weit ist, ist voll von Sicherheitsposten. Es gibt ungefähr zehn Kontrollstellen, die möglicherweise bereits meine Daten bekommen haben und mich wohl verhaften würden, um mich zum Militär zu schicken. Ich schlage meinem Vater vor, große Mengen an Matetee mitzunehmen, um sie den Soldaten an den Posten zur Bestechung geben zu können. Darauf reagiert mein Vater aber nur mit einem Stirnrunzeln.

Ich möchte gleich am Anfang meiner Geschichte klarstellen, dass ich auf meiner Flucht großes Glück gehabt habe. Ich bin davon überzeugt, dass mich Schutzengel begleitet haben. Schon in der letzten Stunde dieses Abschiedsabends meldete sich etwa ein Freund meines Bruders, der in Damaskus in einer europäischen Botschaft arbeitete. Die meisten europäischen Botschaften hatten nach Ausbruch des Krieges ihre Tätigkeiten in den Libanon verlegt oder überhaupt beendet. Da das gesamte Personal dieser Botschaft nach Beirut gezogen war, musste er nun regelmäßig mit dem Auto der Botschaft Unterlagen dorthin bringen, und als Angestellter der Botschaft wurde er wie ein Diplomat behandelt und nicht kontrolliert. Mein Bruder Mahmod hatte ihn kontaktiert und gefragt, ob er möglicherweise morgen nach Beirut fahren würde. »Ja, morgen um elf Uhr«, war seine Antwort. Er bot mir an, mich mitzunehmen. Ohne zu überlegen und mit großer Erleichterung nahm ich sein Angebot an. Ich lese den ganzen Abend im Internet Berichte von anderen bereits Geflüchteten, recherchiere in alle Richtungen und versuche, mir einen Eindruck über ihre Flucht zu verschaffen und daraus zu lernen. Die Realität übertrifft ihre Berichte dann bei Weitem. Trotz aller Aufregung schlafe ich schließlich völlig übermüdet auf der Couch im Wohnzimmer ein.

Schallplattenweitwurf

Als Kind ist jeder ein Künstler.
Die Schwierigkeit liegt darin,
als Erwachsener einer zu bleiben.

PABLO PICASSO

Plötzlich erklingt die Türklingel, um sechs Uhr in der Früh, ich wache auf und bin völlig panisch, weil ich glaube, dass sie mich jetzt holen kommen und der Geheimdienst vor der Tür steht. Mit bis zum Hals klopfendem Herzen öffne ich die Tür. Sarah steht vor mir. Sie bringt mir meine Lieblingsjause: Fladenbrotsandwich, gefüllt mit Thymian und Streichkäse und Olivenöl. Sie will mich unbedingt zu der geschlossenen Botschaft begleiten, wo ich den Freund meines Bruders, Said, treffen soll. Mein Vater und meine Brüder haben sich für heute freigenommen und bleiben zu Hause. Wir frühstücken gemeinsam. Zum letzten Mal. Ich versuche dabei, die Zeit zu nutzen und mir jeden Gegenstand in unserem Zuhause einzuprägen, um ihn nie mehr zu vergessen. Mein Blick bleibt dabei an meinen beiden Koffern hängen, die neben der Tür stehen, und dabei erinnere ich mich an eine ähnliche Szene. Es ist nicht das erste Mal, dass ich meine Sachen packe, um unser Zuhause zu verlassen.

Diese Geschichte spielte sich ab, als ich elf Jahre alt war. Heute kann ich darüber lachen, für mich als Elfjährigen war es bitterernst. Ich hatte damals einen schweren Konflikt mit meinem Vater. Alles war schiefgelaufen. Es war am ersten Tag der Sommerferien, ich musste an diesem Tag also nicht zur Schule gehen. Ich musste nicht früh wie die Hühner aufstehen und hatte mich schon am Vorabend darauf gefreut, länger als üblich schlafen zu können. Es war ein herrlich sommerlicher Tag. Erst das Schreien der Kinder vor unserem Wohnblock hatte mich aufgeweckt. Diese untreuen Freunde hatten ohne mich mit dem Fußballspielen angefangen! Ich zog mich schnell an, und ohne mir die Zähne zu putzen, rannte ich voller Freude die Treppe hinunter. Über die letzten zehn Stufen sprang ich mit drei großen Schritten. Bei der Landung kam ich schräg mit dem linken Fuß auf. Ich schrie auf wie eine schwangere Frau bei der Geburt. Es tat irrsinnig weh. Meine Bänder im Knöchel waren gerissen, und somit waren auch die Sommerferien ziemlich im Eimer.

Es war unendlich langweilig, die Sommerferien zu Hause mit einem Gipsbein zu verbringen, also beobachtete ich Tag für Tag meine Freunde beim Spielen vom Fenster aus. Sie waren sehr nett, besuchten mich täglich, und wir spielten miteinander Karten. Diesmal wollten wir etwas anderes spielen, ich hatte mir etwas Neues ausgedacht. Mein Vater besaß ein altes Grammophon, das allerdings schon lange nicht mehr funktionierte. Ich hatte niemals erlebt, dass er damit Musik spielte. Er hatte jedoch ungefähr hundert Schellackplatten gesammelt und war sehr stolz darauf. Sie standen im Regal, schon etwas verstaubt, und an diesem Tag sollten sie endlich sinnvoll verwendet werden: Wir spielten vom Fenster im fünften Stock aus »Schallplattenweitwurf«. Es machte großen Spaß. Ich perfektionierte meine Technik von Wurf zu Wurf und schoss immer weiter. Wir waren zu dritt, und ich war der Beste von uns. Ich fühlte mich trotz meines Gipsbeins wieder intakt. Dann stand plötzlich mein Vater, der gerade von der Arbeit nach Hause gekommen war, hinter mir. Er war einen kurzen Augenblick schockstarr und schaute mit offenem Mund fassungslos auf das Geschehen. Nur einen Moment. Dann rastete er aus und schrie mich vor meinen Freunden an. Ammar, unser »Wecker«, und mein anderer Freund bekamen Angst, sie verabschiedeten sich und verschwanden. Für mich war es sehr kränkend und beschämend, dass er mich vor meinen Freunden geschimpft und gedemütigt hatte. Meine Mutter mischte sich ein und sagte zu meinem Vater: »Beruhige dich, ich sage den anderen Kindern, sie sollen die Schallplatten einsammeln und wieder heraufbringen.«

Manche Platten hatten den Flug überlebt, andere waren kaputtgegangen. Mir war das inzwischen egal, ich war beleidigt und entschuldigte mich nicht, obwohl mich meine Mutter darum bat. Ich konnte die ganze Nacht nicht schlafen. Ich kochte geradezu vor Wut. Wie hatte er mich nur vor meinen Freunden derartig beschimpfen können! Ich beschloss, mich bei Sonnenaufgang davonzumachen und das Haus für immer zu verlassen. Ich wollte zu meiner Oma flüchten und bei ihr wohnen. Meine Oma kochte gut und hatte viel Platz in ihrem Zuhause. Meinem Opa würde das nichts ausmachen, er schaute den ganzen Tag Nachrichten im Fernsehen an. Dort gab es auch eine sympathische Schule, in die ich gehen konnte.

Ich packte also meinen Rucksack und machte mich bei den ersten Sonnenstrahlen mit meinem Gipsbein und einer Krücke auf den Weg. Ich nahm den ersten Bus und fuhr zu meiner Oma. Opa und sie waren gerade beim Kaffeetrinken. Sie freuten sich über mein Erscheinen und waren gleichzeitig sehr überrascht. Ich hatte keine Angst, dass sie mich wieder zurückschicken wollten, denn ich kannte ihre Schwachstelle: Tränen. Weinend erzählte ich Oma die ganze Geschichte und hatte Erfolg damit. Sie beruhigte mich und machte mir Frühstück.

Später erfuhr ich die Reaktion meines Vaters. Er war verärgert und wollte mir eine Lektion erteilen. Seinen Vorstellungen nach übertrat ich mit meinem Fortlaufen eine Grenze: »Er soll dortbleiben und die Konsequenzen seiner Entscheidung selber tragen.« Die ersten Tage waren recht amüsant. Oma verwöhnte mich, ich bekam Spielzeug und gutes Essen. Ich begleitete sie zu Verwandten und Nachbarn, lernte neue Menschen kennen und ging mit ihr jeden Tag in die Videothek und borgte einen Kinderfilm aus, was ich zu Hause nicht durfte. Den schaute ich dann gemeinsam mit ihr am Abend an, wobei ich meistens schon zu Beginn einschlief und sie alleine weiterschauen ließ. Es war schön bei Oma und Opa, und ich fühlte mich wohl.

Inzwischen war eine Woche vergangen und ich begann mich zu langweilen. Ich vermisste meine Freunde, meine Eltern und meine lästigen Geschwister. »Oma, wann kommen meine Eltern mich abholen?«

»Sie werden dich nicht abholen. Du wirst bei uns bleiben. Das wolltest du doch, oder?«

Ich blieb stumm und überlegte, die weiße Fahne der Kapitulation zu hissen. Das schien mir im Moment am vernünftigsten zu sein, und ich begann zu weinen: »Ja, ich mag euch, du bist sehr lieb zu mir, aber ich vermisse mein Zuhause!«

»Gut, ich rede einmal mit deinen Eltern.«

Zwei Tage später standen plötzlich meine Eltern vor der Tür. Diesmal weinte ich vor Erleichterung und umarmte meinen Vater. »Es tut mir leid. Was ich gemacht habe, war blöd. Das nächste Mal, wenn wir Schallplattenweitwurf spielen, lade ich dich ein, und du darfst mitspielen, wenn du willst.«

Mein Papa hatte das Lächeln des Siegers in seinem Gesicht. Aber er entschuldigte sich auch. »Es tut mir leid, dass ich dich vor deinen Freunden als Idiot bezeichnet habe. Aber was du gemacht hast, war idiotisch«, sagte er und nahm mich in seine Arme.

Heute ist es anders. Mein Vater ist heute kein Sieger. Er will nicht mitfahren, er will seinen Schmerz, seine Traurigkeit und seine Tränen niemandem zeigen. Meine Mutter fährt mich, mein jüngster Bruder und Sarah wollen mitkommen. An der Haustüre stehe ich mit meinen beiden Koffern und meiner Jause in der Hand und beginne die Abschiedszeremonie. Ein Abschied von den zu Hause Gebliebenen, vielleicht für immer. Dabei fällt mir auf, dass mein Vater auf einmal verschwunden ist. Ich suche ihn schnell in der Wohnung, er steht in der Küche und bedeckt mit seiner Handfläche die Augen. Es ist das erste Mal in den 25 Jahren unseres Zusammenlebens, dass ich seine Tränen sehe. Heute nehme ich ihn in meine Arme.

Männer weinen nicht

Lieb mich weit weg von den unterdrückten, verdrängten Ländern,
weit weg von unserer Stadt, die von Tod übersättigt ist.

NIZĀR QABBĀNĪ

Am häufigsten werden mir in Österreich Fragen nach kulturellen Unterschieden gestellt. Wie ist das in Syrien, wie jenes? Wie reagieren Menschen in bestimmten Situationen? Gibt es da Unterschiede? Wie kommst du mit der österreichischen Mentalität zurecht? Das ist ein sehr unterhaltsames Thema. Ich kann über kulturelle Unterschiede stundenlang sprechen, da sich die beiden Kulturen voneinander unterscheiden wie der Himmel von der Erde. Aber die weit schwierigere Herausforderung ist es, über kulturelle Gemeinsamkeiten zu sprechen, und darüber, ob es sie überhaupt gibt.

Ich bin zufälligerweise einmal durch ein Lied im Radio auf eine Gemeinsamkeit beider Kulturen gestoßen. Der Sänger meinte nämlich: »Männer weinen nicht.« Diese Worte habe ich von meinem Vater und meinem Onkel als Kind sicher tausendmal eingeredet bekommen. »Wenn du weinst, bist du ein Weichei. Ein echter Mann kennt keinen Schmerz.« Diese Dummheit gibt es offensichtlich nicht nur im arabischen Raum, sondern auch in deutschsprachigen Ländern.

Der Satz hatte sich offenbar tief in meine Seele eingebrannt. Weder weinte ich, als ich den Brief mit dem Einberufungsbefehl erhielt oder die Entscheidung zur Flucht traf, noch dann, als ich meinen Vater in der Küche weinen sah. Das war das Ergebnis dieses harten Trainings, jahrelang diesen Satz hören zu müssen. Ich konnte meine Gefühle sehr gut verbergen. Ich finde das im Nachhinein völlig bescheuert. Warum soll ich meine Gefühle in bestimmten Situationen unterdrücken und verbergen? Ich halte es inzwischen sogar für ein Zeichen von Stärke, weil nicht alle Männer den Mut haben, Schwäche zu zeigen. Wenn die Indianer wirklich keinen Schmerz gekannt haben sollten, hätten sie psychologische oder ärztliche Hilfe gebraucht. Das ist doch das Schönste an uns Menschen, Gefühle empfinden und sie auch ausdrücken zu können, zu weinen, zu lachen, zu schreien, zu schweigen, voneinander Abstand zu halten oder zu umarmen.

Auf der Rückbank unseres Autos sitze ich in der Mitte, Sarah rechts und Abdo, mein Bruder, links von mir. Sarah hängt an mir wie ein Baby. Als wir ein Stück gefahren sind, öffnet sie ihre Tasche, holt ihren Kalender heraus und schlägt ihn auf. Da liegt eine getrocknete Blume zwischen den Seiten, dunkelrot, die für uns beide etwas Besonderes bedeutet. Sie war das Mittel, ihr Herz zu erobern.

Sarah hat in einem Büro im selben Stockwerk wie ich gearbeitet. Wir trafen einander häufig auf dem Gang. Sie ist eine wunderschöne Frau. Ich konnte mich nicht unter Kontrolle bringen, musste ihr immer wieder nachschauen. Ihr Lächeln brachte meine Hormone in Wallung. Leider sahen wir einander aber immer nur kurz, und ich hatte keinen passenden Anlass, sie anzusprechen. Sie arbeitete in einer anderen Abteilung, die mit meiner in keinem Zusammenhang stand, und ich war ziemlich schüchtern. Das ging zwei Monate lang auf diese Art. Ich begann, früher ins Büro zu kommen, obwohl ich nicht musste, nur damit ich ihr Lächeln erleben konnte. Ich ließ meine Bürotür immer offen, damit ich sie beim Vorbeigehen sehen konnte. Für sie war es klar ersichtlich, dass ich an ihr interessiert war, und für mich war es klar, dass das Lächeln in ihrem Gesicht ausgerechnet für mich so besonders war. Irgendwann dauerte mir das alles zu lange und ich beschloss, den ersten Schritt zu tun. Ich überlegte immer wieder, wie und worauf ich sie ansprechen konnte, damit es möglichst spontan und natürlich klang. Es musste aber auf jeden Fall etwas Besonderes sein. So ging ich vor ihrer Mittagspause in ein Blumengeschäft und suchte Blumen für einen schönen großen Strauß aus, den der Florist genau nach meinem Wunsch zusammenband. Auf eine Karte ohne Absender schrieb ich nur:»Dein Lächeln ist für mich zur Sucht geworden.« Dann bat ich den Floristen, ihr den Blumenstrauß in der Mittagspause in ihr Büro zu bringen. Ich versteckte mich mit hörbarem Herzklopfen am Ende des Ganges und beobachtete alles genau. Es war ein Erlebnis, ihren Gesichtsausdruck zu sehen, als sie den Blumenstrauß bekam, und wie sie intuitiv im ersten Impuls in Richtung meines Büros blickte. Aber ich war schlauer und stand woanders. Sie nahm den Strauß in beide

Arme, verschwand in ihrem Büro und schloss die Tür hinter sich. Ich war so aufgeregt, dass ich eine Kollegin bat, meine Arbeit zu übernehmen, und die ganze Zeit darüber nachdachte, was ich als Nächstes tun sollte. Ich wartete, bis sie Feierabend hatte und nach Hause ging. Als sie mit den Blumen im Arm das Büro verließ, ging ich ihr unauffällig nach. Ich fiel ihr erst auf, als wir beim Lift standen. Sie wurde sofort rot, war sehr verlegen und blickte lächelnd zu Boden. Dann betraten wir gemeinsam den Lift. Nach ein paar Augenblicken des Schweigens fragte sie: »Sind die Blumen von dir?«

»Ja, ich hoffe, dass sie dir gefallen.«

»Ja, schon, sehr. Aber warum?«

»Ich wollte dir nur auf besondere Art sagen, dass du ein wunderschönes Lächeln hast.«

Sie wurde wieder rot und blickte lächelnd zu Boden, ohne etwas zu sagen. Unten angekommen, verließen wir den Lift und gingen nebeneinander, uns immer wieder anschauend. Sarah roch ständig an den Blumen, bis wir zum Ausgang kamen, dann verabschiedeten wir uns voneinander. »Bis morgen!«, sagte ich lachend. Sie war immer noch verlegen: »Bis morgen. Und danke für die Blumen!«

Heute will mir Sarah eine dieser Blumen, die sie getrocknet hat, als Schutzengel mitgeben. »Ich kann sie nirgends einstecken, sie wird kaputtgehen!«

Sie gibt mir den ganzen Kalender. »Ich kann mir meine Termine merken.«

Wir kommen bei der geschlossenen Botschaft an, wo Said, der Freund meines Bruders, der mich fahren will, schon auf mich wartet. Die Verabschiedungszeremonien fangen wieder an. Die zweite am selben Tag. Said steht neben seinem Auto und beobachtet alles. Ich verabschiede mich von jedem mit einer festen Umarmung, die letzten beiden sind Sarah und meine Mutter. Meine Mutter weint nicht. Sie weiß, dass ich gehe, um in Sicherheit zu sein. Im Gegensatz zu Sarah. Sie ist todunglücklich. Die beiden steigen ins Auto und fahren los. Aber nach ein paar Metern bleibt das Auto stehen und Sarah steigt wieder aus und läuft zu mir. Ich nehme sie in die Arme. In diesem Moment verabschiede ich mich von diesem dummen Grundsatz, dass Männer nicht weinen, und zeige, dass sie sehr wohl aus ganzem Herzen weinen können.

Der schwarze Anzug

Wer einen Fluss überquert, muss die eine Seite verlassen.

MAHATMA GANDHI

»Ein Mann ist an seine Zunge gebunden«, so lautet ein arabischer Spruch. Viele Geschäfte wurden früher in Syrien ohne Verträge abgeschlossen. Das Wort eines Mannes war der Vertrag. Für die rechtliche Sicherheit sorgte der Schnurrbart. Das hieß, wenn ein Mann ein Versprechen gab, forderte sein Gegenüber mit einem Griff an den Schnurrbart die Wiederholung seines Versprechens ein. Tat er das, durfte diese Abmachung nicht gebrochen werden. In früheren Zeiten galten ein paar ausgerissene Schnurrbarthaare als sichtbares Zeichen dieser Abmachung. Brach jedoch jemand diese Regel, hatte er keine Freunde mehr. Niemand würde mehr mit ihm Geschäfte machen, und er war sogar als Ehemann nicht mehr erwünscht. Solche seltsamen kulturellen Gewohnheiten gab es sicher im alten Europa auch. Lediglich die Sache mit dem Schnurrbart wäre in Europa nicht umsetzbar gewesen, weil nicht alle europäischen Männer einen Schnurrbart zum Ausreißen haben.

An Saids Augen kann ich ablesen, dass er sein Versprechen, mich mitzunehmen, gerne zurückgenommen hätte. Bei der ersten Sicherheitskontrolle zittert er richtiggehend, er hat weit mehr Angst als der Betroffene, in dem Fall ich. Ich selbst bin auch in Panik, mir ist es dennoch wichtig, anderen Menschen aufgrund meiner Probleme nicht zu schaden. »Willst du, dass ich aussteige? Du musst mich nicht mitnehmen«, sage ich zu ihm mit ernster Stimme.

»Nein, nein, wir schaffen es schon. Ich bin ein wenig angespannt. Außerdem, was sollen die Menschen über mich sagen? Ich habe deinem Bruder mein Wort gegeben!«

Wir fahren problemlos durch alle Kontrollen, ich bin mit allem überfordert. Zu diesem Zeitpunkt sind mir die Konsequenzen noch nicht bewusst, nämlich dass ich kurz davor bin, Syrien für immer zu verlassen. Ich bin im Moment voll und ganz auf eine einzige Sache konzentriert, nämlich die, die Grenze zum Libanon zu überqueren.

Endlich kommen wir an der Grenze an. Bevor ich Syrien verlasse, muss ich meinen Reisepass an der syrischen Grenze abstempeln lassen. Said ist sicher, dass mein Name noch nicht in die Ausreiseverbotsliste gelangt ist. Ich aber habe Todesangst. Mein Puls schießt immer höher.

»Du brauchst keine Angst zu haben. Viele meiner Bekannten, die den Einberufungsbefehl bekommen haben, konnten Syrien reibungslos verlassen. Bis die Behörden miteinander kommunizieren, dauert es bei uns einfach ewig lange.«

Ich entschließe mich dazu, Saids Aussage für die absolute Wahrheit zu nehmen, ansonsten könnte ich vor lauter Angst nicht aus dem Auto aussteigen. Wir nähern uns dem Schalter. Eine lange Schlange von Menschen steht bereits dort. Ich stelle mich an ihrem Ende an, und Said geht zum Diplomatenschalter, weil er bei der Botschaft arbeitet. Nach fünf Minuten kommt er mit abgestempeltem Reisepass wieder. Ich habe mich inzwischen keinen Schritt nach vorne bewegt. Said ist ungeduldig: »Weißt du was, steck fünfhundert Lira in deinen Pass und gib ihn mir!«

»Warum? Was hast du vor?«

»Wir können doch nicht den ganzen Tag hier verbringen. Ich kenne einen Beamten hier. Er liebt Geld und wird uns schnell den Pass abstempeln. Außerdem ist es so besser. Wenn er das Geld sieht, wird er die Ausreiseverbotsliste nicht kontrollieren.«

Ich nehme Said sofort beim Wort und gebe ihm den Pass mit dem Geld darin. Es dauert nicht einmal fünf Minuten, dann kommt er mit einem großen Grinsen im Gesicht zurück, strahlt selbstbewusst und drückt mir meinen Pass in die Hand. »Erledigt, lass uns weiterfahren!«

Nach etwa vierhundert Metern kommen wir an der libanesischen Grenze an. Der Anblick ist nicht zu fassen: eine unübersehbare Menschenmenge, Familien, Kinder, einzelne Männer, Frauen, alte Menschen, Gepäckstücke, alles lagert da und wartet auf die Genehmigung zum Grenzübertritt. Manche haben sogar Matratzen mitgebracht, entweder, weil sie erwartet haben, dass sie an der Grenze lange warten müssen, oder weil sie wissen, dass der Libanon seine Kapazitäten, Flüchtlinge aufzunehmen und zu versorgen, bereits überschritten hat.

Der Libanon ist das Land, das weltweit die meisten syrischen Flüchtlinge aufgenommen hat, teils freiwillig, teils gezwungenermaßen. Zu diesem Zeitpunkt waren es bereits rund eineinhalb Millionen Menschen. Die Einwohnerzahl dieses Landes beträgt rund fünf Millionen, das heißt, die Flüchtlinge machen beinahe ein Viertel der ursprünglichen Bevölkerung aus – und manche der europäischen Staaten sprechen von Überfremdung, weil sie in einem Jahr 30 000 Flüchtlinge aufgenommen haben.

Said parkt das Auto, und wir gehen zu Fuß zum libanesischen Grenzgebäude. Auf dem Weg traue ich mich, einen vom langen Warten sichtlich verzweifelten Menschen zu fragen, wie lange er schon hier sei. »Frag nicht, komm, setz dich zu uns«, antwortet er ohne große Begeisterung. Said hat aber einen anderen Plan: »Folge mir, vielleicht gelingt es uns, dort durchzugehen, wo mein Diplomatenpass abgestempelt wird.« Er bittet mich jedoch, sollte etwas schiefgehen, so zu tun, als würde ich ihn nicht kennen. Ohne zu zögern, gehe ich hinter ihm her. Vor diesem Diplomatenschalter wartet niemand. Said bekommt seinen Stempel problemlos, dreht sich im Weitergehen zu mir um, und ich sehe die nackte Panik in seinem blassen Gesicht. Ich nähere mich dem Schalter und gebe meinen syrischen Reisepass her. Der Soldat findet etwas sehr lustig, lacht und spricht mich an: »Wieso kommst du mit einem zivilen Reisepass zum Diplomatenschalter?«

»Ja, weil ich bei der syrischen Regierung arbeite.«

»Und, hast du irgendeinen Nachweis dafür?«

Ich zeige ihm meinen Arbeitsausweis vom Magistrat in Damaskus. Jetzt erscheint mir sein Lächeln schon etwas unfreundlicher, aber er stempelt meinen Reisepass mit einem Kopfschütteln ab und schreibt etwas in den Pass, bevor er ihn mir wieder aushändigt. Neugierig schaue ich hinein und muss lesen: »Einreiseverbot für sechs Monate«. Verwirrt frage ich ihn nach dem Warum, und sehr unfreundlich und zackig kommt seine Antwort: »Jetzt geh raus und lass dir von deiner Regierung helfen. Ich hole gleich den Sicherheitsdienst.« Offensichtlich habe ich den falschen Beamten erwischt.

Im Libanon ist die politische und religiöse Spaltung nicht geringer als in Syrien. Das Land ist vom Krieg in Syrien genauso betroffen, als wäre es ihr Krieg. Vor 35 Jahren litt auch der Libanon schwer unter einem Bürgerkrieg. Mit dem jetzigen Krieg sind sie wieder unmittelbar konfrontiert, weil die Sunniten die Rebellen unterstützen und die Schiiten an der Seite Assads kämpfen. Die Christen, die immerhin ungefähr die Hälfte der Bevölkerung ausmachen, sind hin und her gerissen. Ich bin sicher, hätte der Soldat am Zollschalter eine andere persönliche Einstellung gehabt, hätte ich den Stempel ohne Probleme bekommen.

Verzweifelt beeile ich mich, zurück zum Auto zu gehen, wo Said schon auf mich wartet. Er hat die Situation aus der Entfernung unauffällig beobachtet. Mit enttäuschter Stimme teile ich Said die Nachricht mit, er reagiert mit aufgerissenen Augen und offenem Mund: »Das ist das Schlimmste, was hätte passieren können. Wenn der Zollbeamte nur abgelehnt hätte, den Pass zu stempeln, hättest du dich an der Reihe für Zivilisten anstellen können und ein paar Stunden später wärst du vermutlich ohne Probleme über die Grenze gekommen.«

Voller Erwartungen frage ich ihn, was ich jetzt machen soll. Er schüttelt den Kopf und geht einige Male um sein Auto herum. Nach langem Schweigen antwortet er entmutigt: »Jad, es tut mir leid, da kann ich dir nicht weiterhelfen. Ich muss schauen, dass ich meine Kinder weiter füttern kann.« Er öffnet die Autotür, holt meine beiden Koffer heraus, stellt sie auf den Boden, verabschiedet sich schnell von mir und gibt mir noch einen letzten Tipp: »Warte bis zum Abend, da ist Schichtwechsel, vielleicht kannst du bei einem anderen Beamten etwas erreichen.«

Ich bleibe wortlos stehen und beobachte, wie Said sich mit dem Auto immer weiter entfernt, Richtung Libanon. Was soll ich jetzt machen? Ein paar Minuten bleibe ich wie eine Statue stehen. Zurückzugehen ist keine Option. Ich würde an der ersten Sicherheitskontrolle sofort verhaftet werden. Also schleppe ich meine beiden

Koffer ohne Begeisterung an eine schattige Stelle. Eine unglaubliche Gleichgültigkeit ergreift mich in diesem Augenblick, ich fühle mich weder gestresst noch bedroht, ich bin einfach innerlich leer. So mache ich es mir mit meinen beiden Koffern einigermaßen gemütlich, einen schiebe ich unter meine Füße, einen unter meinen Kopf, und rufe meinen Bruder und Fadi an. Aber viel zu sagen haben beide nicht. Den Rat von Said zu befolgen, scheint ihnen die einzige Möglichkeit zu sein. Das habe ich mir erwartet. Es ist mir bewusst, dass mir aus dieser Situation nur mehr ein Wunder heraushelfen kann. Im Schatten kühlt ein leichter Wind, und nach einiger Zeit schlafe ich ein. Das Signal meines Handys weckt mich, Sarah ist am Apparat. Sie hat von meinem Bruder erfahren, dass es mir nicht gelungen ist, das Land zu verlassen. Sie klingt froh. »Komm zurück, wir verstecken dich hier irgendwo«, bittet sie mich.

»Ich möchte es noch einmal versuchen, am Abend nach Schichtwechsel«, erkläre ich ihr die Situation. Mit so viel Verständnis, wie sie aufbringen kann, wünscht sie mir Glück für mein Vorhaben. Ich beobachte, wie schnell oder langsam sich die Menschenschlange vorwärtsbewegt. Wenn ich mich jetzt dazustellen würde, käme ich erst nach dem Schichtwechsel an den Schalter. Ich will die Zeit nützen und stelle mich in die Reihe. Vor mir steht ein alter Mann, ungefähr siebzig Jahre alt. Er trägt eine Beduinentracht, und auf meine Frage antwortet er, dass er aus Dair Alzor käme. Das ist eine Stadt in der Wüste in der Nähe der irakischen Grenze. Wir wollen die lange Wartezeit überbrücken und unterhalten uns über alles Mögliche, über den Krieg, über sein Leben, über sein Schicksal, darüber, dass er mit der ganzen Familie flüchten musste, über den Tod seines Sohnes durch einen Luftangriff und die jetzige Situation im Lager im Libanon. Ich bin tief beeindruckt von seiner Stärke. Er erzählt das alles, als sei er gänzlich unbeteiligt. Es ist sehr interessant, wie er die Situation einschätzt, mit welcher Weisheit und Achtsamkeit er über diese Dinge spricht, obwohl er vermutlich keine besondere Schulbildung genossen hat.

»Weder die Politiker, noch die Regierung, noch die Rebellen, noch die Araber sind an uns interessiert. Jeder möchte nur Macht haben. Ich bin fest davon überzeugt, dass keiner von denen daran interessiert ist, ob ich heute hungrig oder satt schlafen gehe.«

Das ist ganz einfach ausgedrückt, enthält aber die nackte Wahrheit. Ich erkenne plötzlich, dass es mir trotz allem, was in den letzten Tagen passiert war, noch verhältnismäßig gut geht und dass ich nicht aufgeben darf. Das macht die Motivation in mir wieder lebendig, und dadurch vergeht die Zeit wie im Flug. Nach viereinhalb Stunden ist es dann so weit. Tatsächlich sitzen andere Beamte hinter den Glasscheiben. Ich erkläre meine Situation ganz aufgeregt: »Ich habe mich vor ein paar Stunden in der falschen Reihe angestellt. Der Beamte hat ganz impulsiv gehandelt und ein Einreiseverbot über mich verhängt.«

Der Mann ist sehr freundlich und verständnisvoll. Dennoch muss er mir mitteilen, dass er daran nichts ändern kann. »Es tut mir leid, aber das Einreiseverbot ist schon im System und daher endgültig. Ich darf es leider nicht ändern.«

Ich verlasse das Gebäude wieder, aber diesmal mit dem festen Willen, noch in derselben Nacht die Grenze zu passieren, egal wie, egal um welchen Preis. Ich spüre einen unendlichen Willen in mir. Das ist meine persönliche Herausforderung, ich will diesen ersten Schritt meiner Flucht unbedingt selbstbestimmt schaffen, um Motivation und Kraft zu bekommen für alle Schwierigkeiten, die vermutlich noch kommen werden.

Ich beginne, die Umgebung genauer zu beobachten. Dabei fällt mir auf, dass Limousinen mit verdunkelten Fensterscheiben hinter das Zollgebäude fahren und nicht mehr auftauchen. Also bitte ich einen der wartenden Reisenden, auf meine beiden Koffer aufzupassen, schleiche heimlich dorthin und entdecke neben einem Parkplatz einen Eingang. An diesem hängt ein Schild: Büro des Obersten, Chef der Zollbeamten. Dieser Mann scheint meine einzige und letzte Hoffnung zu sein, weswegen ich ihn unbedingt persönlich sprechen will. Aber so einfach ist das nicht, weil am Eingang Soldaten Wache halten. Einem gewöhnlichen syrischen Flüchtling, von denen eine fast unübersehbare Menge rund um das Gebäude wartet, wird es sicher nicht gestattet werden, in das Büro vorzudringen. Ich muss mir etwas einfallen lassen. Also fasse ich einen scheinbar verrückten Plan, möchte ihn aber dennoch unbedingt umsetzen. Ich laufe zurück zu meinem Gepäck und ziehe mich gleich auf der Straße unter all den anderen wartenden Menschen um. Mein schwarzer Lieblingsanzug macht aus mir eine Person, die genauso aussieht wie diejenigen, die in den Limousinen mit den schwarz getönten Fensterscheiben sitzen. Frisiert, mit schwarzen Schuhen und Sonnenbrille gehe ich voller Aufregung Richtung Büro. Einige Meter vor der Tür stehen Soldaten bei der Absperrung. Ich spreche den Soldaten, der mir am sympathischsten ist, auf Englisch an und frage ihn, ob der Oberst in seinem Büro sei. In gebrochenem Englisch fragt er mich, wer ich sei, und beantwortet meine Frage zugleich mit einem Nein. Ich gehe auf seine Frage gar nicht ein: »Es ist doch sicherlich seine Vertretung im Haus. Dann will ich mit der Vertretung sprechen.«

Der Soldat spricht über sein Funkgerät mit seinem Vorgesetzten: »Hier ist ein Mann im Anzug, der Englisch spricht, und der möchte unbedingt mit dem Vertreter des Herrn Obersten sprechen.«

»Er soll hereinkommen«, klingt es aus dem Gerät. Der Soldat öffnet die Absperrung und lässt mich das Gebäude betreten. Ich gehe vorbei am Büro des Obersten, die nächste Türe führt zu seiner Vertretung. Der Offizier empfängt mich recht freundlich. »Was möchten Sie?«, will er wissen.

Ich erkläre ihm sofort mein Anliegen: »Es hat vorhin am Schalter ein Missverständnis gegeben. Bitte lassen Sie mein Einreiseverbot wieder aufheben!«

Er fragt nach meinem Reisepass. Ich überreiche ihm meinen Pass. Überrascht blickt er darauf und sagt auf Arabisch: »Aber Sie sind doch ein Syrer!«

Ich bejahe und soll ihm auf seine Frage hin erklären, weshalb ich mit ihm Englisch sprechen würde: »Ohne dieses Vorgehen wäre es mir wahrscheinlich nie möglich gewesen, hier vor Ihnen zu stehen.«

Lachend schüttelt er den Kopf. »Ich muss zugeben, dass ich von Ihrer Vorgehensweise beeindruckt bin. Aber ich kann Ihnen leider nicht helfen, das Einreiseverbot aufheben kann nur der Oberst persönlich. Und der ist gerade nicht da, daher müssen Sie warten, bis er zurückkommt.«

Ich gehe aus dem Büro und soll das Gebäude auf Weisung seines Adjutanten wieder verlassen. Da kommt plötzlich ein Mann bei der Türe herein und will das Büro des Obersten betreten. An seinen Rangabzeichen erkenne ich, dass es sich um den Oberst persönlich handelt. Ohne zu zögern spreche ich ihn direkt an: »Bitte, helfen Sie mir!«

»Womit?«

Das ist das einzige Wort, das er an diesem Tag mit mir wechselt. Ich erkläre ihm schnell die Geschichte mit dem Pass. Er hört sehr aufmerksam zu und nickt dabei mit dem Kopf. Dann dreht er sich um, deutet mir wortlos mitzukommen und geht mit mir in ein anderes Büro, in dem an zwei Schreibtischen Soldaten an ihren Computern arbeiten. Genauso wortlos lässt er mich dort stehen und verlässt das Büro wieder. Dieser Mensch, der Oberst, ist der erste der fünf Schutzengel, die mir auf der Flucht begegnet sind.

Die Soldaten wollen nun von mir wissen, worum es geht. Ich erzähle ihnen die Geschichte. Sie verlangen meinen Reisepass, tippen irgendetwas in den Computer und zeigen mir daraufhin den Weg auf die andere Seite der Schalter, dorthin, wo die Zollbeamten sitzen. Sie sagen etwas zu ihnen, das ich nicht genau hören kann, und ich bekomme die Anweisung: »Lass deinen Pass abstempeln.«

Voller Freude gehe ich zu dem Beamten, stehe neben ihm und blicke auf die Menschenschlange auf der anderen Seite, lasse den Pass abstempeln und eile hinaus. Mein Lächeln kann ich nicht verbergen. Ich darf legal in den Libanon einreisen!

Staatenlos

Die Einsamkeit ist ein heftiger Sturm, der alle trockenen Äste
in dem Baum unseres Lebens beseitigt, aber unsere Wurzeln stärkt.

GIBRAN KHALIL GIBRAN

»Das durchsichtige Volk«, so bezeichnete Rafik, einer meiner
Freunde, immer sich und sein Volk. Er ist zwar in Syrien geboren,
aber seine Familie ist aus Palästina geflüchtet. Die Charakterisierung
seines Volkes als durchsichtig hat mich immer fasziniert, weil die
Palästinenser ja tatsächlich weltweit kaum beachtet werden. Das hat
mich auch immer wieder zum Nachdenken gebracht. Warum hat
dieses Volk de facto kein Land mehr? Was sind die Ursachen dafür?
Welche Geschichte steckt dahinter?

Für uns Syrer ist sie nachvollziehbar. Syrien verlor nach dem An-
griff von Israel im Juni 1967 im sogenannten Sechstagekrieg einen
Teil des Landes, die Golanhöhen. Und es war für Syrien reines
Glück, dass Damaskus während dieses Krieges nicht auch verloren
ging. In diesem Fall würde meine Nationalität in Österreich jetzt
auch »staatenlos« heißen. So steht es nämlich auf jedem Asylausweis
der palästinensischen Flüchtlinge.

Die Mehrheit der palästinensischen Flüchtlinge lebt in Syrien, im Libanon und in Jordanien. Meine palästinensischen Freunde fühlen sich
genauso angesehen wie Syrer, sie haben dieselben Rechte und Pflichten.
Auch ich empfand nie einen Unterschied zwischen Syrern und Palästi-
nensern. In der Schule spielte Religion oder Nationalität für uns keine
Rolle. Meine Klasse in der Volksschule war eine großartige Mischung
aus allen Ethnien, es gab Muslime und Christen, Juden, Kurden, Arme-
nier, Somalier, Sudaner und eben auch Palästinenser. Als Kind nahm
ich diese Unterschiede gar nicht wahr. Ich verstand nicht, was sie überhaupt bedeuteten. Wir spielten einfach zusammen und liebten einander.

Die Einzigen, die für Unterschiede zwischen den Schülern sorg-
ten, waren die Lehrer. Am dritten März ist in Syrien Lehrertag. Und

es war fast so etwas wie eine Pflicht, den Lehrern aus diesem Anlass Geschenke zu bringen – »freiwillig« gewissermaßen. Aus unerfindlichen Gründen hing die Sympathie zwischen Schülern und Lehrern von dem Wert der Geschenke ab. An solchen Tagen war unsere Lehrerin kaum mehr zu sehen. Sie verschwand geradezu hinter dem Berg von Geschenken auf ihrem Tisch

Mein Vater lehnte diesen Brauch rigoros ab. »Wenn du die Schule schaffen willst, sollst du das mit deinem Fleiß machen«, sagte er stur. Aus einem anderen unerfindlichen Grund durfte ich immer in der letzten Reihe sitzen und wurde von den Lehrern kaum beachtet. Ammar, der »Wecker«, hingegen spielte die richtige Saite. Sein Vater war Damenschneider. Er kam eine Woche vor dem Lehrertag mit dem Maßband in der Hand in die Schule und maß die Lehrerinnen ab. Aus einem anderen unerfindlichen Grund saß Ammar immer in der ersten Reihe und war sogar Klassensprecher.

In der vierten Klasse hatte ich massive Schwierigkeiten mit Mathematik. Ich bekam auf die ersten beiden Schularbeiten eine Zwei, was eine sehr schlechte Note ist. In Syrien gilt ein anderes Notensystem: Zehn ist die beste Note und Null ist die schlechteste. Ich wollte den Lehrertag dieses Mal ungeniert ausnützen und der Lehrerin etwas schenken, um mir die nötige Sympathie bei ihr zu verschaffen. Meine Eltern wollten sich an meinem Plan mit keiner Lira beteiligen, was die Situation für mich zu einer großen Herausforderung machte. Bis zum Lehrertag blieben noch drei Tage, und ich war ratlos. Mit meinem Taschengeld konnte ich ihr höchstens ein Falafelsandwich schenken. Rafik, mein palästinensischer Klassenkamerad, wusste Bescheid und wollte mir helfen. »In unserem Viertel laufen viele Straßenkatzen herum. Eine davon hat vor Kurzem ein paar kleine süße Katzen unter unserem Stiegenhaus zur Welt gebracht. Das wäre durchaus ein aufsehenerregendes Geschenk, oder?«, schlug er mir vor. Ich war sofort von seiner Idee begeistert. So kostet mich das Ganze gar nichts.

Einen Tag vor dem Lehrertag fuhr ich mit ihm nach Alyarmook, dem Stadtteil, in dem Rafik wohnte, und holte eines der kleinen Kätzchen ab. Alle waren sie so unglaublich süß, dass ich mich zuerst gar nicht entscheiden konnte. Dann steckte ich eine weiße in eine Gemüseschachtel und fuhr mit dem Bus wieder zurück. Zu Hause zeigte kein Mitglied der Familie Begeisterung dafür, dass eine Katze bei uns schlafen sollte. Ohne ihnen von meinem Vorhaben zu erzählen, versprach ich, die Katze morgen wegzubringen. Die ganze Nacht versuchte ich, die Gemüseschachtel schön zu dekorieren. Ich klebte blaues Papier drauf, damit es einigermaßen nach einem Geschenk aussah.

Voller Aufregung ging ich in der Früh zur Schule. Unsere Klasse war voll mit bunten Taschen. Alle brachten ihre Geschenke mit. Jeder sah meine Box neugierig an, und manche fragten nach dem Inhalt. »Das bleibt eine Überraschung für die Lehrerin«, war meine Antwort. Als es so weit war, standen wir in der Schlange, und einer nach dem anderen durfte der Lehrerin sein Geschenk überreichen. Sie war ziemlich gerührt, dass ich dieses Mal auch etwas für sie dabeihatte. Mit großen Augen öffnete sie die Schachtel. Als sie die Katze sah, wurde sie auf einmal still. Nach und nach stiegen ihr Tränen in die Augen, und sie wurden etwas rot. Ich freute mich und dachte: Die Lehrerin hat eine große Freude mit der Katze und ist positiv überrascht. Sie war inzwischen jedoch ganz blass geworden, schob die Schachtel etwas angeekelt zu mir und sagte: »Nimm, bitte, die Katze schnell weg. Ich habe eine Allergie gegen Katzen.«

Ich wusste nicht, was ich machen oder sagen sollte. Es war mir vor den anderen sehr peinlich. Damals wünschte ich mir, der Boden würde sich auf der Stelle öffnen und mich verschlingen. Im Rückblick lache ich mich über diese Szene noch bis heute halb tot. Die Lehrerin wusste meine Geste dennoch irgendwie zu schätzen und begann damit, mich im Unterricht mitwirken zu lassen. Auch fragte sie mich gelegentlich, ob ich alles verstanden hätte. Natürlich war das mit der Katze Pech für mich gewesen, für die Katze aber sollte es sich als ein Glücksfall herausstellen, denn ich fuhr mit ihr wieder in den Palästinenser-Stadtteil und brachte sie zu ihrer Familie zurück.

Die meisten der Palästinenser in Damaskus leben in einem Gebiet, in dem vor Jahrzehnten das Flüchtlingslager gewesen ist. Inzwischen ist daraus ein eigener großer Stadtteil, Alyarmook, geworden. Tragischerweise ist gerade dieses Viertel jetzt vom Krieg schwer getroffen und beinahe gänzlich zerstört worden. Im Libanon ist die Situation politisch ein bisschen anders, aber auch dort leben die Palästinenser an Orten, wo es früher einmal Lager gegeben hat.

An einem dieser Orte im Libanon, im El-Buss-Lager, wird auf mich ein Mann warten, der mich laut Fadi nach Europa bringen soll. Ich passiere die Grenze zum Libanon mit meinen beiden Koffern und steige in ein dort wartendes Taxi. Zufälligerweise ist der Fahrer ein Syrer, der schon einige Zeit vorher das Land verlassen hat. »Was hast du jetzt vor? Wohin führt deine Reise?«, fragt er mich.

»Möglicherweise Europa.«

Meine Antwort nimmt er zum Anlass, über seinen Sohn zu sprechen, der bereits nach Deutschland geflüchtet ist. Er rät mir davon ab: »Glaube mir, die Lage für Flüchtlinge ist in Deutschland nicht viel besser als im Libanon. Mein Sohn muss täglich zwölf Stunden arbeiten, vier davon schwarz, um seinen Lebensunterhalt zu bestreiten und uns den Rest des Geldes schicken zu können. Er wartet sehnsüchtig, bis der Krieg ein Ende findet, damit er zurückkehren kann.«

Für jemanden, der bereits völlig durcheinander ist, wirken solche Gespräche nicht unbedingt beruhigend. Er bemerkt auch, dass ich aus Gewohnheit meinen Ausweis noch immer in Händen halte. »Hier gibt es keine Kontrollstellen mehr, du kannst deinen Ausweis einstecken«, lacht der Fahrer. In diesem Moment wird mir erst bewusst, dass ich noch immer sehr unruhig und gestresst bin. Dabei muss ich mich hier vor keiner Kontrolle mehr verstecken. Ich muss mich auch nicht mehr vor Raketen fürchten.

Das El-Buss-Lager liegt direkt am Mittelmeer und ist damals genauso wie der Stadtteil Alyarmook in Damaskus für geflüchtete Palästinenser errichtet worden. Der Anblick des Meeres von den Bergen im Landesinneren ist überwältigend.

Als ich am Treffpunkt ankomme, passiert, was in solchen Fällen immer passiert: Der Akku meines Handys ist leer. Zum Glück gibt es an diesem Kreisverkehr einen Kiosk, wo ich mein Handy an das Ladegerät anschließen kann, um meinen künftigen Begleiter von meiner Ankunft zu informieren. Nach einiger Zeit kommt ein sehr jung aussehender Mann herein, dessen ganze Erscheinung nicht sehr vertrauenerweckend ist. Er geht gezielt auf mich zu, klopft auf meine Schulter und fragt mich, ob ich Syrer sei.

»Ja, wieso interessiert dich das?«, frage ich ihn skeptisch.

»Ich bin Nabil, Fadis Freund.«

Nabils Anblick beruhigt mich nicht, er verstärkt eher meine Zweifel, was Fadi selbst angeht. Aber meine Lage ist so schwierig, dass ich keine andere Möglichkeit sehe, als mich an die Vereinbarung zu halten. Ich fühle mich wie ein Schiffbrüchiger, der jeden Holzsplitter für eine Planke hält. Nabil hilft mir, was ich gar nicht erwartet habe, mit meinen Koffern und fordert mich auf, ihm zu folgen. »Jetzt suchen wir für dich eine Unterkunft, damit du dich für den nächsten Schritt, der vor dir liegt, erholen kannst«, erklärt er.

Die ersten Minuten gehen wir nebeneinanderher, ohne uns zu unterhalten. Ich will das Schweigen zwischen uns brechen, um Nabil kennenzulernen und um meine Ängste in den Griff zu bekommen. Auf meine Frage hin erzählt Nabil von sich: »Meine Eltern sind palästinensische Flüchtlinge, aber ich bin im Libanon geboren. Ich bin nur drei Jahre in die Schule gegangen, dann habe ich mich um meine Mutter kümmern müssen, weil mein Vater gestorben ist. Sie sitzt im Rollstuhl.«

Normalerweise bin ich ein kommunikativer Mensch, aber an diesem Tag und in dieser Situation ist es mit diesem Menschen kaum möglich, einen Anknüpfungspunkt zu finden. Nabil ist vom Schleppen meines Koffers erschöpft und fragt mich mit ironischem Lächeln, warum man auf der Flucht so viele Dinge mitnimmt. »Glaubst du, dass deine Koffer wie im Film *Titanic* auf dem Wasser schwimmen werden, ohne unterzugehen?«, fragt er mich abschätzig.

Dieser Witz löst eine neue Angst in mir aus: die Angst vor dem Meer. Ich versuche, mich zu beruhigen, die Gedanken an das Meer wegzuschieben und mich nur auf das Nächstliegende zu konzentrieren. Wir gehen eine Weile, und langsam werden die Straßen zu Gassen und diese immer enger, dunkler und unheimlicher. Schließlich kommen wir zu einem gemauerten Eingang, hinter dem eine enge, halb verfallene Treppe in den ersten Stock führt, und zwar in einen kleinen Raum, der nur notdürftig von einer schwachen Glühbirne erhellt ist. Inmitten einer unvorstellbaren Unordnung sitzt eine alte dicke Frau, fast zahnlos, und raucht Shisha. Sie wirkt auf mich wie eine Hexe.

»Hast du für meinen Freund ein freies Bett für diese Nacht in deinem großen Haus?«, fragt Nabil.

»Ich glaube nicht, ich muss in die Zimmer schauen. Ich weiß

nicht mehr, wie viele Männer aktuell bei mir wohnen. Aber wir werden sicher einen Platz für den jungen Mann finden«, antwortet die alte Frau, die auch eine Hexenstimme hat. Ich schüttle den Kopf, nein, hier will ich nicht bleiben. »Du musst dich gar nicht bewegen, du kannst dich weiter einrauchen«, sage ich zu der Alten. Mit abgewandtem Kopf flüstere ich Nabil zu: »Hier bleibe ich auf keinen Fall, nicht einmal für eine Nacht.«

Das Haus riecht so stark nach Drogen, dass jederzeit mit dem Eintreffen der Polizei zu rechnen ist. Nabil kann meine Weigerung nicht verstehen: »In diesem Haus leben viele geflüchtete Syrer, die in Sidon, der nächsten großen Stadt, arbeiten. Die Syrer sind überall. Es gibt kaum mehr freie Zimmer im Libanon und die Mieten sind inzwischen sehr hoch. Sei doch kein Damaszener Weichei und nimm diesen Platz an!« Den Damaszenern geht nämlich der Ruf voraus, sich für etwas Besseres zu halten, verwöhnt zu sein und keine harte Arbeit leisten zu wollen.

»Ich bin kein Weichei. Du kannst mir glauben, beim Militär musste ich schon in ganz anderen primitiveren Unterkünften übernachten, die du dir selbst nicht zumuten würdest. Aber heute, an diesem Tag, an dem ich meine Familie und mein Land verlassen habe, möchte ich nach Möglichkeit Ruhe haben.«

Ich bestehe darauf, nicht hier in dieser ekelerregenden Herberge zu übernachten. Ich möchte in ein Hotel gehen. Die Kosten dafür will ich selbst übernehmen. Nabil zuckt mit den Schultern, ihm ist das egal. So nehmen wir die beiden Koffer und steigen die enge und kaputte Treppe wieder hinunter. Wir gehen stundenlang durch die Stadt auf der Suche nach einem Hotel mit einem freien Zimmer, es ist jedoch alles ausgebucht. Während unserer Suche nervt mich Nabil immer wieder mit seiner Fantasie, die alte Frau eines Tages zu überfallen, zu ermorden, zu berauben und damit reich zu werden. In einem der Hotels bekommen wir die Adresse eines anderen Hotels außerhalb der Stadt, das direkt am Meer liegt und in dem ich womöglich noch ein freies Zimmer bekommen könnte. Nabil hält während unserer Suche dauernd Kontakt mit Fadi, den anschei nend jedoch nur interessiert, ob ich Nabil die vereinbarte erste Rate schon übergeben habe, damit er zu seinem Geld kommt. Ich verschiebe die Zahlung auf den zweiten Tag, womit Fadi einverstanden sein muss.

Wir suchen ein Taxi und fahren zu der angegebenen Adresse ans Meer. Das Haus ist bunt erleuchtet, und der Mann am Empfang scheint über meine Ankunft überrascht zu sein. Er will wissen, worum es geht. Daher beeilt er sich mit der Frage, ob ich weibliche Begleitung suchen würde. Da wird mir klar, dass es sich bei diesem Hotel um ein Bordell handelt. Ich buche ein Zimmer mit der Vereinbarung, einige Tage bleiben zu können, da ich noch keinen Zeitplan für den weiteren Ablauf von Fadis Plan habe. Auf dem Weg zu meinem Zimmer wird evident, dass es sich hier tatsächlich um ein Bordell handelt. Nabil scheint begeistert zu sein und möchte gerne dortbleiben. Ich hingegen will mich nur endlich ausruhen und wenigstens ein paar Stunden schlafen, bevor es wieder hell wird. Nabil verabschiedet sich mit dem Versprechen, mich in der Früh abzuholen, um sein Geld zu bekommen.

Ich telefoniere mit meinen Eltern, um sie auf dem Laufenden zu halten, und nach einer Dusche will ich nur noch schlafen. Ich bin schon dabei einzuschlafen, da klopft es plötzlich an der Tür. Jetzt holen sie mich!, denke ich. Mein Herz klopft zum Zerspringen. Ich bin sicher, dass mich der syrische Geheimdienst gefunden hat und vor meiner Tür steht. Vorsichtig frage ich, ohne die Tür zu öffnen: »Wer ist da?«

»Ich bin Lulu, mach die Türe auf!«, antwortet mir eine sanfte Frauenstimme.

Trotz meiner Müdigkeit bin ich neugierig und öffne die Türe. Ich möchte sehen, wer diese Lulu ist. Fast nackt steht sie vor mir und bietet mir eine Massage an.

»Ich habe nichts gegen dich persönlich. Aber selbst wenn sich jetzt hier zehn nackte Schönheiten um mich bemühten, würde sich bei mir nichts rühren.«

Leider beschert mir auch die Zurückweisung der Dame keinen ruhigen Schlaf, da mein Zimmernachbar offensichtlich eine dieser kleinen blauen viereckigen Tabletten konsumiert hat und eineinhalb Stunden durchgehend fleißig und lautstark am Arbeiten ist. Zum Glück rettet mich mein Kopfhörer in dieser Nacht. Und böse auf diesen Mann bin ich auch nicht. Wer von uns nimmt schon Rücksicht auf die anderen, wenn es um Spaß geht?

Lebenswille

Es gibt Menschen, die sich beschweren, weil die Blume Stacheln hat,
und es gibt Menschen, die sich freuen, weil es über
diesen Stacheln eine Blume gibt.

GIBRAN KHALIL GIBRAN

Als ich am nächsten Morgen in diesem bunten Hotel aufwache, muss ich mich erst in der Realität einfinden. Wo bin ich hier? Was ist gestern geschehen? Habe ich wirklich mein Zuhause verlassen? Alles wirkt so irreal auf mich. Die wunderschöne Lage dieses zweifelhaften Hotels direkt am Meer hilft mir jedoch einigermaßen, mein inneres Gleichgewicht wiederzufinden. Ich mache einen Spaziergang am Strand. Es ist so schön da draußen, ein Strand aus goldenem Sand. Der Himmel ist blau ohne jegliche Wolken. Das gleichmäßige Kommen und Gehen der Wellen zu beobachten, beruhigt mich. Ich fühle mich fast, als wäre ich auf Urlaub.

Nachdem ich die Gewohnheiten der Europäer, ihr großes Interesse am Orient und ihre Ansprüche an einen schönen Urlaub kennengelernt habe, wundert es mich nicht mehr, dass Syrien im Jahr 2011 von rund fünf Millionen Touristen besucht wurde. Die abwechslungsreiche Geografie hält für jeden etwas bereit. Hier kann man den Zauber der Wüste erleben, auf Dromedaren die endlosen Sanddünen durchreiten, aber auch auf den grünen Hügeln des Qasiyun wandern, der Damaskus gleichsam beschützt.

Die 16 verschiedenen Volksstämme, die heute in Syrien leben, bringen eine unglaubliche kulturelle Vielfalt und Buntheit in das tägliche Leben. Die Amtssprache ist Arabisch, aber einige Volksgruppen halten heute noch an ihrer alten Sprache fest. So wird in Maalula, einem der Orte bei Damaskus, heute noch Aramäisch gesprochen, jene Sprache, in der vor rund zweitausend Jahren Jesus und seine Jünger gesprochen haben.

Inzwischen weiß ich auch, dass auch viele Araber aus den arabischen Golfstaaten in Österreich Urlaub machen. Ob die Araber die Kultur oder die schöne Landschaft anzieht, kann ich nicht sagen, aber einer, mit dem ich am Mondsee zufälligerweise gesprochen habe, hat gemeint:»Wir wollen uns eine Kostprobe vom Paradies gönnen und ausprobieren, ob es sich lohnt, religiös zu bleiben.« Wir haben gemeinsam darüber gelacht, dann verlief das Gespräch jedoch nicht ganz friedlich, denn der Arme musste meinen Zorn auf die Araber verkraften.»Diese Ungläubigen, wie sie von manchen Arabern bezeichnet werden, haben uns ihre Grenze in unserer Not geöffnet und uns aufgenommen. Sie haben uns Sicherheit und ein neues Leben geschenkt. Die Araber, die im Öl schwimmen, gewähren keinem einzigen Syrer Asyl, obwohl uns die gleiche Sprache und Religion verbindet«, entlud sich meine Wut.

»Beruhig dich, junger Mann. Ich verstehe, dass eure Enttäuschung sehr groß ist, aber wir haben im Land nichts zu sagen. Die königliche Familie bestimmt alles. Wir beten jeden Tag für euch in der Moschee«, gab er zur Antwort. Ich erkannte, dass ich überreagiert hatte und entschuldigte mich sofort.

Die Touristen aus Saudi-Arabien nehmen ihre Frauen manchmal mit nach Österreich, ich denke, viele von ihnen wären jedoch lieber zu Hause geblieben, weil sie auch hier nicht frei sein können. Das Betrachten der vielen verschleierten Frauen hier ist auch für mich als Syrer ungewöhnlich. Ich habe, ehrlich gesagt, in Österreich und in Deutschland mehr verschleierte Frauen gesehen als in Damaskus. Mir ist es gleichgültig, was sie anhaben. Jeder soll sich anziehen, wie er oder sie es will. Wenn Frauen das Kopftuch aus eigener Überzeugung tragen, haben sie natürlich mein vollstes Verständnis. Die Frage ist nur, ob jene Frauen sich aus freien Stücken so kleiden. Ich möchte nicht von Frauen erzählen, die sich gezwungenermaßen verschleiern müssen. Bei all diesen haben die Männer ein Problem, und das steht hier nicht zur Debatte. Die Mehrheit der muslimischen Frauen trägt meines Erachtens das Kopftuch jedoch aus kulturellen Gründen und freiwillig. Das Tragen desselben geschieht aus traditionellen Gründen. Schlimm finde ich jedoch, wenn man Mädchen, indem man ihnen untersagt, ihr Haar vor Männern zu zeigen, schon im Kindesalter als Sexualobjekte betrachtet werden und sie somit ihrer Unschuld beraubt. Im Koran gibt es übrigens keine eindeutige Sura, die besagt, dass Frauen Kopftücher tragen sollen, sondern nur, dass sie sich *bedecken* sollen. Die Bibel hingegen – und das wissen viele Christen nicht – ist mit der Pflicht für Frauen, ein Kopftuch zu tragen, um einiges expliziter. Hier steht, dass die Frau beim Beten ihr Haupt verhüllen oder doch gleich die Haare abschneiden soll. (1, Kor 11,5) Also wenn es nach mir ginge, würde ich Kopftuch vor der Volljährigkeit nicht zulassen und den Mädchen den neutralen Raum geben, ihren eigenen Charakter entwickeln zu können.

Ich kann mich jedoch auch gut daran erinnern, dass Frauen aus den arabischen Golfstaaten Syrien als Touristen besuchten, und zwar ohne ihre Männer. Sie legten stets die Burka und den Nikab schon beim Landen im Flugzeug ab und verbrachten mit ganz moderner Kleidung ihren Urlaub hier bei uns. Erst wenn sie wieder zurückfliegen mussten, trugen sie sie wieder.

Wir Syrer machen auch Urlaub, aber unsere Urlaube sind bescheidener, deshalb jedoch nicht weniger amüsant. Am liebsten fuhr ich mit Freunden nach Latakia, um ein paar Tage dort zu verbringen. Unsere Urlaube hatten fast immer denselben Ablauf: Wir blieben jeden Tag bis fünf Uhr in der Früh wach, dann fuhren wir zum Hafen und kauften die frischen Fische direkt von den Fischern. Die Fische in die gute Marinade einlegen, bis Mittag schlafen, aufstehen, Mokka trinken, die Fische grillen, Shisha rauchen, zum Strand gehen, Karten spielen, Party bis fünf Uhr und dann erneut zum Hafen ... Latakia liegt am Mittelmeer, nahe der türkischen Grenze. Es ist ein Stück vom Paradies, eine unglaubliche Mischung aus europäischer und asiatischer Landschaft: das tiefblaue Meer, ein breiter, feinsandiger, heller Strand mit uralten riesigen Palmen, und dahinter steigen die grünen Hügel des Hinterlandes an.

Urlaub zu organisieren, war für uns junge Menschen mit viel weniger Stress verbunden, als es hier der Fall ist. Man musste nicht Monate im Voraus planen und bei seinem Chef um Urlaub ansuchen. Einmal saßen wir in einer Gruppe von Freunden am Abend auf dem Balkon und unterhielten uns über die schönen Erinnerungen aus dem letzten Urlaub. Das war dann der Ausgangspunkt für einen spontanen Urlaub und der erste Schritt in Richtung Abreise. Wer ein Geschäft hatte, sperrte für ein paar Tage zu, wer angestellt war, nahm spontan ein paar Tage Urlaub. Die Welt würde davon nicht untergehen, wenn einige Kunden ein paar Tage warten mussten! Das war ein Teil unserer Mentalität, die Arbeit auf morgen zu verschieben, wenn es um Spaß ging. Einen unserer Freunde mussten wir aus dem Bett holen, weil wir auf der Stelle um drei Uhr in der Früh losfahren wollten. Ich weiß, wenn ein Deutscher oder ein Österreicher das liest, wird er den Kopf schütteln, es waren jedoch immer unsere schönsten Urlaubstage. Durch meine Erzählungen über Syrien sind viele meiner österreichischen Bekannten daran interessiert, in diesem schönen Land Urlaub zu machen, wenn endlich wieder Frieden herrschen sollte. Ich werde für sie, die sich schon bei mir in einer Liste eingetragen haben, der Reiseleiter sein.

Vor dem Krieg und dem Arabischen Frühling, der eigentlich kein Frühling blieb, sondern zu einem tiefen, eisigen Winter wurde, stand immer dann, wenn vom Nahen Osten die Rede war, die Frage nach der persönlichen Sicherheit an erster Stelle. Zu Unrecht, finde ich. Es gab keine Attentate, keinen Terrorismus, in Damaskus musste sich eine Frau selbst um drei Uhr Früh keine Gedanken um ihre Sicherheit machen, wenn sie allein in der Stadt unterwegs war. Aufgrund des Krieges ist das leider anders geworden. Als ich 2014 Damaskus verlassen habe, war diese Stadt, die früher rund um die Uhr voller Leben war, ab 22 Uhr eine Geisterstadt, und die allgemeine Kriminalität hat enorm zugenommen.

Auch mein jüngster Bruder wurde Opfer der jetzt leider geringeren Sicherheit. Da der Treibstoff rationiert war, bildeten sich an den Tankstellen rund um die Uhr lange Schlangen. Als er einmal nachts nach langem Warten endlich an der Reihe war, kamen aus der Dunkelheit drei uniformierte Männer, die ihn mit Waffengewalt zwangen, ihnen sein Auto zu überlassen. Sie gaben vor, es für militärische Zwecke zu benötigen und im Auftrag der Regierung zu handeln. Das war natürlich nur ein Vorwand. Sie waren einfach Verbrecher, die mit dem Auto meines Bruders in der Dunkelheit verschwanden. Da solche Überfälle schon wiederholt stattgefunden hatten, war ich mit meinem Bruder bereits einige Male im Gespräch darüber gewesen, dass er in einem solchen Fall keinen Widerstand leisten und lieber den Räubern noch Geld fürs Nachtanken geben sollte, anstatt den Helden zu spielen. Einige Menschen mussten das Heldentum nämlich mit ihrem Leben bezahlen. Er reagierte, wie oft besprochen, und überreichte den Räubern den Schlüssel widerstandslos und lief davon. Das war der Grund, weshalb er von einer seelischen oder körperlichen Verletzung verschont blieb.

Nachdem ich einen anderen Lebensstil in Europa kennengelernt habe und diesen selber lebe, ist es für mich nicht mehr denkbar, in Damaskus zu leben. Ich kann mir nicht mehr vorstellen, stundenlang in einer Schlange zu warten, um ein paar Liter Benzin zu bekommen. Ich kann es nicht mehr aushalten, stundenlang ohne Strom zu leben. Ich halte es nicht für zumutbar, dass jemand, der irgendwen beim Militär oder in der Regierung kennt, überall Vorrang bekommt. Ich will keine Angst mehr haben und das Haus mit dem Gedanken verlassen, dass mich eine Rakete treffen könnte. Es ist für mich auch nicht mehr nachvollziehbar, wenn ich von meiner Familie und meinen Freunden erzählt bekomme, wie die Lage in Syrien jetzt ist. Ich weiß nicht, wie sie das alles verkraften.

Erfahrungsgemäß verfügt der Mensch in Ausnahmesituationen über faszinierende Kräfte. Sie stecken in uns drinnen und sind bei Bedarf abrufbar. Ich weiß heute – in Sicherheit – nicht mehr, wie ich mich damals an diese Lage angepasst und trotz alldem weiter funktioniert habe. Immerhin wäre ich im Februar 2013 beinahe selbst Opfer eines Anschlages geworden: Auf meinem täglichen Weg in die Arbeit gab es insgesamt drei Sicherheitsstellen, an denen die Passanten und ihre Autos kontrolliert wurden. Vor dem Krieg brauchte ich zehn Minuten für diese Strecke, später dauerte der Weg etwas mehr als eine Stunde. Es war acht Uhr in der Früh. Ich hielt kurz bei einer der Kontrollstellen an und begrüßte einen Soldaten, den ich seit einem Jahr jeden Tag an derselben Stelle stehen sah. Wir kannten einander mittlerweile gut. Er war ein sehr sympathischer Typ aus Aleppo, trank jeden Tag Matetee, hörte Volksmusik, sang mit und war immer gut gelaunt. Bis auf diesen Tag. An jenem Tag stimmte etwas nicht mit ihm. Er stellte anders als gewohnt keine Tasse Matetee an den Sandsäcken ab, hörte keine Musik und sah etwas schlecht gelaunt aus.

»Hey, guter Mann! Du wirkst etwas bedrückt heute! Was ist los?«, fragte ich ihn, als ich an die Reihe kam.

»Ich bin seit über einem Jahr an dieser verfluchten Sicherheitsstelle eingeteilt und habe bis jetzt keinen einzigen Tag freibekommen. Ich versuche seit drei Monaten, zum Valentinstag drei Tage nach Aleppo zu reisen, um meine Verlobte zu überraschen, aber vergeblich. Es wurde nicht genehmigt«, erzählte er mir empört und schaute ins Leere. Ich wusste nicht, was ich sagen sollte. »Geduld, mein Freund, Geduld ist der Schlüssel zur Erlösung«, versuchte ich ihn zu trösten. Er seufzte lange und ließ mich ohne Kontrolle weiterfahren. Unmittelbar nach diesem Checkpoint gab es einen unterirdischen Tunnel, der einen riesengroßen Kreisverkehr unterfährt. Als ich aus diesem Tunnel wieder herausfuhr, spürte ich plötzlich in meinen Ohren einen gewaltigen Druck und hörte gleichzeitig einen mächtigen Knall. Mein Auto stand so wie die anderen Autos auf einmal schräg in der Mitte der Straße. An der linken Seite der Straße, wo die Sicherheitsstelle war, sah ich eine große schwarze Rauchwolke, die wie ein Pilz aussah. Ich verstand gar nicht, was in diesem Augenblick geschah. Zuerst war es sehr still. Ein paar Sekunden später hörte ich unzählige Schreie. Kleine und größere Steine prasselten auf mein Autodach. Menschen liefen in verschiedene Richtungen. Blutende Gestalten taumelten weg, und andere rannten hin zum Ort der Explosion, um zu helfen. Die Fahrer der Autos auf der Straße fuhren so schnell wie möglich wieder los. Das Dach meines Autos war verbeult. Ich wollte auch sofort wegfahren, denn es war keine gute Idee zurückzufahren. Die Terroristen hatten nämlich immer die gleiche Vorgehensweise: zwei Anschläge unmittelbar hintereinander. Ich fuhr in Richtung meines Arbeitsplatzes weiter, und nach zwei Minuten passierte genau das, was ich befürchtet hatte: eine zweite Explosion, ein zweiter Anschlag. Die Terroristen hatten zuerst die Sicherheitsstelle und dann die Menschen, die zum Helfen kamen, in die Luft gejagt.

Am nächsten Tag fuhr ich wieder auf derselben Strecke zur Arbeit. Ich blendete die Anschlagspuren einfach aus, ganz so, als ob nichts passiert wäre. Ich fuhr dort jedoch nie wieder vorbei, ohne an den Soldaten und seine Verlobte zu denken.

Trotz alledem scheint der Lebenswille der Menschen dort ungebrochen. Nach acht Jahren Krieg können sie noch immer lachen, Feste feiern, heiraten und Kinder bekommen. Sie nehmen immer noch den gefährlichen Weg zu ihrer Arbeitsstelle auf sich, um ihren Lebensunterhalt zu verdienen.

Doppeltes Spiel

Nichts macht uns großartiger als Schmerz.

AHMAD AMIN

Während ich den Strand entlangspaziere, sehe ich auf meinem Handy einige entgangene Anrufe von Fadi. Ich tippe seine Nummer ein. »Hallo, Jad, hast du das Geld? Heute Abend fährst du mit Nabil zur Geldübergabe. Er weiß alles.«

Ich antworte ihm mit einer Gegenfrage: »Wie erfolgt der nächste Schritt? Wann komme ich in die Türkei?«

Die Antwort ist kurz und nicht sehr informativ, aber ich muss mich damit abfinden, da Fadi bereits wieder aufgelegt hat. »Wenn du die erste Rate bezahlt hast.«

Nach diesem Anruf warte ich auf Nabil, der mich im Hotel aufsuchen soll. Das Meer rauscht in gleichmäßigem Kommen und Gehen, der Himmel strahlt in wolkenlosem Blau, ein leichter Lufthauch kühlt angenehm. Während dieser Wartezeit, die ich am Strand verbringe, telefoniere ich mit meinem Nachbarn Rami, der mich nach wie vor davon zu überzeugen versucht, wie vertrauenswürdig, ehrlich, verlässlich und integer Fadi sei. Meine innere Stimme wird davon aber nicht beruhigt. Ich bleibe ihm gegenüber misstrauisch. Aus gutem Grund, wie die Zukunft zeigen wird.

Gegen Mittag erscheint Nabil. Er ist genauso ungepflegt wie am Vortag, dazu wirkt er schwer verkatert. Er riecht nach Alkohol und ist zum Glück sehr schweigsam. Wir steigen in ein Taxi und fahren gemeinsam zu Fadis Bekanntem zur vereinbarten Übergabe des Geldes. Diese soll in einem Lokal stattfinden. Wie sich herausstellt, ist der Mann, dem ich das Geld geben soll, Kellner in diesem Lokal und mit dieser Aufgabe schwer überfordert. Er verplappert sich schließlich und muss zugeben, dass er Fadis Cousin und überdies erst 16 Jahre alt ist. Wir müssen in einen Nebenraum gehen, damit sein Chef von der Geldübergabe nichts mitbekommt, da er andernfalls seinen Job verlieren würde. Er zittert am ganzen Körper, meistert seine Aufgabe als Geldbote jedoch. Ich rufe Fadi an und informiere ihn über die erfolgte Übergabe.

»Gut. Jetzt warte, bis ich dir das Flugticket per Mail zuschicke«, klingt er erfreut.

»Wann wird das sein?«

»Das sollte in zwei Tagen erledigt sein«, beruhigt er mich.

Zu diesem Zeitpunkt durften Syrer ohne Visum legal in die Türkei einreisen. Das bedeutet, ich hätte Fadi für meine Einreise in die Türkei eigentlich gar nicht gebraucht, das war jedoch Teil der Abmachung. Mittlerweile brauchen syrische Staatsangehörige ein Visum für die Türkei. Ohne ein solches ist ein Flug aus dem Libanon in die Türkei nicht mehr möglich – dank des Flüchtlingsdeals der EU mit Erdoğan übrigens.

Nabil macht mir den Vorschlag, mit ihm zu kommen und mit einigen seiner Freunde den Tag zu verbringen. Ich nehme sein Angebot gern an, da ich lieber in Gesellschaft bin, anstatt ganz allein meinen Gedanken nachzuhängen. Ich will nur unbedingt vor der Dämmerung wieder bei meinem Hotel sein, da ich den unglaublich schönen Sonnenuntergang auf keinen Fall versäumen will.

Wir gehen in die Altstadt von Sidon. Ich war dort vorher noch nie und bin tief beeindruckt. In einer der schmalen Gassen treffen wir Nabils Freunde. Sie sehen nicht nur wesentlich gepflegter aus als er, sondern sie sind auch intellektuell unterhaltsamer. Es macht mir Spaß, mit ihnen an einem der kleinen Tische zu sitzen, die auf der Straße aufgestellt sind. Wir spielen Karten, rauchen Shisha und lachen viel. Es ist auch sehr interessant zu hören, wie junge Menschen aus einem anderen Land, das kaum zweihundert Kilometer entfernt ist, die Lage in Syrien betrachten: anders, als sie tatsächlich ist. Kein Wunder, dass dann Menschen in Europa schon gar nicht begreifen können, was dort geschieht, auch wenn die Medien noch so detailliert darüber berichten. Sogar ich als Syrer kann mir nach drei Jahren in Europa die Lage dort nicht mehr vorstellen, weil ich es nur mehr durch Erzählungen mitbekomme und nicht mehr selbst erlebe.

Nach einer angenehm verbrachten Zeit verlasse ich Nabil und seine Freunde wieder und fahre allein mit dem Bus zu meinem Hotel zurück. Ich habe mir die Strecke genau gemerkt und komme rechtzeitig am Meer an. Die Sonne steht schon tief und spiegelt sich in einem wunderbaren Farbenspiel im leise plätschernden Meer. Eine tiefe Ruhe breitet sich in mir aus, meine Sorgen, meine Ängste, mein Kummer sind plötzlich vergessen. Ich beginne ein Gespräch mit dem Meer zu führen. Ich habe viele Fragen. Die brennendsten sind: Wirst du mich in die unendliche schwarze Tiefe hinabziehen? Wird mein Leben in dir zu einem Ende kommen? Das Meer kommt mir an diesem Abend sehr freundlich vor, wir schließen Freundschaft, und ich nehme mir vor, jeden Tag, so lange ich hier bin, zur gleichen Zeit hierherzukommen. Ich bin mir jedoch nicht ganz sicher, ob das Meer meine Sprache auch wirklich versteht, daher schreibe ich meine Gedanken und Wünsche auf ein Stück Papier, wickle es um einen Stein und werfe es mit aller Kraft, so weit ich kann, ins Wasser. Wenn man die Fortsetzung meiner Geschichte liest, wird evident werden, dass zumindest das Meer mich verstanden haben dürfte.

Fadi spielt weiter sein Spiel mit mir. Andauernd kommt er mit neuen Argumenten, weshalb ich noch im Libanon warten müsse und noch nicht in die Türkei fliegen könne. Die Überfahrt von der Türkei nach Griechenland sei ohnehin nicht möglich. Die Wellen seien zu hoch, oder seine Kontaktmänner seien noch nicht bereit, und außerdem könne ich doch günstiger hier im Libanon warten als in der Türkei. Fünf Tage lang kann mich Fadi mit diesen Ausreden hinhalten, klingt doch jede von ihnen glaubhaft. Und Rami stimmt ihm immer zu.

Als ich mit Nabil, der jeden Tag zu mir kommt, wieder einen Spaziergang am Meer mache, schenkt er mir endlich reinen Wein ein und gibt zu, dass er es sei, der für diese Verzögerungen verantwortlich sei. Der Plan sei gewesen, dass er mit mir gemeinsam bis Schweden reisen sollte. Leider besäße er aber noch keinen Reisepass, und dessen Ausstellung verzögere sich. Ich erkläre Nabil so freundlich und höflich wie möglich, dass ich kein Problem damit hätte, mit ihm gemeinsam zu reisen, den Libanon aber so schnell wie möglich verlassen würde wollen, da mir langsam das Geld ausgehen würde. In Wahrheit habe ich Sorge, dass er eine Dummheit begehen wird, wenn er feststellt, dass mir ziemlich gleichgültig ist, ob er mit mir oder alleine reist und ich auf ihn und seinen Reisepass nicht warten möchte. Als Nabil wieder gegangen ist, rufe ich sofort Fadi an. Ich bin sehr wütend und stelle ihm ein Ultimatum: »Entweder fliege ich innerhalb der nächsten zwei Tage in die Türkei, oder wir beenden unsere Vereinbarung und ich bekomme sofort mein Geld zurück.«

Fadi kontert sofort: »Für einen guten Ausgang deiner Reise wäre es weit besser, du würdest mit Nabil reisen.«

»Wenn der Erfolg der Fahrt von diesem Typen abhängt, wird die Reise für mich am Grund des Meeres enden«, wende ich ein.

»Wenn du jetzt schon zu jammern beginnst, ist es wirklich besser, wir beenden das hier und jetzt. Das ist ja kein Kindergarten. Dann wirst du eben allein weiterreisen!« Dann legt er auf. Besorgt und tief verunsichert, rufe ich Rami in Schweden an und erzähle ihm vom Ausgang meines Gesprächs mit Fadi. Er ist der Ansicht, ich hätte überreagiert. Ich solle nicht so empfindlich sein. Er meint, ich solle jetzt auflegen, er werde mit Fadi sprechen, wenn dieser nach Hause käme, und alles klären.

Meine Eltern und Sarah halte ich immer auf dem Laufenden, aber von meiner Auseinandersetzung mit Fadi erzähle ich ihnen nichts. Vor allem meine Mutter würde vor Sorge krank werden. Meine Mutter kennt immer noch keine Details meiner Reise. Sie glaubt, ich sei im Libanon in den Bus gestiegen und bis Österreich durchgefahren, um hier wieder auszusteigen. Wenn sie Deutsch könnte und das hier lesen würde, bekäme sie heute noch einen Riesenschreck. Sie würde drei Jahre lang durchgehend über Fadi fluchen. Das kann sie nämlich gut.

Am Abend bekomme ich ein Mail von Fadi mit der Buchung für meinen Flug nach Istanbul am übernächsten Tag. Erleichtert bedanke ich mich. Anscheinend hat Rami mit ihm gesprochen und alles wieder geradegerückt. Fadi schreibt dann noch ein Mail, in dem er mir ankündigt, dass sein Bruder mich am übernächsten Tag abholen würde, um mich zum Flughafen zu bringen. Auch Nabil meldet sich bei mir. »Danke, dass du nicht auf mich warten willst. Jetzt komme ich nie mehr nach Europa. Du solltest doch mein Begleiter sein«, entrüstet er sich. Ich bin verblüfft. Ich soll Nabils Begleiter sein? Er soll doch mich begleiten! Fadi treibt also doppeltes Spiel, um doppelt kassieren zu können, von mir und von Nabil.

Und dann warten, warten, zwei unendlich scheinende, lange Tage. Ich recherchiere im Internet und lese auf Facebook nach, was andere Menschen auf ihrer Flucht erlebt haben, wie sie es geschafft haben, sich austauschen, Verbindungen herstellen, um aus ihren Erfahrungen zu lernen. Manche Auskünfte sind bereichernd, andere jagen mir Angst ein. Endlich ist es so weit: Das Auto steht vor der Tür, ein Luxusauto, ein Cabrio. Fadis Bruder holt mich wie vereinbart ab, weil Nabil nicht mehr mitspielen will. Die Stunde bis zum Flughafen in Beirut unterhalte ich mich gut mit ihm, er ist mir seltsamerweise recht sympathisch. Ich vermute, dass sein Bruder auch ihn angelogen hat. Er spricht so, als würde mir Fadi freiwillig helfen.

Als ich im Flugzeug sitze, wird mir bewusst, dass ich jetzt das erste Land meiner langen Reise hinter mir lasse. Bye-bye, Libanon!

Ihre Stimme …

Die Dinge haben nur den Wert, den man ihnen verleiht.
JEAN-BAPTISTE MOLIÈRE

Nach einem Flug über Jordanien mit einer Zwischenlandung in Amman lande ich schließlich in Istanbul.

Die Türkei ist jenes Land, das vor dem Krieg die engste Beziehung zu Syrien gehabt hat. In den Jahren 2006 bis 2010 blühte der Handel. Aus allen Bereichen konnte man türkische Waren in den Geschäften finden: Lebensmittel, Bekleidung, Arbeitsmaterialien und vieles mehr. Die Türkei war für uns auch das Urlaubsland Nummer eins. Hatte man einige hundert Dollar gespart, konnte man hier eine Woche hochwertigen Urlaub verbringen.

Die Präsidenten gerierten sich wie beste Freunde. Es schien fast, als wären sie ineinander verliebt. Erdoğan frühstückte bei al-Assad, und al-Assad aß bei Erdoğan zu Mittag. Ihre Begrüßungen bei gegenseitigen Besuchen verliefen äußerst herzlich und freundschaftlich. Es ist fast erstaunlich, wie sehr sich die Beziehung der beiden Präsidenten nach Beginn des Krieges verändert hat. Al-Assad wurde plötzlich zum Feind Nummer eins für Erdoğan. Bei jeder Pressekonferenz attackierte er ihn, machte ihm zum Vorwurf, er sei ein Diktator, er nehme seinem Volk alle Freiheiten, ja, er ließe es sogar ermorden.

Erdoğan spielte überhaupt eine paradoxe Rolle im syrischen Konflikt. Er nahm großzügig mehr als eine Million syrische Flüchtlinge auf. Allerdings errichtete er auch Trainingslager für die Milizen, die gegen al-Assad und gegen die Kurden kämpfen sollten. Und er ließ die Grenze für die Kämpfer – unter ihnen radikale Gruppierungen – und ihre Waffentransporte weit offen. Fabriken, die in Aleppo florierten, wurden von den Betreibern im Zuge der Kriegsereignisse zurückgelassen und vom IS demontiert, die Maschinen und alles, was nicht niet- und nagelfest war, wurde in Lastwagen geladen, in die Türkei transferiert und dort verkauft. Der Wirtschaftsstandort Aleppo wurde damit ausgehungert und seiner Grundlagen beraubt. Der angebliche Freiheitskämpfer Erdoğan zeigte nach dem gescheiterten Putschversuch 2015 allerdings sein wahres Selbst. Er wurde zu all dem, was er al-Assad vorgeworfen hatte.

Eine Stunde vor Mitternacht komme ich am Atatürk-Flughafen in Istanbul an. Ich erwarte bei der Einreisekontrolle einige Fragen der Grenzbeamten, aber zu meinem Erstaunen werde ich einfach durchgewinkt. Ich steige am Flughafen in ein Taxi, um zu jener Straße zu fahren, die mir Fadi empfohlen hat, da es dort sehr viele günstige Hotels geben soll. In dieser Straße in der Nähe des Taksim-Platzes findet man sehr viele Textilgeschäfte, und für die Händler, die oft nur eine Nacht in Istanbul verbringen, gibt es hier einige preiswerte Übernachtungsmöglichkeiten. Ich muss mir ein günstiges Hotel suchen, da Fadi sich an den Kosten nicht beteiligen will und ich das Hotel aus eigener Tasche bezahlen muss.

Ich gehe also mit meinen beiden Rollkoffern von einem Hotel zum nächsten, begleitet von mitleidigen Blicken der Hotelangestellten, die mir sogar Rabatt und ein Glas Tee anbieten, als sie hören, dass ich aus Syrien komme, bis ich endlich ein Hotel finde, das meinem Budget entspricht und in dem ich mich nach Anweisung von Fadi für zwei Tage einmiete. Nachdem ich mein Zimmer bezogen und geduscht habe, rufe ich der Reihe nach all jene Menschen an, die darauf warten, von mir zu hören: Fadi, meine Eltern und natürlich Sarah. Als meine Mutter an der Reihe ist, überkommt mich eine unendliche Traurigkeit. Sandra, meine Nichte, ist am Apparat. Mit einer zitternden Stimme fängt sie zu sprechen an: »Juje«, das ist mein Kosename, »Juje, ich vermisse dich so. Wann kommst du zurück?«

Meine Kehle ist wie zugeschnürt, ich kann kaum sprechen. »Sandra, meine Liebe! Ich rufe dich in Kürze zurück«, stoße ich mühsam hervor. Ich lege auf und bekomme einen Nervenzusammenbruch. Ich rufe meinen Bruder an und weine und schreie ins Telefon: »Ich verzichte auf das alles, buche mir ein Flugticket nach Damaskus und gehe zum Militär! Ich komme wieder nach Hause!«

Die Reaktion meines Bruders ist sehr klug, er beruhigt mich im Augenblick, dann stimmt er mir zu und ist mit allem einverstanden, zumindest tut er so. Ein paar Stunden später rufen alle meine Familienangehörigen an und bestärken mich darin, selbst meine Entscheidung zu treffen, wie auch immer sie ausfallen möge. In der Zwischenzeit hat mein Bruder mit seinem Freund Haitham telefoniert, der bereits vor längerer Zeit, zu Anfang des Krieges, Syrien verlassen und in Istanbul Arbeit gefunden hat. Haitham ist der zweite der fünf Schutzengel, die mir auf der Flucht begegnet sind. Ich kenne ihn flüchtig, da er mit meinem Bruder gemeinsam gearbeitet hat. Mein Bruder hat ihn gebeten, mit mir zu telefonieren, um mich aufzubauen und mir dabei zu helfen, mich wieder ein bisschen zu beruhigen. Haitham macht mir am Telefon einen Vorschlag: »Du kannst in Istanbul bleiben und hier Arbeit finden. Du bleibst näher bei deiner Familie und deinen Liebsten, und es gibt Wege und Möglichkeiten, dass ihr einander doch ab und zu sehen könnt. Und wenn sich die Lage in Syrien verbessert, kannst du wieder zurückkommen.«

Das scheint mir vernünftig zu sein, und so wollen wir uns am nächsten Tag treffen, um über all das zu sprechen. Mit Fadi telefoniere ich auch, aber ich erzähle ihm nichts von diesen Gesprächen, nichts von der Änderung meines Vorhabens. Ich sage ihm nur, dass ich völlig erschöpft sei und unbedingt schlafen wolle. Ich habe heute einfach keine Lust mehr, mit ihm irgendetwas zu besprechen.

Über Schlafstörungen auf meiner Reise will ich gar nichts erzählen. Man kann sich sicherlich vorstellen, wie tief und ruhig ein Mensch in meiner Lage schlafen kann. Daher gehe ich am nächsten Tag völlig unausgeschlafen in eine Bäckerei zu meinem Treffen mit Haitham. Er ist sehr freundlich und hilfsbereit und versucht, mich zu beruhigen. Es ist für mich, als hätte ich meinen besten Freund wiedergetroffen, in einem fremden Land, in einer äußerst nervenaufreibenden Situation. Da ist endlich ein Vertrauter, der mich kennt. Es ist wie ein Stück Zuhause.

Nach dem Frühstück fahren wir gemeinsam zu einem türkischen Inhaber einer Textilfabrik, der mich in seiner Fabrik beschäftigen könnte. Auf der Fahrt erzählt Haitham von der schwierigen Lage in der Türkei, er spricht davon, dass er Frau und Kind kaum sieht, weil er täglich so viele Stunden arbeiten muss, und er beklagt, dass türkische Arbeiter für dieselbe Arbeit doppelt so viel Lohn bekommen wie syrische Flüchtlinge. Und manchmal würden die Syrer grundlos gekündigt, ohne den Rest ihres Geldes zu bekommen.

Nach einer Tasse Tee mit dem Inhaber der Textilfabrik erfahre ich Genaueres über die Arbeitsbedingungen. In der Fabrik arbeiten ungefähr fünfzig Menschen. Meine Aufgabe bestünde darin, täglich als Paketträger zwölf Stunden lang Pakete zu tragen, und der Lohn wären tausend türkische Lira. Das entspricht weniger als 400 Euro. Deprimierende Aussichten. Voll Verwirrung fahre ich wieder zurück in mein Hotel. Ich weiß nicht mehr, was ich denken und tun soll. Ich rufe Hussam, meinen besten Freund, an und erzähle ihm, wie es mir im Augenblick geht. Er sagt nur einen Satz: »Aufgeben? Das bist nicht du. Ich kenne einen anderen Jad!«

Da passiert etwas in meinem Kopf, es ist, als hätte es klick! gemacht, als hätte jemand einen Schalter umgelegt. Ich lege auf, rufe sofort Fadi an und frage ihn nach dem weiteren Plan. »Fadi, was ist der nächste Schritt? Wie geht es weiter? Was muss ich als Nächstes tun?«

»In zwei Tagen geht deine Reise weiter. Du fährst nach Izmir, von dort geht es mit einem Schlauchboot weiter.«

Sofort, als ich das Wort »Schlauchboot« höre, steigen meine Ängste wieder auf in mir. Vorsichtig erkundige ich mich, ob es nicht auch auf dem Landweg möglich sei, weil ich meine beiden großen Koffer nicht auf das Boot mitnehmen könnte. Fadi meint spöttisch, ob ich die Grenze, entweder die bulgarische oder die griechische, mit meinen beiden Koffern in der Hand überschreiten wolle. Ohne auf meine Antwort zu warten, spricht er sofort weiter: »Ich glaube, du unterschätzt den Weg ein bisschen. Warum willst du nicht über das Meer? Hast du Angst vor dem Wasser?« Wiederum lässt er mir keinen Augenblick Zeit für eine Antwort. »Sei ein Mann! Das Meer frisst keinen. Der Weg über Bulgarien ist viel gefährlicher. Wenn dich die Grenzbeamten erwischen, schlagen sie dich tot. Außerdem dauert es viel länger und ist viel teurer. Nein, wir bleiben bei unserem Plan. Übermorgen kaufst du eine Fahrkarte für den Bus und fährst nach Izmir. Und noch etwas Wichtiges: Du brauchst einen Rucksack für die notwendigsten Sachen, mit einem Koffer kommst du nicht aufs Boot.«

Die einzige Möglichkeit, meine Sachen in Sicherheit zu bringen, bis sie mir wieder irgendwie zukommen können, ist, sie bei Haitham zu deponieren. Ihm ist das recht. Mir steht nun die schwierige Aufgabe bevor, meine Sachen zu sortieren. Was brauche ich unbedingt? Was kann ich zurücklassen? Es ist eine ähnliche Situation wie vor ein paar Tagen zu Hause, als ich mein Leben in zwei Koffer packen musste und nicht wusste, von welchen Dingen ich mich trennen sollte. Nun muss ich von den notwendigsten Dingen das Allernotwendigste aussuchen. Als Erstes packe ich die Blume von Sarah ein.

Angenehme Besatzung

Selbst wenn ich wüsste, dass morgen die Welt unterginge,
würde ich heute noch ein Apfelbäumchen pflanzen.

MARTIN LUTHER

Vor dem Krieg wollte ich immer schon in der Türkei Urlaub machen, das Land bereisen und mir alles ansehen. Aber erst nachdem mir Fadi die zwei Tage Wartezeit aufgetragen hat, wird mir bewusst, dass ich jetzt im Ausland bin und Gelegenheit dazu habe, mir ein bisschen etwas anzuschauen. Nachdem ich meine Sachen, mit der Hoffnung, sie mit der Post nach Schweden zu bekommen, bei Haitham deponiert habe, spaziere ich planlos durch Istanbul. Sehr fremdartig und exotisch ist die Stadt für mich nicht, da an jeder Ecke Syrer stehen, die Arabisch plaudern. Es ist, als hätten die Syrer die Stadt eingenommen. Auch wenn das der Tatsache entsprechen würde und die Syrer die Türkei eingenommen hätten, sollte das kein Problem sein, sondern sozusagen ein Rückbesuch, da ja die Osmanen vierhundert Jahre hindurch von 1516 bis 1918 auf Besuch in Syrien und relativ angenehme Besatzer des Landes gewesen waren.

Das türkische Bier zu probieren, reizt mich nicht, und Appetit auf türkische Spezialitäten habe ich auch nicht, obwohl die Gerüche aus den Restaurants schon sehr verlockend sind. Aber Urlaubsstimmung stellt sich bei mir nicht ein, obwohl ich es mir finanziell durchaus erlauben könnte, einmal in einem türkischen Restaurant zu Abend zu essen. Meine Gedanken kreisen immer um das, was vor mir liegt, um das, was mit mir nach diesen zwei Tagen geschehen wird.

Haitham lädt mich jeden Abend zum Essen ein und versucht, mich ein bisschen aufzumuntern, meine Ängste zu verdrängen und mir Mut zu machen. Aber jeden Abend, wenn ich im Hotel den

Nachrichtensender im Fernsehen einschalte – den einzigen Sender, den es in meinem Hotel gibt –, sehe ich nur Meldungen von ertrunkenen Flüchtlingen, von Menschen, die während ihrer Flucht gefasst worden sind, rein gar nichts, was in meiner Situation aufbauend wäre.

Dann ist es endlich so weit. Haitham begleitet mich zur Straßenbahn, mit der ich fast an das andere Ende von Istanbul zum Busbahnhof fahren muss. An der Haltestelle verabschieden wir uns voneinander. Ich versuche, meine Stimmung hinter Humor zu verbergen. »Wenn ich dann Europäer bin und reich, werde ich dich nach Schweden einladen. Oder, wenn das nichts wird, dann treffen wir uns in der Hölle«, witzle ich. Es ist ein regnerischer Tag, das passt genau zu meiner Stimmung.

Am Bahnhof treffe ich auf einen besonderen Menschen. Da der Bahnhof für mich wie ein Labyrinth zu sein scheint, spreche ich irgendeinen Mann an und frage auf Englisch, wo ich eine Fahrkarte nach Izmir kaufen könne. Er deutet mir, dass er leider kein Englisch spräche. Obwohl wir keinen einzigen Satz voneinander verstehen, ist es trotzdem eine unvergessliche Begegnung. Er ist jung, etwa achtzehn. Wir sprechen mit Gesten, Bewegungen und einzelnen Worten miteinander. Er bringt mich zu den Fahrkartenschaltern, und auf dem Weg dorthin fragt er mit einem einzigen Wort, woher ich komme. »Syrien?«

»Ja.«

Sein Gesicht und seine Gesten drücken Mitleid mit meiner Situation aus. Er fragt sogar, mit dem anscheinend überall verstandenen Zeichen, ob ich Geld brauchen könnte. An den Schaltern geht er von einem zum anderen, sucht für mich die schnellste und billigste Verbindung und hilft mir beim Kauf der Karte nach Izmir. Ich fühle mich verstanden, und wir verabschieden uns mit einer herzlichen Umarmung voneinander. Irgendetwas sagt er zum Abschied auf Türkisch, ich vermute: »Alles Gute«. Er ist der dritte meiner fünf Schutzengel auf dem Weg nach Österreich.

Wir können andere Menschen ganz einfach glücklich machen, ohne auch nur einen einzigen Cent dafür auszugeben. Es braucht nur ein leichtes Anspannen der Gesichtsmuskeln nach oben, um ein Lächeln auszudrücken, und ein Zugehen auf den anderen. Das Glück, das wir geben, kehrt wieder zu uns zurück.

Acht Stunden im Bus. Ankommen in Izmir. Weiter mit dem Taxi, wo ein Freund Fadis auf mich wartet. Oh nein, schon wieder so ein junger Kerl wie in Sidon.

Schwimmweste

Nenne dich nicht arm, weil deine Träume nicht in Erfüllung gegangen sind,
wirklich arm ist nur, wer nie geträumt hat!

MARIE VON EBNER-ESCHENBACH

Izmir. Ein kleines, voll belegtes Hotel. Einfach, abgewohnt und billig. Der junge Mann wirkt viel ausgeglichener und sachlicher als Nabil. Er liefert mich dort ab. »Morgen komme ich her, und dann machen wir die Geldübergabe.« Und schon ist er wieder weg.

In der Eingangshalle, die wie ein Kaffeehaus mit kleinen Tischen und Shishas eingerichtet ist, sitzen vier junge Männer, die nicht sehr vertrauenerweckend aussehen, an einem der Tische. Interessiert beäugen sie mich, als ich beim Schalter stehe. Einer von ihnen erkennt meinen Reisepass als einen syrischen und raunt den anderen auf Arabisch in syrischem Dialekt zu: »Der ist auch ein Nafar!« So bezeichnen die Schlepper einen Flüchtling, der alleine unterwegs ist. Ich würdige sie keines Blickes, gebe an der Rezeption meinen Pass ab und erhalte meinen Zimmerschlüssel. Die vier sind mir unheimlich, also gehe ich so schnell wie möglich hinauf auf mein Zimmer. Dort überlege ich, wie ich mein Geld besser und sicherer verwahren könnte. Die beste Möglichkeit scheint mir zu sein, es möglichst am Körper zu tragen. Ich nähe mir eine kleine Tasche aus einem T-Shirt, das ich dafür opfere, und diese kleine Tasche nähe ich innen in meine Boxershorts.

Als ich mir am nächsten Tag etwas zum Frühstücken holen gehe, sind die vier nicht mehr da. Ich atme auf und telefoniere mit Fadi, um ihm von den letzten Ereignissen zu berichten. Ich erkläre ihm, dass der junge Mann heute das Geld holen will. »Auf keinen Fall! Du gibst ihm keinen Cent! Du gehst mit ihm und versicherst dein Geld mit einem Kennwort in einem der Treuhandbüros.«

Das sind illegale Büros, die alle Geldgeschäfte zwischen den Flüchtlingen und den Schleppern verwalten. Man gibt dort sein

Geld ab, bekommt ein Kennwort und gibt das geplante Abreisedatum an. Der Schlepper bekommt dann in Griechenland, drei Tage nach deiner geplanten Ankunft, sein Geld. Egal, ob du tatsächlich angekommen bist oder nicht. Wenn du die Überfahrt doch nicht antrittst, bekommst du das Geld mit deinem Kennwort wieder zurück.

»Und wann werde ich abfahren? Was soll ich in dem Büro angeben?«

»Das sagt dir der junge Mann heute Nachmittag, wenn ihr euch trefft und in das Büro geht.«

Als ich nach dem Essen wieder in mein Zimmer gehen will, sitzen die vier Männer von gestern Abend plötzlich wieder an einem der kleinen Tische, diesmal in Begleitung einer jungen Frau. Als ich an ihnen vorbeigehen will, spricht mich einer von ihnen an: »Hallo, Landsmann, komm, trink eine Tasse Tee mit uns!«

Ich bin ziemlich überrascht. »Danke, aber ich will mich lieber wieder niederlegen.«

»Jetzt komm, setz dich zu uns, wir fressen dich nicht!«

Also setze ich mich zu ihnen an den Tisch. Einer von ihnen heißt Josef. Er stellt sich und alle anderen freundlich vor. Sie kommen aus verschiedenen syrischen Städten, die Frau ist mit Josef erst seit kurzer Zeit verheiratet. Sie erklären mir, dass sie ihre Überfahrt selbst organisieren und keinem Schlepper auch nur einen Dollar zahlen wollen. Sie wirken recht sympathisch auf mich, meine Ängste vom Vorabend scheinen mir selbst inzwischen übertrieben. Aber meine Nerven sind zum Zerreißen gespannt, ich bin in einer psychischen Ausnahmesituation und will mich keiner weiteren Gefahr aussetzen.

Ihr Plan klingt mehr als abenteuerlich: Sie haben vor, ein kleines Schlauchboot mit einem Außenbordmotor zu kaufen, in dem nur sechs Personen Platz haben. Damit wollen sie das Meer von Izmir zur Insel Kos überqueren. Sie signalisieren mir, dass sie gerne noch einen sechsten Mann dabeihätten, der das mit ihnen durchziehen und die Kosten des Bootes mit ihnen teilen würde. Ich kann mich mit einer kleinen Lüge herausreden: »Das klingt alles sehr großartig, aber leider habe ich das Geld für die Überfahrt schon bezahlt.« Da sehe ich aus den Augenwinkeln den jungen Mann kommen, der mit mir in das Büro gehen soll. Schnell verabschiede ich mich von den

Leuten und gehe ihm entgegen. Wir begrüßen einander, dann fragt er, ob ich das Geld dabeihätte.

»Natürlich.«

»Dann gehen wir. Du musst 1200 Dollar einzahlen.«

Er wirkt ziemlich unbeteiligt, es scheint für ihn Routine zu sein. Nicht nur Routine, es scheint sogar, als wäre es ihm inzwischen lästig geworden, solche Aufträge zu erledigen.

»Weißt du, wann wir abfahren?«

»Ja, morgen Abend.«

Ich bin plötzlich wie unter Strom, voller Angst vor der Fahrt über das Meer. Ich habe einige Fragen, die ich seinem Chef stellen will. Ohne große Begeisterung tippt er eine Nummer in sein Handy.

»Der Nafar will mit dir reden.« Er überreicht mir das Mobiltelefon.

»Werden wir mit dem Wasser in Kontakt kommen? Werden wir schwimmen müssen? Und wie lange dauert die Überfahrt?«

Seine Stimme ist tief und rauchig. »Keine Angst, junger Mann, du wirst nicht mit dem Wasser in Berührung kommen. Die Überfahrt dauert nur vierzig Minuten. Und ich bin der zuverlässigste Schlepper in ganz Izmir. Du kannst nach meinem Ruf fragen.«

Das beruhigt mich ein bisschen, aber ich bin auch davon überzeugt, dass kein denkender Mensch einem Schlepper vertrauen kann. Die versprechen doch nur das Blaue vom Himmel. Es klingt wie eine Kopie von Fadis Versprechungen. Was soll ich ihm antworten? Danke? Das kommt mir unpassend vor.

»Das möchte ich hoffen.«

»Ja, hoffen kannst du schon, junger Mann. Aber wenn du Angst hast, solltest du diesen Weg nicht gehen. Das ist keine Fähre für Touristen.«

»Doch, doch, um diesen Preis hätte ich zwei Wochen auf einer Traumfähre unterwegs sein können.«

»Das machst du dann von Europa aus.«

Der junge Mann und ich gehen weiter, er schaut sich andauernd um, ob uns irgendjemand folgt, denn auch dieses Büro, zu dem wir jetzt gehen, ist illegal und damit Geheimsache. Als wir nach einigen Umwegen das Haus erreichen, müssen wir in den Keller gehen, in dem das Büro eingerichtet ist. Der Vorraum ist voller Menschen, die alle ihr Geld für die Überfahrt einzahlen wollen, es sind Dutzende. Überraschenderweise sind es drei Syrer, die hier das Geld entgegennehmen. So können sie sich ein bisschen etwas verdienen, da sie von jedem zwanzig Euro »Bearbeitungsgebühr« verlangen.

Nachdem wir alles erledigt haben und wieder oben auf der Straße stehen, überrascht mich mein Begleiter mit einem weiteren Vorschlag: »Jetzt gehen wir in ein Geschäft für Segelzubehör, und du kaufst dir eine Schwimmweste.«

Das verunsichert mich völlig. Ich habe am Vortag einen Bericht über Schwimmwesten gelesen, die jetzt aufgrund des großen Bedarfs durch die vielen Flüchtlinge von schlechter Qualität sind, was Hunderten von ihnen schon zum Verhängnis geworden ist. In der Auslage des Geschäfts sind einige Schwimmwesten ausgestellt. Sie sind überraschend preisgünstig. Wir gehen hinein, und ich entdecke an der Wand im Hintergrund weitere Exemplare. Die will ich mir genauer anschauen, und tatsächlich: Sie sind mehr als doppelt so teuer wie die in der Auslage. Ein türkischer Verkäufer kann ein bisschen Englisch.

»Warum sind diese Schwimmwesten teuer und die in der Auslage billig?«

»Die draußen sind ›Made in China‹ und die drinnen ›Made in Italy‹.«

»Und sind die draußen nur mit Stoff gefüllt, damit die Flüchtlinge im Meer ertrinken?«

Da versteht er plötzlich kein Englisch mehr und ist sehr aufgeregt: »I no English.«

Ich verlange eine Schwimmweste, »Made in Italy«. Er meint, die sei viel teurer als die chinesische Variante. Ich versichere dem Verkäufer, dass ich sie auch bezahlen könne. Er zuckt mit den Schultern und packt die Schwimmweste ein. Es ist offensichtlich, dass die anderen Westen von schlechter Qualität sind und vermutlich keinem Menschen das Leben retten können.

Gemeinsam gehen mein Begleiter und ich wieder zu meinem Hotel. Dort angekommen, erfahre ich endlich das weitere Vorgehen. »Morgen Abend kommst du um 21 Uhr zum Kreisverkehr Basmania. Pack deine Schwimmweste unauffällig ein, es muss nicht jeder sehen, was du vorhast.«

Auf dem Gang zu meinem Zimmer begegnen mir alte Bekannte: die vier, das heißt, eigentlich die fünf vom Vortag. Sie schleppen einen großen Plastiksack mit sich, in dem zwar gut verpackt, aber deutlich sichtbar einige Schwimmwesten stecken.

»Ist es so weit?« Ich deute auf den Plastiksack.

Josef, der Ehemann der jungen Frau, gibt mir die Antwort. »Ja, morgen Abend geht es los. Möchtest du nicht doch mit uns fahren?«

»Nein, ich kann meine Abmachungen nicht mehr ändern.«

»Und wann geht es bei dir los?«

Ich sage ihm nicht die Wahrheit. Aus einem Instinkt heraus lüge ich und meine, ich wüsste es noch nicht genau. »Ich wünsche euch eine sichere Überquerung des Meeres, und wir sehen einander dann in Griechenland!«, sage ich.

»Ja, sicher, wir trinken dann ein Bier zusammen!«

In dieser Nacht kann ich kein Auge zumachen. Ich logge mich in Facebook ein und suche den Kontakt zu Menschen aus Syrien, die ihre Überfahrt nach Griechenland schon hinter sich haben. Ich möchte alles wissen: wie es ihnen ergangen ist, was alles passiert ist und wie sie sich dabei gefühlt haben. Jeder Einzelne von ihnen beruhigt mich: »Das Meer frisst keinen. Du wirst sehen, in vierzig Minuten ist alles vorbei. Was sollen diejenigen sagen, die das ganze Mittelmeer von Libyen aus überqueren müssen?« Ich versuche, das alles zu glauben und mich damit ein bisschen zu beruhigen. Aber tief in meinem Inneren weiß ich, dass es anders ist. Niemand würde mir sagen, dass man sich auf der Überfahrt mit dem Tod unterhält.

Zum gelben Licht

Wenn ich dem Meer von unserer Liebe erzählen würde,
würden seine Strände und Muscheln und Fische
es verlassen und mir folgen.
NIZĀR QABBĀNĪ

Psychologen behaupten, dass das Gehirn belastende Erinnerungen aus Ausnahmesituationen verdrängt. Das Gedächtnis entwickelt diesen Schutzmechanismus, damit wir uns wieder auf das Leben einlassen können. Das ist genau das, was an diesem Tag mit mir geschah. Ich kann mich einfach nicht an ihn erinnern. Ich war voller Angst und Sorge, so viel ist sicher. Selbst jetzt, während des Schreibens, ist es nicht möglich, mir diese Stunden bis zum Abend ins Gedächtnis zu rufen. Blackout.

Und dann ist es Abend. Ich stehe plötzlich am Basmania-Kreisverkehr mit meinem Rucksack auf dem Rücken und einem schwarzen Plastiksack mit der Schwimmweste in der Hand. Ein Taxi hält neben mir, und mein Begleiter, der am Nebensitz sitzt, holt mich ab. Während der Fahrt instruiert er mich über den weiteren Ablauf. »Wenn das Taxi stehen bleibt, steigst du sofort aus und gehst die kleine schmale Gasse hinunter. An ihrem Ende steht ein weißer Kleinbus, in den steigst du ein. Er fährt los, sobald alle anderen da sind.«

Das Taxi bleibt an einer roten Ampel stehen, da bekomme ich auch schon die Anweisung: »Dort, links, die kleine Gasse. Aussteigen, schnell!«

Da ich meinen Rucksack nicht abgenommen habe, sondern ihn noch immer auf dem Rücken trage, greife ich schnell mit der Rechten nach dem Sack mit meiner Schwimmweste, mit der Linken nach dem Türgriff und bin auch schon aus dem Taxi draußen. Ich gehe die kleine Gasse entlang und sehe nach ein paar Häusern den angekündigten weißen Kleinbus im Schatten einer Einfahrt stehen. Vorsichtig nähere ich mich und kann schließlich im Inneren die Silhouetten einiger Menschen erkennen. Der türkische Fahrer des Busses steht einige Meter daneben, raucht eine Zigarette und ordnet in gebrochenem Arabisch an: »Hinten sitzen!«

Ich öffne die Schiebetür des Busses, drinnen sitzen bereits sechs Personen, vier Männer, eine Frau und ein etwa sechsjähriges Mädchen. Keiner sagt ein Wort. Man kann ihre Angst förmlich riechen. Ich begrüße sie.

»Salaam aleikum!«

»Aleikum salaam!«, antworten sie.

Ich versuche, die ängstliche Stimmung etwas aufzuheitern. »Nach Latakia?« So rufen auf dem Busbahnhof in Damaskus die Busfahrer die Urlauber.

»Ja, sicher, hast du auch deine Schwimmflügel mit?«, antwortet einer der Männer.

»Sicher, ich bin urlaubsreif.«

»Du bist aber witzig!«, findet die Frau.

Ich setze mich ganz nach hinten. »Wie lange wartet ihr hier schon?«

»Wir sind gerade erst angekommen.«

Es dauert keine zwei Minuten, bis weitere Mitfahrer in den Bus einsteigen. Sobald der Letzte der zwölf eingestiegen ist, wirft der Fahrer seine Zigarette weg, klettert auf den Fahrersitz und fährt los. Neben mir sitzt ein ungefähr 16-jähriger junger Mann, der seiner Mutter über WhatsApp mitteilt, dass der Bus gerade abgefahren ist. Er bekommt sofort Antwort: »Bleib bei Menschen, die dir im Falle eines Falles helfen können.«

Er liest, schaut mich an und fragt: »Wie heißt du?«

»Jad. Und du?«

»Bassam.«

Seine Stimme zittert, er ist blass und unruhig. Ich möchte das Eis zwischen uns brechen und frage ihn geradeheraus: »Und? Hast du Angst vor dem, was vor uns liegt?«

»Ich weiß nicht. Nein.«

»Du darfst es ruhig sagen, wenn du Angst hast. Du darfst dir nicht wie ein Feigling vorkommen. Es ist sogar sehr mutig von dir, das hier alleine zu machen.«

»Hast du etwa Angst?«

»Ja, sicher. Ich habe große Angst. Todesangst.«

Mein Geständnis beruhigt ihn ein wenig, aber nicht nur ihn, auch für mich ist es gut, das einmal auszusprechen. Wir unterhalten uns darüber, warum er Syrien verlassen hat. Natürlich war es die Angst vor der Einberufung zum Militär, denn er ist von seinem Alter her reif dafür. Wir machen uns aus, zusammenzubleiben und auch im Boot nebeneinander zu sitzen. Drei Stunden dauert die Fahrt, bis wir an einem unbewohnten Strand ankommen. In der Ferne über das große Meer hin kann man Lichter sehen, das sind die Lichter von Kos, und dorthin wollen wir. Fast gleichzeitig mit unserem kommt ein weiterer Bus mit noch einmal 16 Personen an. Es sind jedoch keine Syrer, sondern Flüchtlinge aus Afrika, Männer, Frauen und Kinder, darunter ein Säugling. Aus beiden Bussen steigen die Menschen aus, die Fahrer wenden sofort, und schon sind sie verschwunden.

Es ist stockdunkle Nacht, kein Mond, keine Sterne sind zu sehen. Plötzlich kommen aus dem Nichts zwei kleine Lichtpunkte auf uns zu, die langsam heller und größer werden. Wir können schließlich zwei Männer erkennen, die, mit dunklen Anzügen bekleidet, immer näher kommen. Sie schleppen einen großen Koffer mit sich. Als sie so nahe sind, dass der Lichtkegel ihrer Taschenlampen auch die Umgebung ein bisschen erhellt, sehen wir das noch luftleere Schlauchboot am Boden liegen. Die folgende Szene spielt sich in gebrochenem Englisch ab. Die Männer öffnen ihren Koffer, in dem sich eine schallgedämmte Pumpe befindet, und fordern uns auf, beim Aufpumpen des Bootes zu helfen. Einer aus der Gruppe spricht das an, worüber wir alle entsetzt sind: »In dieses kleine Schlauchboot sollen wir alle hineinpassen?«

»Ja, natürlich.«

»Aber das war nicht so vereinbart!«

Da zieht der eine der schwarz gekleideten Männer eine Pistole, zielt auf den Mann und schnauzt ihn an: »Mund halten, sonst bist du tot.«

Daraufhin sind alle ruhig, die Stille ist direkt spürbar. Nach ungefähr zwanzig Minuten ist das Schlauchboot fahrbereit. Erst jetzt können wir sehen, dass das Boot rund sechs Meter lang und nur etwa eineinhalb Meter breit ist. Einer der beiden türkischen Männer, der deutlich nach Alkohol riecht, fragt, wer der Kapitän sei. Also einer von uns soll das Boot fahren.

»Ich kann ein bisschen Türkisch, ich fahre.« Ein junger Mann, kaum zwanzig Jahre alt, meldet sich. Der Türke nimmt ihn beiseite und redet minutenlang mit ihm. Dann sollen wir das Boot ins Wasser tragen. Der junge Mann, der nun zum Kapitän aufgestiegen ist, geht neben mir.

»Was hat er mit dir besprochen?«

»Ich habe fast nichts verstanden, nur, dass wir zu dem gelben Licht dort am Horizont fahren müssen.«

Ich denke, das sollte doch irgendwie funktionieren. Ich will mir jetzt keine düsteren Gedanken mehr machen. Wir bringen das Boot ins Wasser, was an diesem felsigen Strand sehr schwierig ist. Auch den Motor schleppen zwei von uns zum Boot. Einer der türkischen Männer befestigt den Außenbordmotor und zeigt dem Kapitän, wie er funktioniert. Dann gibt er weitere Anweisungen: »Einer von euch muss alle zehn Minuten die Benzinpumpe betätigen und auf den Benzinkanister aufpassen! Das ist sehr wichtig!« Das werde ich übernehmen.

Der Türke springt wieder vom Boot herunter, geht durch das hüfthohe Wasser ans Ufer zurück und fordert alle auf, an Bord zu gehen, was sich besonders für die Frauen in ihren Kleidern und die Kinder als ziemlich schwierig herausstellt. Wegen der steinigen Küste und dem durch den Motor notwendigen Tiefgang des Bootes ist es nicht möglich, es näher ans Ufer zu bringen. Die Männer helfen den Frauen und den Kindern, ins Boot zu kommen. Das klingt einfach, ist es aber ganz und gar nicht und dauert daher auch ziemlich lange. Ich steige als Vorletzter ins Boot. Die untere Hälfte meines Rucksacks ist nass geworden, was ihn schwerer macht. In dem Moment mache ich mir Sorgen um die Blume von Sarah.

Jetzt ist es zwei Uhr. Die beiden türkischen Männer sind in der Dunkelheit verschwunden. Ihre Aufgabe ist beendet. Niemand sagt ein Wort. Alles was man hört, sind das Plätschern der Wellen und die Atemgeräusche von 32 Menschen. Es ist sehr still. Wir sind mit dem Boot und dem dunklen schwarzen Meer alleine.

Die Piraten der Ägäis

Nicht den Tod sollte man fürchten,
sondern dass man nie beginnen wird zu leben.
MARCUS AURELIUS

Wo ist Gott? Warum lässt er immer die Unschuldigen dieser Welt leiden? Warum teilt sich das Meer nicht wie einst bei Moses, damit wir trockenen Fußes ans andere Ufer gelangen können? Rettet er uns? Diese Fragen tauchen immer noch in meinen Gedanken auf. Soll ich ihm dankbar sein, dass ich jetzt in Österreich in Frieden und Sicherheit leben kann? Oder soll ich ihn für mein Leiden und das der ganzen Welt hassen?

Es ist fast erstaunlich, dass in dieser Situation alle einen tiefen Glauben an den rettenden Gott haben. Alle beten laut und flehen Gott um Hilfe an. Hört er sie? Als wir losfahren, werden die Stimmen drängender und lauter. Einige rufen nach Allah, andere nach Miriam. Auch die Afrikaner beten in ihrer Sprache. Wir sitzen auf dem aufgeblasenen Wulst des Bootes und fassen uns alle an den Händen oder legen einander die Hände auf die Schultern.

Langsam beschleunigt das Boot, und der Fahrtwind wird stärker. Wir sind alle schon ziemlich durchnässt, aber wir merken die Kälte nicht, obwohl es doch bereits November und nachts auch die türkische Ägäis nicht mehr warm ist. Unsere Angst lässt uns die Kälte nicht spüren. Das Meer ist ziemlich ruhig, die leichten Wellen kann das Boot gut bewältigen. Die ersten zehn Minuten sind vorbei, es ist Zeit nachzutanken. Ich schraube den Verschluss vom Benzinkanister ab, öffne den Tank am Motor und versuche, das Benzin hineinzu-leeren. Das Boot schwankt jedoch mehr als erwartet. Ich forme mit meiner Hand einen Trichter, trotzdem geht die Hälfte des Treibstoffs daneben. Bassam sitzt neben mir. Er macht mich auf seinen Ruck-sack aufmerksam. Er greift hinein, holt ein Springmesser heraus und zeigt es mir: »Wenn wir in den griechischen Gewässern sind und von der Küstenwache aufgehalten werden sollten, zerschneide ich das Boot. Dann müssen uns die Griechen retten und können uns nicht zurückschicken.«

»Bist du verrückt? Denk doch an die Kinder und an die Frauen, die können vermutlich nicht schwimmen und werden ertrinken!«

Zornig packe ich seinen Unterarm, drehe ihn ein bisschen, nehme ihm das Messer aus der Hand und schleudere es weit ins Meer. Bassam ist sprachlos. Die anderen haben unseren Streit natürlich mitbekommen und schauen uns mit großen Augen an.

»Was ist los?« Ein älterer Mann spricht mich aufgeregt an.

»Willst du ihnen erklären, was gerade los war? Sie werden dich dafür verprügeln«, gebe ich die Frage an Bassam weiter. Da beruhigt sich Bassam wieder und bleibt stumm. Ich wende mich an den Fragesteller: »Alles gut, mach dir keine Sorgen.«

Eine Stunde ist vergangen. Wir sind noch immer auf dem Meer, obwohl der Schlepper von vierzig Minuten Überfahrt gesprochen hat. Aber immerhin sehen wir die griechische Küste bereits näher als die türkische. Mehr als die Hälfte der Fahrt ist also geschafft. Auf einmal ein unheimliches Geräusch, ein Reißen, etwas geht kaputt. Der Boden unseres Bootes hält der Belastung durch so viele Menschen nicht stand, das Gewebe hat einen Riss bekommen. Trotzdem setzen wir die Fahrt fort, wir haben ja keine andere Wahl als weiterzufahren. Unser Kapitän muss jetzt langsamer fahren. Zum Glück dringt kein Wasser ein, die Schutzhaut über dem Riss im Gewebe hält noch. Langsam wird die Stimmung im Boot wieder optimistisch, wir fühlen uns schon in Griechenland angekommen. Plötzlich taucht aus der Dunkelheit die Silhouette eines riesengroßen Schiffs mit zwei Schornsteinen auf. Da schreit einer der Männer verzweifelt auf: »Jetzt ist alles aus! Das ist dasselbe Schiff! Ich erkenne es wieder! Das ist schon mein dritter Versuch, zweimal hat dieses Schiff unser Boot schon erreicht und fast alle von uns mit langen Stangen totgeschlagen. Ich bin diesen Mördern zweimal entkommen. Ein drittes Mal wird mir das nicht gelingen!«

Während seiner Erzählung gehen alle Lichter auf dem Schiff gleichzeitig aus, es ist in völlige Dunkelheit getaucht und scheint langsam näher zu kommen. Unser Kapitän schaltet den Motor unseres Bootes aus, damit wir kein Aufsehen erregen. Das Schiff kommt näher und immer näher, bis es riesengroß direkt neben uns aufragt. Wir riechen den Rauch der Dieselmotoren, und unser Boot schwankt in den Bugwellen gefährlich auf und ab. Das dunkelgraue Schiff sieht aus, wie aus dem Film *Fluch der Karibik* entsprungen, ein Geisterschiff, kein Licht an Bord, kein Mensch zu sehen, keine Bewegung, kein Laut zu hören, nur das gleichmäßige Geräusch der Motoren. Langsam entfernt sich das Schiff wieder. Freude kommt in unserem Boot auf.

»Die haben uns nicht bemerkt!«

Der Mann, der vor einigen Minuten geschrien hat, bleibt skeptisch. Ich behalte das Schiff weiter im Auge. Es fährt nicht geradeaus, sondern schlägt einen Bogen um uns und ist schließlich in einiger Entfernung direkt hinter uns. Plötzlich gehen alle Lichter wieder an, und ich kann erkennen, dass ein Boot mit einem Kran ins Wasser gelassen wird. Jener Mann, der schon zweimal nur knapp dem Tod entronnen ist, ist der Vernünftigste von allen, er hat die Erfahrung, mit dieser Situation umzugehen. »Bitte, seid leise! Keiner soll ins Wasser springen! Und niemand darf das Boot zerstören!«, flüstert er aufgeregt.

Jemand in dem kleinen Boot hat einen starken Suchscheinwerfer eingeschaltet, das Licht ist in Sekundenschnelle bei uns angelangt. Ich beobachte, wie das Boot auf uns zukommt. Es ist schnell wie ein Blitz. Das helle Licht des Scheinwerfers ist auf unsere Gesichter gerichtet und macht uns blind. Wir können nichts und niemanden erkennen. Eine Stimme ruft uns aus dem gleißenden Licht zu: »Don't do any move. We will help you! Wenn ihr alles macht, was wir sagen, kommt ihr in Griechenland an.«

Ihr Boot fährt um das unsere herum, bis sie genau dahinter sind. Da können wir vier Männer auf dem Boot erkennen. Sie haben dunkelgrüne Overalls an, ohne Abzeichen, ohne Schrift, und mit Sturmhauben, die nur die Augen frei lassen. Ob es Soldaten sind? Oder Söldner? Einer wirft ein Tau mit einer Schlinge über unseren Motor. Dann heult auf einmal der Motor ihres Bootes auf, und der Außenbordmotor unseres Bootes wird einfach aus seiner Verankerung gerissen und fällt ins Meer. Das alles geht so schnell vor sich, als hätten es diese Männer schon oft gemacht. Dann werfen sie uns noch einmal das Tau zu. »Festhalten, wir ziehen euch zu unserem

Schiff, damit ihr nach Griechenland kommt.« Sie ziehen unser Boot. Allerdings halten wir ja das Tau nicht am Bug, sondern am Heck unseres Bootes, sodass das Wasser über den Rand schwappt und das Boot langsam vollläuft. Die dicken Randwülste, auf denen wir sitzen, liegen bereits zur Hälfte unter dem kalten Wasser.

Wo ist das große Schiff? Auf einmal ist es nicht mehr zu sehen, es ist wie vom Meer verschluckt. Die Soldaten fordern uns plötzlich auf, das Tau loszulassen. Sie haben uns offensichtlich in die türkischen Hoheitsgewässer zurückgebracht. Es wird wieder laut in unserem Boot. »Wir haben Frauen und Kinder hier! Ihr könnt uns doch nicht ertrinken lassen!« Alles Schreien und Flehen ist den Männern auf dem großen Boot egal. Einer der Afrikaner ist mit seiner Frau und seinem Baby an Bord. In seiner Verzweiflung und Hoffnungslosigkeit und den sicheren Tod vor Augen steht er plötzlich auf, nimmt das Baby, das in seine Decke gewickelt ist, und schleudert es auf das Boot der Männer. Ein Augenblick Totenstille. Die Männer nehmen das Kind auf und schauen genau, ob es sich nicht um eine Puppe handelt, während die Mutter des Babys verzweifelte Klagelaute und lautes Weinen hören lässt. Unser Boot ist ungefähr drei Meter vom anderen entfernt. Ohne zu zögern und gänzlich emotionslos werfen die Männer das Baby wieder zurück. Es fällt neben dem Boot ins Wasser … Ohne zu überlegen, springe ich sofort gemeinsam mit zwei anderen Männern in das schwarze Meer. Und es gelingt mir, das Baby zu fassen, bevor es untertaucht. Ich hebe das Baby ins Boot. Es weint nicht, was ich komisch finde.

Glücklich, das Baby gerettet zu haben, helfen die anderen uns, wieder ins Boot zu kommen. Aufgeregt gehe ich sofort auf die Mutter zu, die ihr Kind wieder in den Armen hält. Sie schüttelt das Baby stark und bittet es in ihrer Sprache, irgendein Lebenszeichen von sich zu geben. Sie versteht die Welt nicht mehr. Warum ist ihr Baby reglos? Sie schaut mich und die anderen verzweifelt an und will eine Antwort. Ich kann ihr nicht helfen. Ich bin wie gelähmt und kann die Luft aus meiner Brust nicht ausatmen. Ich fühle mich, als wären meine Hände aneinandergefesselt. Ich habe nur eine brennende Frage im Kopf. »Könnte es sein, dass das Baby tot ist?« Der ältere Mann greift nach dem Bündel, sucht den Puls des Kindes. Aber vergeblich, der kleine Körper ist ohne Leben.

Diese tragische Szene läuft blitzschnell ab. Währenddessen hat sich das Boot mit den Männern entfernt, sie sind in der Dunkelheit verschwunden, genauso wie das große Schiff. Wir vermuten, wieder oder noch immer in türkischen Hoheitsgewässern zu sein. Rückblickend gesehen, scheint die ganze Aktion eiskalt kalkuliert und sicher nicht zum ersten Mal durchgeführt worden zu sein. Am Boot bricht Panik aus. Frauen, Männer und Kinder weinen, die Verzweiflung und Hoffnungslosigkeit ist greifbar. Wellen von Angst und Sorge erfassen mich abwechselnd. Mir wird die Möglichkeit bewusst, dass ich ernsthaft in Gefahr sein könnte. Vielleicht ende ich in ein paar Minuten auf dem Grund des tiefen dunklen Meeres.

Die Technik muss uns retten. Mein Handy ist wasserdicht, das Spritzwasser kann ihm nichts anhaben. Ich habe zur Sicherheit einige Notfallnummern gespeichert, die Nummer der Küstenwache von Griechenland und der Türkei und auch die einer Hilfsorganisation. Netz habe ich, weil ich vorsorglich einen besonderen Tarif mit dem türkischen Netzbetreiber abgeschlossen hatte, der mir erlaubt, auch in Griechenland zu telefonieren. Die griechische Hilfsorganisation kann ich nicht erreichen. Die türkische wiederum versteht leider kein Englisch. Zum Glück kann unser Kapitän ein bisschen Türkisch. Obwohl es fast nicht möglich ist, unsere Position zu erklären, denn außer ein paar Lichtern sehen wir nur Himmel und Meer, werden wir beruhigt. »Wir kommen und holen euch.«

Und da fragen manche neugierige Menschen tatsächlich, weshalb Flüchtlinge ein Smartphone brauchen.

Nicht mehr alleine

Um alleine in der Dunkelheit zu stehen, braucht es nur einen.
Um das Licht durchscheinen zu lassen, braucht es zwei.

Motown-Song

Nach dem Anruf bei der türkischen Hilfsorganisation wird es im Boot wieder ruhiger. Nur die Mutter des Babys ist in ihrer Trauer gefangen. Sie weint und klagt unablässig. Verzweifelt wiegt sie das Bündel mit ihrem Kind. Das Boot ist halb vollgelaufen. Unsere Füße stehen im Wasser. Es herauszuschöpfen, ist unmöglich, da sofort neues nachläuft. Zum Glück nur bis zu einer bestimmten Höhe, dann bleibt der Wasserstand unverändert.

Wo ist Gott? Gebete werden wieder hörbar, erst leise, dann lauter. In meinem Kopf tauchen Gedanken auf. Erinnerungen. Wie ein Film laufen sie ab. Mir fallen Menschen ein, die ich seit meiner Kindheit nicht mehr gesehen habe. Ich erinnere mich an Nächte voller Angst vor der Ratte im Stiegenhaus, in denen ich mich ins warme Bett zwischen meine Eltern gelegt habe. Ich denke an jeden und an alles.

»Ob uns die Küstenwache überhaupt findet?« Diese verzweifelte Frage lässt mich an mein nahes Ende glauben. Da taucht in der Ferne plötzlich ein Licht auf, das allmählich näher kommt. Bald kann man erkennen, dass es ein starker Suchscheinwerfer am Bug eines Schiffes ist: die türkische Küstenwache! »Sie kommen, sie retten uns!« Ich spüre auf einmal die Kälte nicht mehr, eine innere Wärme breitet sich in mir bis in die Fußspitzen aus. Wie eine zitternde Welle durchläuft mich Erleichterung, und ich nehme einen tiefen Atemzug. Alle fangen mit aller Kraft an laut zu schreien. Niemand von uns spart seine Kräfte. »HEEEEEEEEEY, wir sind da!«

Das Boot der Küstenwache, es ist ein militärisches Schiff, fährt längsseits und stoppt. Eine Strickleiter wird herabgelassen, und zwei Taue, mit denen wir unser Boot am Bug und am Heck sichern sollen, damit alle über die Strickleiter an Bord klettern können, ohne in Gefahr zu geraten, doch noch ins Meer zu stürzen. Schließlich sind nur noch der Mann, der das Tau am Bug, und ich, der das Tau am Heck festhält, auf dem Boot. Ich will meinen Rucksack nehmen und ihn auf den Rücken heben, aber er scheint hundert Kilogramm schwer zu sein. Er ist voll Wasser. Ich muss meine letzten Energiereserven mobilisieren. Schließlich klettern auch wir an Bord.

Die Soldaten sind freundlich, aber irgendwie nicht überrascht oder aufgeregt, ganz so, als wäre es Alltag für sie geworden, Flüchtlingen, die in Seenot geraten sind, das Leben zu retten. Plötzlich kommen Kameras und Lampen auf uns zu, und wir werden von den Soldaten gefilmt. Jeder von uns soll seinen Namen in die Kamera sprechen und sagen, woher er kommt. Dann müssen wir uns am Bug des Schiffes sammeln, und es fährt mit uns – Richtung Türkei, ausgerechnet dorthin, von wo wir vor ein paar Stunden aufgebrochen sind voller Hoffnung und Erwartung auf ein besseres Leben. Wir sind enttäuscht, kalt und nass bis auf die Haut. Der Fahrtwind weht uns um das Gesicht, um den Körper und um die Beine. Die Kälte kriecht in jede Faser meines Körpers, eine Kälte, die ich mein ganzes Leben nicht vergessen kann. Eine Stunde Eiseskälte.

An Land wartet ein Polizeiauto, das den Vater mit seinem Baby ins Krankenhaus bringen soll, und ein Bus, in den wir anderen alle einsteigen, um zur Polizeistation gefahren zu werden. Man bringt uns in einen großen leeren Raum, an dessen Wänden vier Heizkörper hängen, die Wärme verströmen. Wir setzen uns auf den Boden, so nah es geht zu den Heizkörpern, um uns ein bisschen aufzuwärmen. Ich kontrolliere meinen Rucksack. Das Buch, in dem die Blume steckt, ist trotz der Folie, in die ich es so sorgfältig eingewickelt habe, ganz nass und zerfällt unter meinen Händen, ebenso wie die Blume. Sie ist nicht mehr zu retten. Auch meine Schulzeugnisse sind nicht mehr lesbar.

Die Erschöpfung, körperlich und mental, ist so groß, dass ich, wie viele andere auch, sofort einschlafe. Nach ein paar Stunden werde ich vom Lachen der Kinder geweckt. Es ist heller Tag, die Sonne scheint, und die Soldaten bringen uns große türkische Brote. Wir werden dann einzeln in ein Büro geführt, in dem wir unsere Daten angeben müssen. Jeder von uns muss hier Asyl beantragen. Wir werden fotografiert, und unsere Fingerabdrücke werden genommen. Eine andere Wahl haben wir nicht. Sonst würden sie uns dort festhalten. So scheinen die Zahlen zustande zu kommen, mit denen die Türkei argumentiert und Europa droht. Die Menschen sind schon längst nicht mehr dort, aber die Asylanträge zählen.

Am Nachmittag lassen sie uns frei. In der Zwischenzeit kann ich mein Handy aufladen und Fadi anrufen. Er weiß bereits, dass unsere Überfahrt nach Griechenland nicht erfolgreich war und wir wieder in der Türkei angekommen sind.

»Hast du dir das so vorgestellt? Ist es das, was du mir versprochen hast?«, frage ich ihn wütend.

»Ich habe dir keine Fünf-Sterne-Kreuzfahrt versprochen. Keinen Luxusdampfer. Es ist eine Flucht. Willst du weitermachen, es noch einmal probieren, oder willst du zurück – zum Militär?«, antwortet er ziemlich gelassen.

»Ich möchte jetzt nur ins Hotel. Ich bin todmüde. Wir reden am Abend.«

Drei Stunden Fahrt mit dem Bus und wir landen wieder vor dem Hotel, in dem ich die letzten Tage verbracht habe. An der Rezeption will ich gerade für einige Tage einchecken, da kommen alte Bekannte auf mich zu: Josef, seine Frau und seine drei Freunde. Ich bin schockiert. Sie sehen alle furchtbar aus, schmutzig, erschöpft, verzweifelt.

»Was ist passiert? Haben sie euch erwischt?«

Keiner von ihnen will mir eine Antwort geben.

»Was ist los?«

Endlich höre ich von Josef ihre Tragödie. Der Motor ihres Bootes ging nach kurzer Zeit kaputt. Zuerst blieben sie noch im Boot, aber da das Ufer recht nahe schien, wollten sie zurückschwimmen. »In zehn Minuten müssten wir das schaffen«, vermutete einer der Männer. Es dauerte jedoch drei Stunden, bis sie endlich, zu Tode erschöpft, das Ufer unter ihren Füßen spürten. Nur vier von ihnen kehrten auf türkischen Boden zurück. Der Fünfte blieb verschwunden. Ich weiß nicht, was ich sagen soll. So schlage ich nur vor, dass wir einander am Abend hier wieder treffen, nachdem sie sich ausgeruht haben.

Am Abend schließt sich unserer kleinen Gruppe einer der Männer mit seinem ungefähr zehnjährigen Sohn an, die mit mir auf dem Boot waren. Wir unterhalten uns den ganzen Abend über unsere missglückte Flucht und die menschlichen Dramen. Schließlich erklärt er uns, dass er Verbindung zu einem anderen Schlepper habe, der für jeweils sechs Menschen ein richtiges stabiles Boot zur Verfügung stellt, mit dem man ohne große Gefahr nach Griechenland übersetzen kann. »Ich kenne einige Leute, die das gemacht haben, es ist ein gutes Boot, und es ist sicher. Aber es ist nicht billig. Er verlangt von jedem 1800 Euro.«

Wir finden diesen Vorschlag interessant und nach den Erlebnissen der vergangenen Nacht auch durchaus vernünftig. Jeder von uns will eine Nacht darüber schlafen, überlegen und am nächsten Tag noch einmal mit den anderen darüber sprechen. Für Mahmoud, einen der Männer, kommt unser Plan nicht infrage. Er ist zutiefst betroffen von den Ereignissen des gestrigen Tages. Der im Meer Verschwundene war sein bester Freund: »Ich möchte ein paar Tage warten. Vielleicht taucht er wieder auf.«

Ich rufe Fadi noch einmal an und erzähle ihm von dieser neuen Möglichkeit. Ich will wissen, was er davon hält. »Mir ist es egal, was du machst. Aber wir haben eine Vereinbarung getroffen, die zusätzlichen Kosten musst du selbst tragen.«

Am nächsten Tag setzen wir uns alle zusammen. Die Entscheidung fällt: Wir wollen mit dem besseren Boot fahren. Wir wollen lebend in Griechenland landen, koste es, was es wolle! Wir sind jetzt eine neue Gruppe, die einen gemeinsamen Plan, ein gemeinsames Ziel hat. Abu Abdo, der Vater des Zehnjährigen, übernimmt es, mit dem neuen Schlepper Kontakt aufzunehmen. Wir sollen nach Marmaris fahren und dort das Geld für die Überfahrt einzahlen.

Ich gehe in der Zwischenzeit in jenes Büro, in dem ich das Geld für die erste, missglückte Überfahrt deponiert habe, und hole es wieder ab. Voller neuer Hoffnung fahren wir alle nach Marmaris: Josef und seine Frau Christine, Abu Abdo und sein Sohn, ein Brüderpaar, Khalil und Emad, und ich. Es fühlt sich viel besser an, als alleine unterwegs zu sein. Wir erreichen Marmaris, diese schöne Stadt, am Abend, aber es ist dunkel und man kann nicht viel sehen.

Am nächsten Morgen öffne ich die Vorhänge und es bietet sich mir ein wunderschöner Anblick. Aus einem Fenster kann ich einen bewaldeten Berg sehen, aus dem anderen Fenster blicke ich direkt auf das dunkelblaue Meer. Es schaut heute freundlich aus. Aber ich lasse mich nicht täuschen, ich werde ihm nie wieder trauen. Es ist ein wolkenloser, sonniger Tag, und draußen ist es warm. Wir wollen ein bisschen spazieren gehen, wir brauchen das. Die psychische Belastung ist zu groß. Wir wollen auch etwas zu essen holen. Weil der Laden aber keine Dollar annimmt, muss ich zuerst noch Geld wechseln gehen.

In der Wechselstube halte ich dem Mann meinen Hundert-Dollar-Schein hin. Er greift kurz danach, nimmt einen Stift und schreibt mit großen Lettern »Fälschung« darauf und reicht ihn mir wieder zurück. Wenn etwas schiefgehen soll, dann gleich ordentlich. Wenigstens holt er nicht die Polizei, und ich kann die Wechselstube wieder unbehelligt verlassen.

Wir setzen uns am Abend im Hotel mit dem Kontaktmann des Schleppers zusammen. Es ist ein Türke, der Arabisch spricht. Er ist bereits älter, etwa um die sechzig, und stammt aus Mardin, einer nun türkischen Stadt knapp hinter der Grenze zu Syrien, die ursprünglich zu Syrien gehört hat. In Mardin wird neben Türkisch auch Arabisch, Kurdisch und Aramäisch gesprochen. Er ist sehr freundlich und erklärt uns ausführlich und genau den Ablauf. Er bestellt für sich einen Arrak.

»Den könnte ich jetzt auch vertragen«, sage ich

»Du trinkst Alkohol? Ein Syrer? Dann können wir gleich eine Flasche bestellen.«

»Eine ganze Flasche schaffen wir zwei alleine nicht. Aber Josef könnte auch etwas brauchen. Wir haben alle eine schreckliche Nacht hinter uns.«

Josef macht Alkohol nichts aus. Er ist Christ, und ihm ist Alkohol erlaubt. Mir macht es auch nichts. Viele Syrer trinken Alkohol, obwohl sie Muslime sind. Wir trinken gemeinsam Arrak, und es scheint dem Mardiner zu gefallen, dass ich mithalte. Es klingt beruhigend, was er uns erzählt: »Jeder, der mit uns nach Europa wollte, hat das reibungslos geschafft. Es muss ja auch so sein, da ihr nicht mit einem Schlauchboot fahrt, sondern mit einem Jetboot, das muss ja wieder zurückkommen. Einer unserer Männer wird das Boot steuern. Wir werden bis Symi fahren, das ist eine griechische Insel, die nicht weit weg von hier ist.«

Er erzählt uns den ganzen Abend von den erfolgreichen Überfahrten. Und je mehr er erzählt, desto ruhiger und zuversichtlicher werden wir. Er weiß genau, wie er uns beruhigen kann und was er uns sagen muss. Im Lauf des Abends wird die Stimmung immer vertrauter, der Arrak trägt ein bisschen dazu bei, und schließlich teilt er uns mit: »Morgen um 23 Uhr geht es los.«

Auf ein Neues

Wenn du dich selbst herausforderst, kannst du nur gewinnen.
ARABISCHER SPRUCH

Heute ist der 24. November 2014. 16 Tage sind inzwischen vergangen, seit ich mein Zuhause verlassen habe. Von Fadi ist nichts zu hören. Ich schreibe ihm immer wieder über die neueste Entwicklung, aber er reagiert auf keine meiner Nachrichten. Er ist sicher beleidigt, weil ich ihn übergangen habe und meinen Weg ohne ihn gehe. Zum jetzigen Zeitpunkt ist aber etwas anderes wichtiger: die Überfahrt nach Griechenland. Darauf konzentriere ich mich.

Am Abend versammeln wir uns in meinem Zimmer. Josef und seine Frau Christine, Abu Abdo und sein Sohn, die zwei Brüder Emad und Khalil und ich. »Wir sind alle füreinander da, wir bleiben zusammen, egal was passiert!« Das versprechen wir einander.

In einer Gasse in Marmaris ist der Treffpunkt vereinbart. Dort holen uns zwei Autos ab. Wir fahren über Nebenstraßen, teilweise Schotterstraßen, ungefähr eineinhalb Stunden lang in die Dunkelheit. Schließlich bleiben die Autos stehen und wir müssen aussteigen. Tief unter uns rauscht das Meer. »Schnell, schnell, wir müssen sofort wieder wegfahren!«, weisen uns die Fahrer gestresst an. Jetzt heißt es, über die Felsen zum Wasser hinunterzuklettern. Eine schwierige Aufgabe, vor allem für die Frau und das Kind. Es gibt kein Licht, der Mond erhellt die Steine nur notdürftig.

Am Ufer sind einige Boote vertäut und heben und senken sich leise mit den Wellen. Der Mann aus Mardin, der Kapitän und sein Steuermann, zwei kleine, dünne türkische Männer, warten schon auf uns. Die drei erklären, dass wir noch auf eine andere Gruppe warten müssen, weitere sechs Menschen werden mit uns gemeinsam in einem Boot die Überfahrt machen. Wir sind darüber sehr erstaunt und überrascht, da das Jetboot nicht länger als fünf Meter zu sein scheint. Aber ich habe mich mit der Tatsache abgefunden, dass auch menschenfreundliche Schlepper ihre Pläne gerne ändern und mehr verdienen wollen. »Das wird sich schon ausgehen!«, ist der Mardiner zuversichtlich.

Wir dürfen schon aufs Jetboot und uns unsere Plätze aussuchen. Der Kapitän hebt die Plane hoch, die das Jetboot bedeckt, und wir klettern darunter. Da ist es wenigstens ein bisschen wärmer. Als wir sieben an Bord sind, scheint das Boot voll. Alle Plätze sind belegt. Wie sollen da noch sechs Personen zusätzlich hineinpassen? Wir ärgern uns nicht, weil andere Menschen gemeinsam mit uns die Überfahrt machen sollen, oder weil es sehr ungemütlich werden wird, sondern darüber, wie man mit uns umgeht. Wir werden wie Tiere zusammengepfercht. Vor allem wird es für alle gefährlicher, denn je mehr einsteigen, umso größer wird das Risiko. Die Menschen sind uns nicht egal, wir teilen ein gemeinsames Schicksal. Wir sitzen buchstäblich alle im selben Boot.

Es dauert nicht lange, da kommen die anderen an: sechs junge Männer aus Syrien. Sie sind etwas enttäuscht, dass wir schon im Boot sind und die guten Plätze besetzt haben. Sie müssen sich am Bug des Bootes auf kleine Sitze setzen, wo sie fast keinen Platz haben. Wir können kaum einige Worte wechseln, da geht es auch schon los. Der Mann aus Mardin ist auf einmal wie Batman verschwunden. Ganz langsam und möglichst leise beginnen der Kapitän und sein Steuermann, das Boot von der Küste wegzusteuern. Fast ohne ein Geräusch gleiten wir durch die Wellen. Wir müssen uns auf Anweisung unseres Kapitäns auf unseren Sitzen vorbeugen und ganz klein machen, damit wir möglichst nicht zu sehen sind. Der Hafen ist nur wenige hundert Meter entfernt, die Küste wird beobachtet. Durch ein Nachtsichtglas würde so nur der Kapitän zu sehen sein.

Als wir außer Sichtweite des Hafens sind, können wir uns endlich aus dieser unbequemen Sitzposition wieder lösen. Der Kapitän gibt plötzlich Vollgas, das Boot hebt sich mit dem Bug aus dem Wasser und wir sausen mit Höchstgeschwindigkeit los. Das Ding ist unglaublich schnell. Es fliegt scheinbar über die Wellen und landet immer wieder ganz kurz im Wasser, um dann wieder hochzufliegen. Wir halten einander fest und versuchen, im Boot zu bleiben und nicht durch den ständig wiederkehrenden Aufprall hinauszufallen. Und plötzlich geschieht es, etwas, das nicht geschehen dürfte, etwas, das normalerweise nur in Hollywoodfilmen für Spannung sorgt: Der Motor unseres Bootes wird plötzlich leiser, stottert, und das Boot bleibt schließlich ganz stehen. Aufgeregt sprechen der Kapitän und der Steuermann miteinander auf Türkisch. Wir verstehen natürlich kein Wort, und die Lage ist für uns völlig unklar. Mir fällt dazu nur ein passender arabischer Spruch ein: »Wenn die Situation schon beschissen ist, ist es ganz egal, wenn es auch noch Scheiße regnet.«

Die beiden Türken sind sehr aufgeregt. Wir müssen Platz machen, damit sie die Abdeckung des Motorraumes öffnen können. Dann leuchten sie mit ihren Lampen auf den Motor und greifen einmal da hin, einmal dort hin. Es macht nicht den Eindruck, dass sie sich gut damit auskennen. Sie werden immer nervöser. Kein Wunder, wenn die Küstenwache jetzt unser Boot aufgreifen würde, müssten sie mit etlichen Jahren Gefängnis rechnen. Sie versuchen einige Stunden lang, den Motor wieder in Gang zu bringen. Erfolglos. Schließlich rufen sie den Kontaktmann aus Mardin an und berichten von unserer prekären Lage.

Ich bin inzwischen aus einem unruhigen, kurzen Schlummer wieder aufgewacht. Unsere physische und psychische Erschöpfung ist so groß, dass viele von uns trotz dieser deprimierenden und besorgniserregenden Situation während der Stunden, in denen die Männer ratlos mit dem Motor beschäftigt sind, einfach eingeschlafen sind. Die Strömung treibt uns langsam nahe an die unbewohnte Insel Kizil Ada, eine bewaldete Felseninsel. Ein Berg im Meer. Wir sind jetzt nur mehr etwa dreißig Meter davon entfernt. Der Kapitän fordert uns Männer auf, ins Wasser zu springen und das Boot mit vereinten Kräften in eine winzige, nicht einsehbare Bucht zu ziehen. Endlich berühren wir den Grund unter unseren Füßen. »Schnell, an Land, hinauf auf den Berg, versteckt euch.« Für Urlauber wäre es eine romantische Insel gewesen, ein Abenteuerurlaub, ein Survival Trip. Für uns geht es ums nackte Überleben.

Der Kapitän bleibt als Einziger an Bord, der Steuermann hastet mit uns, so schnell es geht, den felsigen Berg hinauf. Ich bin von Kopf bis Fuß nass, und dementsprechend ist mir sehr kalt. Es ist kurz vor Sonnenaufgang, man sieht schon die rosa Dämmerung am Horizont, aber es ist noch dunkel, und wir dürfen kein Feuer machen, das hätte man von Marmaris aus sehen können. So setzen wir uns nass und durchfroren, wie wir sind, nahe aneinander, um uns wenigstens ein bisschen aneinander wärmen zu können. Als die Sonne aufgeht, dürfen wir dann doch ein kleines Feuer machen. Da kann ich endlich etwas von dem anwenden, was ich bei der Pfadfindergruppe als Kind gelernt habe: Feuer zu machen mit einfachsten Mitteln.

Nach einigen Stunden kommt der Kapitän zu uns herauf und unterbreitet uns den neuen Plan. Aus Marmaris werde ein weiteres Boot hierherkommen, mit diesem würde das defekte Boot zurückgeschleppt und repariert werden. Würde das heute noch passieren, ginge es gleich heute wieder weiter. Würde das Boot erst morgen fertig werden, blieben wir inzwischen hier auf der Insel. Auf jeden Fall würden wir in zwei Gruppen weiterfahren, da der Motor zu schwach sei für die Belastung durch so viele Menschen. Die Sache hätte nur einen Haken: »Einer von euch muss mit den beiden Booten zurückfahren. Wenn man auf euch aufmerksam wird und euch festnimmt, wird euch nichts passieren, ihr seid Flüchtlinge und werdet am selben Tag entlassen. Wir dagegen kommen ins Gefängnis.«

Josef will wissen, was dann mit dem zweiten Mann passiert, der mit dem zweiten Boot herkommt. »Der wird dann – ohne Aufsehen zu erregen – abgeholt und gemeinsam mit mir nach Marmaris gebracht, damit ich nach der Reparatur mit dem Boot und mit demjenigen von euch wieder hierher zur Insel fahren kann, um euch von hier abzuholen und nach Symi zu bringen.«

Stille. Gesenkte Köpfe. Niemand sagt ein Wort. Was hätten wir auch sagen sollen.

»Und? Wer fährt?« Der Kapitän blickt in die Runde.

Ich schaue auf. »Ich fahre die Boote – unter einer Bedingung.«

»Und die wäre?«

»Meine Gruppe und ich fahren dann als Erste weiter!«

Josef schüttelt den Kopf. »Lass uns als zweite Gruppe fahren, das ist sicherer. Da wissen wir schon, ob es so klappt.«

»Josef, ich will hier raus und werde keine Sekunde warten, bis neue Überraschungen auftauchen«, bleibe ich dabei.

Der Kapitän nickt zu meiner Bedingung: »Ja, von mir aus. Komm, dann gehen wir wieder zum Boot.«

Ich verabschiede mich von den anderen, und wir klettern zum Meer hinunter. Es dauert ungefähr eine halbe Stunde, bis das erwartete zweite Boot auftaucht. Das Boot kommt langsam näher. Ein alter Mann in einem alten Boot, das höchstens zehn Meilen in der Stunde fahren kann. Wir binden das kaputte Boot mit einem Seil an das »neue« alte Boot an, der Alte zeigt mir, wie ich es bedienen soll, es ist sehr einfach und primitiv. Ich setze mich ins Boot, starte und fahre los. Einen Augenblick ist es wie Urlaub. Die Sonne scheint von einem makellos blauen Himmel, die Insel wird kleiner und kleiner, die Küste kommt langsam immer näher. Ich versuche, mich zu entspannen und alles auf mich zukommen zu lassen. Schließlich lande ich genau dort, wo es mir die türkischen Schlepper beschrieben haben. Ich binde das Boot an einem Stein fest und gehe an Land. Niemand ist zu sehen. Ich warte. Schließlich kommen zwei Männer auf mich zu, es sind der Mann aus Mardin und ein Mann, der sich als der Mechaniker herausstellt. Er soll unser Boot reparieren.

»Schnell, komm, wir müssen hier weg.« Der Schlepper klettert mit mir den Hang hinauf, wir steigen in sein Auto und fahren weg. »Das war wirklich Pech mit eurem Boot, so etwas ist uns noch nie passiert«, erklärt er und zieht gierig an seiner Zigarette. Wir fahren einen Berg hinauf, er stellt den Motor ab, und wir unterhalten uns. Der Blick aufs Meer und auf die Inseln ist wunderschön. Für einen kurzen Moment lang fühlt es sich wieder wie Urlaub an.

»Was ist dein Ziel in Europa, wohin willst du?«, möchte er wissen.

»Ich weiß es nicht genau. Großbritannien oder Schweden, wohin der Wind mich treibt.«

»Wonach suchst du? Was willst du? Was erwartest du dir in Europa?«

»Ich möchte in irgendein Land, das nicht wie Syrien ist. Ich möchte in einem Land leben, in dem kein Krieg herrscht. Ich möchte mir nicht mehr ständig Sorgen um meine Existenz machen. Ich will einfach in Frieden und in Sicherheit leben, ohne Angst, ohne Bedrohungen, in einem Land, in dem ich als Mensch respektiert und geschätzt werde.«

»Du bist witzig. Glaubst du, dass das so einfach funktioniert? In Europa sehen sie Ausländer als Parasiten an«, lacht er kopfschüttelnd.

»Welche Menschen denken so?«

»Die Menschen in Europa.«

»Und woher weißt du das alles?«, frage ich ungläubig.

»Viele Türken leben und arbeiten in Europa. Wenn sie hier sind, erzählen sie oft, wie es ihnen dort geht und wie die Menschen dort über sie denken.«

Ich bin schockiert über seine Worte. Das ist sicher nur dummes Geschwätz! Er spricht weiter, aber ich höre ihm nicht mehr zu. Ich habe mir darüber nie Gedanken gemacht, wie ich als Syrer, als Flüchtling, aufgenommen werden würde. Ich habe gedacht, mit der Ankunft in dem fremden Land würde ich das Schlimmste hinter mir haben und wie alle anderen dort leben können. Ich schiebe diese beängstigenden Gedanken schnell wieder weg von mir. Es gibt so viel anderes, im Augenblick Wichtigeres zu denken, zu überlegen, zu organisieren, und außerdem, wer weiß, ob das auch alles genauso stimmt, wie er es erzählt. Wer weiß, ob ich es überhaupt nach Europa schaffe.

Da läutet sein Telefon. Der Mechaniker braucht ein Ersatzteil für den Motor, den er besorgen soll. »Wir müssen nach Marmaris fahren, in die Stadt. Hier bekomme ich das nicht.« Er startet den Motor, wir fahren nach Marmaris zu einem Geschäft für Autoersatzteile. Dort muss uns der Verkäufer mitteilen: »Das haben wir leider nicht lagernd. Wir müssen es besorgen. In drei Stunden könnt ihr es hier abholen.« Es ist inzwischen schon zwei Uhr, wir werden also das Ersatzteil erst am späten Nachmittag bekommen.

»Komm, wir gehen in der Zwischenzeit etwas essen«, schlägt er vor. Als wir im Restaurant am Tisch sitzen und der Kellner das Essen serviert, läutet mein Telefon. Es ist Josef. »Wie schaut es aus? Kommt ihr bald? Wir sind alle sehr hungrig. Bitte kommt so bald wie möglich und bringt etwas zu essen mit!« Wie könnte ich hier im Restaurant meinen Hunger stillen in dem Wissen, dass meine Kameraden auf der lebensfeindlichen Insel sitzen und hungern? Ich erzähle dem Mardiner von dem Telefongespräch. »Ich habe keinen Appetit mehr. Du kannst aber essen. Ich warte inzwischen draußen«, erkläre ich und stehe auf. Er schaut mich mit großen Augen an. »Deine Worte haben mich berührt. Ich werde auch nichts essen. Komm, lass uns gehen, du sollst keine bessere Moral als ein Mardiner haben.«

Wir treffen uns mit dem Mechaniker wieder in seiner Werkstatt. Dort kann ich mein Handy aufladen und mich damit ins Internet einloggen. Endlich kann ich wieder mit meinen Eltern, mit

Sarah und mit meinen Freunden Kontakt aufnehmen. Sie waren alle in großer Sorge, da sie schon lange nichts mehr von mir gehört haben. Alle schreiben fast die gleichen Fragen, als ob sie sich das untereinander ausgemacht hätten. »Wo bist du?«, »Schick uns ein Foto von dir!«, »Wann ist die Überfahrt nach Griechenland?« Nur meine Mutter fragt etwas anderes: »Was hast du heute gegessen?« und »Funktioniert die Heizung in deinem Zimmer?« Meine Mutter erzählt mir, dass inzwischen die Polizei ins Haus gekommen ist, um mich abzuholen. Sie ist erleichtert und froh, dass ich nicht mehr da bin und sie mich nicht mitnehmen konnten.

Am Nachmittag kommt, wie angekündigt, das Ersatzteil im Geschäft in Marmaris an. Wir holen es ab und fahren zur Werkstatt zurück. Der Mechaniker fängt gleich am Jetboot zu arbeiten an. Mein Handy läutet. Es ist wieder Josef, der schon einige Male angerufen hat. Die Gruppe auf der Insel ist schon am Verzweifeln. Es ist inzwischen dunkel geworden, sie frieren erbärmlich, haben Hunger und Angst und wissen nicht, wie es weitergehen soll. Am liebsten würden sie alles abbrechen. Ich fühle mich für die anderen verantwortlich und dränge deshalb den Schlepper: »Der Mechaniker muss sich beeilen, er soll schnell machen! Das Boot muss so schnell wie möglich wieder fahrbereit sein!« Wir kaufen inzwischen Lebensmittel und Getränke und holen den Kapitän von zu Hause ab. Endlich ist es so weit, die Reparatur ist erledigt und das Jetboot fertig.

Es geht wieder aufs Boot, der Kapitän und ich legen ab, alleine in die Finsternis. Wieder fahren wir ganz langsam, möglichst ohne ein Geräusch zu machen, solange wir in Sichtweite der Wachposten sind. Aber etwas ist anders. Das Meer ist heute sehr unruhig, die Wellen sind hoch, und als der Kapitän wieder beschleunigt und schnell fährt, merkt man das stark. Das Boot hebt sich bei jedem Wellenkamm hoch empor und fällt dann wieder mit einem heftigen Klatschen ins nächste Wellental. Der Kapitän ist beunruhigt. Er versucht, den Wellen so gut es geht auszuweichen. Erfolglos.

»Ich glaube, das wird heute Nacht nichts mehr. Wir holen die Leute von der Insel herunter und fahren zurück. Das wird einfach viel zu gefährlich«, schüttelt er den Kopf. Ich bin tief enttäuscht. Ich kann es einfach nicht glauben, dass es schon wieder schiefgeht. Ich will nicht aufgeben, ich möchte weiter. Ich kann keine zusätzliche

Nacht mehr in der Türkei bleiben. Ich versuche, den Kapitän zu provozieren, appelliere abwechselnd an seinen Stolz, und zweifle dann wieder seine Fähigkeiten an: »Es ist doch gar nicht so schlimm. Hast du Angst? Du wirst doch deinen Chef nicht im Stich lassen. Wir können auch deinen Kollegen fragen, ob er die Fahrt übernehmen kann, und du kannst in der Zwischenzeit auf der Insel warten!«

»Wir werden sehen. Sag den anderen, sie sollen herunterkommen. Wir sind gleich da.« Es ist für die Gruppe außerordentlich schwierig, in der nächtlichen Finsternis vom Berg herunterzusteigen und über die Steine zu klettern. Schließlich sind alle – glücklicherweise weitgehend unverletzt – am Strand angekommen. Sie stürzen sich wie Verhungernde auf das mitgebrachte Essen und trinken in tiefen Zügen.

Mitternacht. Wir sind fahrbereit. Der Kapitän muss sich entscheiden. In welche Richtung geht es? Ich nehme ihn etwas zur Seite und flüstere in sein Ohr: »Es schaut mittlerweile besser aus. Sollen wir es versuchen?«

»Ja, wir können es probieren. Bring deine Gruppe ins Boot.«

Aus heutiger Sicht war mein Insistieren sehr riskant. Ich brachte mich und die anderen damit in Lebensgefahr. Ich dachte in diesem Augenblick nur an mich. Ich war ungeduldig damals. Ich wollte unbedingt los. Das Ego des Menschen, der unbedingte Wille etwas zu überstehen, taucht immer wieder in solchen Situationen auf, in denen es um das nackte Überleben geht. Man ist dann nur mehr für sich selbst und sein eigenes Tun verantwortlich, ohne Rücksicht auf jemand anderen.

Unsere Gruppe steigt ins Boot, und wir legen ab. Die Zurückgebliebenen schauen uns sehnsuchtsvoll nach, sie sollen später ebenfalls vom Kapitän abgeholt werden. Bald nach dem Ablegen merken sie die hohen Wellen wieder stärker. Das Boot hebt sich mit jeder Welle beängstigend hoch und klatscht jedes Mal mit voller Wucht zurück ins Wasser. Es spritzt heftig, und wir werden völlig durchnässt. Und dann tauchen die Lichter von Symi vor uns auf. Endlich!

Plötzlich ein Boot mit einem Suchscheinwerfer. Küstenwache. Ist es die griechische oder die türkische? Der Kapitän reißt das Steuer herum und fährt zurück in Richtung unserer Insel. Dann taucht das Boot plötzlich auf der anderen Seite auf. Wieder die Richtung wechseln. Das Licht erlischt. Wir nehmen erneut Kurs auf Symi. Da ist der Suchscheinwerfer wieder, und unser Kapitän steuert auf die andere Seite. Das Boot der Küstenwache spielt mit uns drei Stunden lang Katz und Maus. Ich nicke irgendwann vor lauter Erschöpfung ein und bekomme von dieser Jagd nichts mehr mit. Kurz vor Symi weckt mich Josef auf. »Wir haben es geschafft, wir sind in den griechischen Hoheitsgewässern, gleich landen wir auf Symi. Wir müssen dann ganz schnell aussteigen!«

Das Boot schwankt unmittelbar neben den Felsen, schlaftrunken, wie ich bin, greife ich nach meinem Rucksack und klettere aus dem Boot. Wir helfen einander von Stein zu Stein zu steigen, und in kürzester Zeit ist das Boot leer und legt bereits wieder ab. Wir sind auf griechischem Boden! Endlich! Es ist noch immer stockdunkel. Wir müssen ein Feuer anzünden.

»Ich brauche jetzt ein Bier!«, sagt Josef und legt sich hin. Während die anderen sich um das Feuer bemühen, schalte ich mein Handy ein. Über GPS möchte ich mich vergewissern, dass wir auf Symi gelandet sind. Ein Schock! Wir sind zwar in Griechenland, aber auf einer winzigen, nahezu unbewohnten Insel direkt neben Symi, auf Nimos.

Griechenland

Menschen werden einsamer, weil sie Mauern statt Brücken bauen.

ARABISCHER SPRUCH

Ich war immer schon fasziniert von Griechenland. Diese Geschichte! Wir haben dem Erbe des Alten Griechenlands viel zu verdanken. Ohne die Innovationen der Griechen in Disziplinen wie Politik, Medizin, Philosophie und vielem mehr würden Europa und die ganze Welt anders aussehen. Ich glaube aber, der Grund meiner Sympathie für die Griechen kommt daher, dass sie aussehen wie wir und fast dieselbe Mentalität haben. Oder vielleicht daher, dass mir der griechische Schafskäse so gut schmeckt.

Ein Schaf ist das erste Lebewesen, das wir auf dieser Insel treffen. Dabei erschreckt es uns fast zu Tode. Wir sitzen um das Feuer, um uns ein bisschen aufzuwärmen, da läutet eine Glocke hinter uns. Als wir uns umdrehen, sehen wir auf dem Hügel im Mondlicht den Schatten eines Monsters. Da läutet es noch einmal, und das Monster bewegt sich einen Schritt zur Seite – und wird zum Schaf. Befreites Lachen. Nur ein Schaf. Ich schreibe eine Nachricht an meine Eltern, an Sarah und an Fadi, dass ich in Griechenland angekommen bin.

Wir sitzen alle um das Feuer, und obwohl die Steine nicht gemütlich sind, schlafen wir alle ein. Meine Jacke wird leicht angesengt, weil ich mich so nah an die Glut gelegt habe. Es wird ein wenig heller, ich wache auf und kann ein fantastisches Farbenspiel beobachten: Der Himmel wechselt langsam von Schwarz zu Violett, Rot, Rosa, Gelb und Hellblau – und schließlich geht die Sonne auf. Von diesem Moment muss ich ein Foto machen. Ich muss diese Situation festhalten – für ewig.

Auf dem Handy suche ich die Insel und entdecke, dass einige wenige Gebäude an einer kleinen Bucht im Süden der Insel liegen, genau auf der unserem Lagerplatz entgegengesetzten Seite. Ich schlage den anderen vor: »Wir gehen dorthin, sobald wir uns ein bisschen erholt haben und wieder zu Kräften gekommen sind. Wir müssen über den Berg, wir werden ein paar Stunden unterwegs sein.«

Gegen neun Uhr ist es dann so weit, wir gehen los, starten unsere Wanderung, zuerst den Berg hinauf, zwischen niedrigen Bäumen hindurch, auf der anderen Seite wieder hinunter. Wir müssen abwechselnd Abu Abdos Kind tragen, das Tempo ist ihm zu schnell, und es kann nicht mehr mithalten. Immer wieder liegen alte und zerrissene Schwimmwesten da, es sind also auch andere diesen Weg gegangen und nicht direkt auf Symi gelandet, sondern auf Nimos. Wir machen eine kurze Pause, Josef und ich hängen unsere Schwimmwesten wie Laternen an einen Baum. Wir halten kurz inne, um unser Kunstwerk zu würdigen.

Von oben können wir schon die Gebäude am Strand und in hundert Metern Entfernung die Insel Symi sehen. Ein wunderschöner Ausblick. Der beste Urlaubsort, den ich jemals gesehen habe. Im Nachhinein bedaure ich, nicht ein paar Tage dort geblieben zu sein. Es kostete sehr viel Geld, dorthin zu kommen, aber ich war nicht in der Verfassung, dort bleiben zu wollen, am Strand zu liegen und Stress abzubauen. Aber einmal möchte ich dorthin zurückkehren.

Nun geht es bergab. Wir suchen uns einen Weg durch das Geröll, wir klettern den steilen Hang hinunter. Es ist viel mühsamer und zeitaufwendiger, als wir gedacht haben. Schuhe gehen kaputt, sie zerreißen unter der großen Belastung. Vorsichtig und voller Skepsis nähern wir uns schließlich den Gebäuden. Wir wissen nicht, wer und was uns dort erwarten wird. Sind sie bewohnt? Sind sie leer? Werden gleich Menschen herauslaufen, und wie werden sie reagieren?

Das erste Gebäude entpuppt sich als Ziegenstall. Dahinter ist ein kleines Haus, und als wir näherkommen, bemerken wir einen älteren Mann mit einem großen Cowboyhut auf einer Liege. Er scheint weder überrascht noch beunruhigt, uns zu sehen. Er hebt die Hand und winkt uns zu. »Hello! The police are on their way. I called them.« Er zeigt uns den Wasserhahn. Durstig trinken wir. Da bemerkt er in unserer Gruppe das Kind. Sofort steht er von seiner Liege auf, geht ins Haus und kommt mit einem Schokoladeriegel für den Buben wieder heraus. Ich schaue den alten Mann mit großen, glänzenden Augen an, vielleicht bekomme ich auch einen. Aber leider wirken meine Blicke auf ihn nicht wie gewünscht. Wir setzen uns in den Schatten und warten auf die angekündigten Polizeibeamten. Die Erschöpfung ist sehr groß, und ich schlafe wieder ein. Ich kann mich nicht dagegen wehren.

Nach zwei Stunden kommt der alte Mann auf uns zu. »Die Polizei kommt nicht, sie haben gerade kein Boot zur Verfügung. Ich fahre euch hinüber auf Symi.« Mit seinem kleinen, alten und sehr einfachen Boot setzt uns der Ziegenhirte auf die größere Insel über. Dort wartet niemand auf uns. Wir müssen uns zur Polizeistation durchfragen. Die beiden Polizisten scheinen gar nicht begeistert zu sein, als wir den Raum im ersten Stock betreten. Sie haben keine Lust, mit uns zu sprechen, wollen uns nicht einmal danach befragen, wie wir hierhergekommen sind. Sie verlangen unsere Ausweise und schicken uns auf den Balkon hinaus. »Draußen gibt es Schlafsäcke, nehmt euch welche und ruht euch aus. Wir haben für heute Feierabend, und es wird nichts mehr weiter gemacht.«

Auf dem Balkon sind die Wände voll mit arabischen Schriftzeichen. Es sind die Namen derjenigen, die hier angekommen sind, samt den Daten ihrer Ankunft. Es gibt eine kleine Gefängniszelle, aber die ist schon von einem alten Paar um die sechzig belegt. Ihr Sohn kommt, um seine Eltern zu besuchen. Er spricht uns zu unserer Überraschung auf Arabisch an und erzählt uns die Geschichte seiner Eltern: »Ich selbst lebe schon lange in Schweden, bin auch schwedischer Staatsbürger. Meine alten Eltern haben das Leben in Syrien nicht mehr ertragen und brauchen medizinische Behandlung. Ich wollte sie legal nach Schweden bringen, aber es hat nicht funktioniert, deshalb haben wir uns für den illegalen Weg entschieden. Von Marmaris auf die Insel Symi war es ganz einfach. Sie sind mit einem Touristenboot ganz normal hergefahren. Hier allerdings hat es eine Kontrolle gegeben und sie sind zur Polizeistelle gebracht worden. Jetzt muss ich genauso wie ihr darauf warten, dass sie die Papiere für die weitere Flucht bekommen, ohne andauernd verhaftet zu werden.«

Zum Glück gibt es auf der Polizeistation einen kleinen Kiosk, wo wir uns eine Kleinigkeit zu essen kaufen können. Wir haben schon länger nichts mehr gehabt und sind dementsprechend hungrig. Als es Abend wird, lege ich mich im Schlafsack direkt auf den Boden und schlafe auf der Stelle ein. Meine Erschöpfung ist so groß, dass ich 15 Stunden durchschlafe. Ich registriere nicht einmal, dass einer der Polizeibeamten in der Nacht zu mir kommt, mich aufweckt und mich einen Zettel unterschreiben lässt. Das erzählen mir die anderen, und ich kann es kaum glauben. Aber es war wirklich so.

Am nächsten Tag werden wir von den Polizisten kurz befragt. Sie nehmen unsere Fingerabdrücke, und schließlich bekommen wir das Papier, das uns als Flüchtlinge ausweist und uns ermöglicht, uns innerhalb des Landes frei zu bewegen. Auch das ältere Paar wird gemeinsam mit uns entlassen. Wir gehen also alle zum Hafen, um ein Ticket für die Fähre nach Athen zu buchen. Das geht aber nicht so einfach, da es keine direkte Verbindung von Symi nach Athen gibt. Wir müssen zuerst mit einem kleinen Schiff nach Rhodos, und erst am nächsten Tag können wir dann von Rhodos nach Athen fahren.

Der Zwischenstopp auf Rhodos ist aber für alle sehr angenehm, da für diese kurze Zeit zumindest etwas von dem Druck abfällt. Wir können dort günstig in einem kleinen Hotel übernachten. Und – wir essen in einem Restaurant zu Abend. Nach all den Strapazen, Aufregungen, Schwierigkeiten und Hindernissen ist das für uns etwas ganz Besonderes. Wieder ein Stück Zivilisation! Wieder ein Stück Normalität. Ich trinke mit Josef das versprochene Siegesbier.

Am nächsten Vormittag gehen wir zu Fuß durch die Stadt zum Hafen. Dort liegt die Fähre am Kai, die uns nach Athen – eigentlich nach Piräus – bringen soll. Bald gehen alle Passagiere an Bord. Es sind lauter Urlauber, die die Altertümer Athens besichtigen wollen. Ich informiere Fadi inzwischen über meine geplante Ankunft in Athen. Er nennt mir eine Adresse in Amonia, einem Athener Bezirk. Dort soll ich einen Kontaktmann treffen, der mir eine Unterkunft besorgen wird. In Amonia leben viele Ausländer, man kann dort sehr billig wohnen.

Nach 14 Stunden Überfahrt kommen wir um sechs Uhr früh an. Da auch die anderen nach Amonia wollen, fahren wir gemeinsam mit der Metro dorthin. Ich beobachte, dass nahezu alle Griechen Plastikbecher in ihrer Hand tragen, drinnen ist Kaffee mit Eiswürfeln. Der junge Mann, der mir gegenübersitzt, erklärt mir auf meine Frage hin, was das genau sei: »Das ist Frappé. Das ist typisch Griechisch.«

Angekommen in Amonia, rufe ich den Kontaktmann an. Er will gleich kommen, um mich abzuholen. Josef und die anderen müssen noch weiterfahren, also verabschieden wir uns voneinander. Wir wollen einander jedoch am Abend in dem Kafenio hier an der Ecke treffen. Ich habe noch dieses Frappé im Kopf und will es unbedingt probieren. Ich warte eine Zeit lang am vereinbarten Treffpunkt, bis mein Telefon läutet. »Ich bin da, ich sitze auf dem großen Motorrad, ich warte hier an der Ecke.« An der Ecke steht tatsächlich ein Motorrad, und drauf sitzt ein Mann mit Lederkombi und Helm. Meine Kontaktperson. »Steig auf!« Wir fahren mit Vollgas los.

Nach kurzer Fahrt erreichen wir einen Wohnblock, neben dem er das Motorrad parkt. Wir betreten das Wohnhaus, gehen in den vierten Stock hinauf, einen langen Gang entlang und in eine der Wohnungen hinein. Die Wohnung ist kaum eingerichtet. In einem Raum stehen drei einzelne Betten, sonst ist sie leer.

»Diese Wohnung habe ich neu gemietet, um bei Bedarf Flüchtlinge hier einzuquartieren. Du bist der Erste, der hier wohnt. Demnächst werden noch andere hier einziehen. Gib mir 250 Euro für einen Monat Miete«, verlangt er.

»Wieso für einen Monat? Ich bleibe vielleicht nur einige Tage in Athen.«

»Wer weiß, vielleicht bleibst du auch länger als einen Monat hier. Außerdem weiß Fadi Bescheid, dass ich nur monateweise vermiete!«

Diese Aussage ist nicht unbedingt beruhigend. Meine Frage, was denn nun der nächste Schritt sei, kann er nicht beantworten. »Das weiß ich nicht, dafür bin ich nicht zuständig. Das musst du mit Fadi besprechen.« Das ist auch schon alles an Konversation. Er nimmt das Geld und geht.

Ich mache nun genau das, was mir der Kontaktmann geraten hat, und schreibe Fadi eine Nachricht mit der Frage, wie es denn nun weitergehen soll. Seine Antwort kommt schnell und scharf, er ist sehr verärgert über meinen Alleingang bei der Überfahrt. »Du bist jetzt in meinem Revier, und du wirst jetzt das tun, was ich dir sage. Und nur das. Sonst kommst du keinen Schritt weiter. Morgen gehst du zu einem Fotografen und lässt ein Passfoto machen. Sobald du das in Händen hältst, meldest du dich bei mir, dann bekommst du neue Anweisungen.« Ich werde falsche Papiere bekommen, mit denen ich vom Flughafen von Athen ausreisen soll. So ist der Plan.

Obwohl die Wohnung weder gemütlich noch sauber ist, will ich mich hinlegen und einmal darüber nachdenken, was in den letzten Tagen alles geschehen ist, und darüber, dass ich nun wirklich in Athen angekommen bin. Ich schlafe ein und träume wie in den letzten Tagen immer wieder von zu Hause. Und genau wie in den letzten Tagen auch bin ich so sehr in meinem Traum gefangen, dass ich beim Erwachen zunächst nicht weiß, wo ich bin.

Diese Phase der tiefen Träume von zu Hause und der momentanen Desorientiertheit beim Erwachen dauerte lange, sehr lange. Anscheinend kam mein Gehirn mit der Geschwindigkeit, mit der sich mein Leben so grundlegend und radikal verändert hatte, nicht nach. Es war fast immer derselbe Albtraum: Die Geheimdienstler dringen zu Hause ein, nehmen mich fest und bringen mich zum Militär.

Inzwischen ist es dunkel geworden. Ich rufe Josef an, um unser vereinbartes Treffen im Kafenio zu bestätigen. Ich bin sehr gespannt, welche nächsten Schritte die anderen geplant haben. Unterwegs hatten wir keine Zeit, das zu besprechen, wir waren so sehr auf unser Ziel, auf Athen, konzentriert. Im Kafenio bestelle ich mir mein erstes Frappé. Ich bin von diesem Getränk fasziniert. Es schmeckt so gut, dass ich beschließe, während meiner Zeit in Athen jeden Tag mit einem solchen Frappé zu beginnen. Josef, seine Frau, die beiden Brüder und ich setzen uns an einen Tisch und reden stundenlang. Abu Abdo und sein Sohn sind nicht mehr dabei. Unsere Wege haben sich hier in Athen getrennt. Ich werde die beiden wohl nie mehr wiedersehen. Hoffentlich sind auch sie dort angekommen, wohin sie sich gesehnt haben. Unterwegs war meine Erinnerung so selektiv, dass ich Kleinigkeiten wahrnehmen konnte, an den Namen des Kindes kann ich mich jedoch nicht mehr erinnern.

Die beiden Brüder, Emad und Khalil, wollen keinen Augenblick länger als unbedingt nötig hier bleiben. Sie möchten sich schon übermorgen zu Fuß auf den Weg durch Mazedonien und Serbien machen. Ihnen scheint die Dezemberkälte egal zu sein. Sie haben vor, sich ordentliche Winterausrüstung zu besorgen und mit einem guten Schlepper die Strecke zurückzulegen.

Josef und seine Frau wollen wie ich mit dem Flugzeug weiterreisen. Allerdings haben sie vor, alles selbst in die Hand zu nehmen. Sie wollen auf dem Schwarzmarkt Papiere organisieren und Flugtickets kaufen. Ohne Schlepper. Das klingt alles sehr schwierig, wenn man jedoch einmal durch Achamon, ein Viertel in Athen, geht, erlebt man, wie locker und einfach das ist. Dort ist ein Kafenio neben dem anderen, und in jedem sitzen Männer, die einem falsche Papiere besorgen können. So hätte ich es auch machen können, aber ich war an Fadi gebunden. Das hatte er mir ja unmissverständlich gesagt.

Es war alles sehr verwirrend. Es gab so viele Möglichkeiten, Griechenland zu verlassen. Welche die richtige, die beste war, konnte ich damals nicht wissen. Ich hatte auch keine Zeit dazu, mich eingehender zu erkundigen. Alles musste so schnell gehen.

Nachdem wir viel und lange miteinander gesprochen haben, verabschiede ich mich von den anderen. Den beiden Brüdern wünsche ich alles Gute für ihre Weiterreise. »Schreibt mir bitte jedes Mal eine Nachricht, wenn ihr irgendwo angekommen seid. Ich möchte wissen, wie es euch ergangen ist und was passiert ist. Ich möchte das unbedingt wissen«, bitte ich sie. Wir umarmen einander zum Abschied.

Ich will einen langen Spaziergang durch die Stadt machen, die Stadt ein bisschen kennenlernen. Ich habe so viel Frappé im Blut, dass ich gar nicht schlafen könnte. Mein Handy hilft mir mit dem Navigationssystem, die Innenstadt zu finden. Ich gehe eineinhalb Stunden, bis ich den Syntagma-Platz erreiche. Ich fühle mich wohl in Athen. Irgendwie erinnert es mich an Damaskus. Es ist nicht nur das Wetter, sondern es gibt auch viele andere Gemeinsamkeiten. Die Stadt scheint mir vertraut zu sein.

Ich sitze auf der großen Treppe am Syntagma-Platz und beobachte die vielen Menschen , die an mir vorbeigehen. Ich atme tief ein und versuche beim Ausatmen das Chaos in mir loszuwerden. Ich sehne mich stark nach Minuten der Stille aber ich merke wie unmöglich das gerade zu erreichen ist. Mir wird bewusst, dass die Welt nicht stehen geblieben ist, um den Krieg in Syrien zu verfolgen, auch dann nicht, wenn es dort ständig laut kracht und viele Menschen an einem Tag sterben. Das Geschehen ist zu weit weg, als dass man den Kriegslärm hören könnte. Auch ich selbst bin nicht der Mittelpunkt der Erde. Jeder Mensch befindet sich wie ich in einem Kampf mit seinem Leben, seinen Gedanken, seinen Träumen. Die Welt dreht sich weiter, egal, was einem Einzelnen geschieht, auch wenn es noch so tragisch ist und eine noch so große Katastrophe. Für die anderen, die nicht betroffen sind, ist alles normal, alles ist wie immer, das Leben läuft weiter. Die Menschen gehen. Keiner bleibt bei dir stehen, egal, wie schlimm deine Geschichte ist. Im Laufe der Menschheitsgeschichte gab es Menschen mit größerem Leid, aber das Rad des Lebens ist nie stehen geblieben. Daher bin ich entschlossen aus meiner jetzigen Situation das Beste zu machen und nie aufzugeben.

Irgendwann ist es zu spät, um weiter den Sokrates zu spielen. Trotz aller philosophischen Gedanken muss ich wieder nach Hause. Aber um wieder zu Fuß den weiten Weg zu gehen, habe ich nicht mehr genug Frappé im Blut, daher gehe ich zur nächsten Metrostation und versuche herauszufinden, mit welcher Metro und bis zu welcher Station ich fahren muss.

Inzwischen ist es schon fast Mitternacht, die Metro ist ziemlich leer. Mir gegenüber sitzt eine typisch griechisch aussehende Frau. Helle Haut, dunkle Haare. Auf der anderen Seite ist ein Mann mit übereinandergeschlagenen Beinen, der mich die ganze Fahrt hindurch mustert. Dann steht er auf und verlangt meinen Fahrschein: ein Kontrolleur. Leider habe ich keinen, denn an einen Fahrschein habe ich vor lauter Philosophieren keinen Augenblick gedacht.

»Ich bin fremd in der Stadt, ich kenne mich nicht aus.« Ich versuche, ihm auf Englisch meine Situation zu erklären. Er versteht kein Wort Englisch. Die Frau von gegenüber mischt sich ein und übersetzt meine Worte.

»Woher kommst du?«

»Aus Syrien.«

Daraufhin redet sie auf den Kontrolleur auf Griechisch ein und erreicht tatsächlich, dass er die Strafe für mein Schwarzfahren um die Hälfte reduziert und ich nur zwanzig Euro bezahlen muss. Elena ist mein vierter Schutzengel auf meiner Reise. Sie ist aus Kreta und studiert in Athen Politikwissenschaft. Sie fährt nur ausnahmsweise zu so später Stunde mit der Metro, weil sie noch mit Freunden gelernt hat. Wir unterhalten uns fließend. Sie zeigt Mitgefühl für meine jetzige Situation und für die Lage in Syrien. Ich erzähle ihr von meiner Flucht über das Meer, von Symi und von Rhodos. Ich vertraue ihr. Sie gibt mir ganz offen ihre Telefonnummer, ich gebe ihr meine, und sie bittet mich, sie anzurufen, wenn ich irgendetwas bräuchte. Da fällt mir das Passfoto ein, das ich noch machen lassen muss. »Kennst du einen Fotografen? Wohin soll ich gehen?«

»Meine Cousine ist Fotografin, sie hat ein Fotostudio. Ich nehme dich mit zu ihr. Morgen nach der Uni rufe ich dich an.« In diesem Moment muss ich aussteigen.

Landsleute im Exil

Der einzige Weg, einen Freund zu haben, ist der, selbst einer zu sein.

RALPH WALDO EMERSON

Mit Sarah telefoniere ich regelmäßig. Ich fühle aber an ihrer Stimme, dass sie so gebrochen ist wie eine Vase aus dünnem Glas, die einen Sprung bekommen hat und droht, jeden Moment ganz auseinanderzubrechen. Ich stelle leider fest, dass sie zunehmend depressiv wird. Sie weint auch am Telefon sehr viel, hat Gewicht verloren und zieht sich immer mehr aus der Gesellschaft zurück. Ich kann ihr nicht helfen, ich bin weit weg. Ich bitte sie, mit ihren Freunden etwas zu unternehmen und wieder Freude am Leben zu suchen. Bis wir wieder zusammenkommen können, wird es eine lange Zeit dauern. Ich habe zu diesem Zeitpunkt nicht wirklich viel Zeit, um zu trauern und die Entfernung bewusst wahrzunehmen, sie jedoch schon.

Es gibt im Leben für nichts eine Garantie. Ein Spruch auf Arabisch lautet: »Wenn man die Zukunft voraussehen könnte, wäre man froh über die Gegenwart.« Wenn man diese Gabe besäße, verlöre man viel an Leidenschaft und Interessen, denn vieles, womit wir uns heute beschäftigen, begeistert uns in der Zukunft nicht mehr. Vor allem was Gefühle betrifft, denn Gefühle sind vorübergehend. Vielleicht ist es doch gut, nicht in die Zukunft sehen zu können, sonst wäre die Gegenwart nicht mehr spannend, und manches wäre sogar sinnlos.

So viele Gedanken in der ersten Nacht in der Athener Wohnung nach dem langen Telefonat mit Sarah. Wieder finde ich keinen Schlaf. Schlaflose Nächte sind normal für mich geworden. Den zweiten Tag beginne ich mit einem Frappé auf dem Balkon und mit dem Füttern der Tauben, die ohne jegliche Scheu auf dem Balkongeländer landen und mir beim Kaffeetrinken zusehen. Währenddessen chatte ich mit

112

Elena. Wir vereinbaren ein Treffen um 14 Uhr nach ihren Vorlesungen. Sie schreibt mir die Adresse der Fotografin, ihrer Cousine, vor deren Geschäft wir einander dann treffen.

Ohne Elenas Hilfe wäre es nicht möglich gewesen, ein Passfoto zu bekommen. Man muss nämlich eine Bestätigung von der Behörde vorlegen, ohne die kein Fotograf Passfotos machen darf, da es so viele Fälschungen von Dokumenten gibt. Die Fotografin drückt wegen ihrer Cousine beide Augen zu und fotografiert mich ohne amtliche Genehmigung.

Elena will mir danach die Stadt aus Sicht der Einheimischen zeigen. So spazieren wir durch die Straßen und Gassen Athens. Wir steigen einen Hügel hinauf. Von dort bietet sich mir ein faszinierender Anblick. Auf der einen Seite liegt uns die riesige Stadt zu Füßen, auf der anderen thront majestätisch die Akropolis. Meine Begeisterung steigert sich, je mehr ich von Athen sehe.

Elena stellt mir dauernd Fragen. »Warum bist du geflohen? Wie ist die Lage in Syrien? Wie ist es dir ergangen auf deinem Weg bis hierher?« Sie will alles wissen. Wir unterhalten uns stundenlang. Bis es dunkel wird. Ich erzähle ihr vieles. Nur die Geschichte mit dem toten Baby erwähne ich nicht. Es geschieht nicht bewusst, sondern ganz automatisch, dass man solche traumatischen Erinnerungen nicht ins Bewusstsein dringen lässt. Plötzlich läutet mein Telefon. Es ist der Mann, der mich zur Wohnung gebracht hat. »Die neuen Mitbewohner sind angekommen, wir haben nur einen Schlüssel für die Wohnung, und den hast du.« Dieser Anruf beendet mein Beisammensein mit Elena. Ich verabschiede mich von ihr und fahre zur Wohnung zurück.

Auf den Stufen vor der Wohnung sitzen drei Männer. Ihr Anblick ist schlimm. Ihre Kleidung ist verdreckt und zerrissen, sie selbst sehen völlig erschöpft aus. Sie sind übermüdet, am Ende. Einer von ihnen will aufstehen, um auf mich zuzugehen, und sinkt gleich wieder zusammen, er kann sich nicht lange auf den Beinen halten. Ich will ihm helfen aufzustehen und zu gehen, er schwankt und hinkt. Ich fühle großes Mitleid mit ihm. Auch behinderte Menschen müssen diesen Weg auf sich nehmen. Der andere der Männer hat einen Kapuzenpullover an, die Kapuze hat er weit ins Gesicht gezogen. Ich helfe ihm mit seinem Rucksack. Keine Reaktion seinerseits.

Der dritte Mann ist noch sehr jung, laut und kritisiert einfach alles: »Die Wohnung ist zu klein, schmutzig und hat auch keinen Lift.« Großartig! Mit diesen drei Männern muss ich also in nächster Zeit die Wohnung teilen. Andererseits bin ich doch auch froh, wieder Landsleute in der Nähe zu haben, Menschen, die dasselbe Schicksal mit mir teilen. Denn geteiltes Leid ist halbes Leid.

Der Flüchtlingsimmobilienmakler ist gleich wieder weg, nachdem wir in der Wohnung sind und er sein Geld kassiert hat. Wir besprechen gemeinsam die Einteilung der Betten, dann duschen wir, einer nach dem anderen. Währenddessen schimpfen die drei ständig über die mazedonische Polizei. Auch wenn unsere erste Begegnung nicht sehr angenehm verläuft, will ich doch bei einer positiven Einstellung ihnen gegenüber bleiben. Also gehe ich in die Küche und koche für alle Reis und Gemüse. Beim gemeinsamen Essen – und sie essen wie Verhungernde – unterhalten wir uns zunächst über Belangloses. Ich erfahre, dass sie alle nach Deutschland wollen. Schließlich kommt Amar, der Mann, der kaum gehen kann, zur Sache und fragt: »Weißt du, wohin man gehen kann, wenn man Schmerzen in den Beinen hat?«

»Ich bin selbst erst seit zwei Tagen da. Ich könnte aber eine Freundin fragen. Aber weswegen genau? Was ist los?«

Amar erzählt mir dann seine Geschichte. »Wir sind seit einem Monat in Athen. Vor zehn Tagen ist unsere Gruppe gemeinsam mit einem Schlepper aufgebrochen, um zu Fuß nach Deutschland zu gehen. Nach neun Tagen hatten wir fast ganz Mazedonien durchquert. Wir sind die Eisenbahnstrecke entlanggegangen. Die Nächte haben wir in leeren verlassenen Häusern verbracht, die dem Schlepper bekannt waren, oder wir haben im Wald gezeltet. Wir waren schon fast an der serbischen Grenze. In Lojane sind wir von der Polizei erwischt und wieder nach Griechenland zurückgebracht worden. Wir sind dann mit dem Bus zurück nach Athen gefahren. Meine Beine schmerzen so sehr, ich kann nicht gehen. Du hast es ja selbst gesehen.«

»Also, du kannst sonst schon normal gehen?«

»Sicher, Mann! Ich habe keinen Geburtsfehler.«

Den Kapuzenmann, Kito, frage ich auch nach seinem Befinden: »Und du, hast du auch Schmerzen?«

»Mir ist alles egal«, antwortet er und schaut dabei ins Leere.

Amar erklärt mir Kitos Situation: »Für Kito ist es am schlimmsten. Er hat seinen Freund, mit dem er aus Aleppo bis hierher gekommen ist, auf dem Weg verloren.«

»Was ist passiert?«

Bilal, der Junge, fragt mich: »Hast du schon jemals von Menschen gehört, die schlafwandeln?«

»Ja.«

»Bei Kitos Freund ist es andersherum gewesen: Er ist beim Gehen eingeschlafen.«

»Wie soll das gehen? Das gibt es doch nicht.«

Bilal erzählt weiter: »Wenn du stundenlang auf den Eisenbahngleisen gehst, dauernd dasselbe vor Augen hast und todmüde bist, schläfst du irgendwann ein. Du bist wie hypnotisiert. Das ist es, was mit Kitos Freund passiert ist. Die Eisenbahngleise liegen etwas erhöht, und auf beiden Seiten gibt es Bäume. Und dann ist ein Zug gekommen. Wir haben ihn gehört und wollten so schnell wie möglich von den Gleisen herunterspringen. Doch der Zug war schneller als erwartet. Blitzschnell ist er auf uns zugekommen. Kitos Freund ist ein paar Schritte weiter auf den Gleisen gegangen. Er war wie in Trance und hat unsere Schreie im ersten Augenblick nicht gehört. Als er runterlaufen wollte, hat ihn der Zug am Rucksack erwischt. Er ist fünfzehn Meter durch die Luft geflogen und war beim Aufprall sofort tot.«

Da gibt es nichts mehr zu sagen. Wir schweigen alle, und jeder hängt seinen Gedanken nach. Für wen ist es schmerzhafter? Für die Toten, die auf so gewaltsame Art ihr Leben verlieren, oder für die Lebenden, denen nur die Erinnerungen übrig bleiben?

Die letzte Nachricht des Tages kommt von Fadi. »Morgen musst du die zweite Rate bezahlen.« Dann bekomme ich eine Telefonnummer. Dort soll ich anrufen und alles für den neuen Pass vereinbaren. Meine Versuche, mit ihm über das weitere Vorgehen zu sprechen, laufen ins Leere. Wortkarg und unfreundlich gibt er mir auf meine Fragen keine Antworten und spricht nur über das Geld. Dann würde ich weitersehen.

Schon wieder ein Albtraum. Diesmal habe ich von einem Gericht geträumt. Der syrische Geheimdienst hat mich erwischt, und ich

115

stehe vor dem Richter. Er hat mich zum Landesverräter erklärt und daraufhin zur Todesstrafe verurteilt. Aber Gott sei Dank wache ich auf, bevor sie mich hinrichten.

Am Morgen geht die Sonne auf, und ich freue mich darauf, von den Tauben beobachtet, mein Frappé auf dem Balkon zu trinken. Elena gibt mir eine Telefonnummer einer großen Arztpraxis, an die wir uns mit Amar wenden können. Dort behandeln Ärzte aus ganz Europa kostenlos. Zum Glück ist Amar nicht verletzt, er hat nur einen ganz schweren Muskelkater von der Überanstrengung und braucht nichts weiter als ein paar Tage Ruhe.

Mein Bruder überweist mir das Geld, das ich für Fadi brauche. Ich hole es ab und gehe zum vereinbarten Treffpunkt, wo ein Kontaktmann, der mir auch die Dokumente besorgt, auf mich warten soll. Die Passfotos habe ich auch dabei, wie es Fadi verlangt hat. Der Kontaktmann gibt mir telefonisch eine Adresse, wir wollen uns in einem Café treffen. Es ist ein seltsames Café, das voll dichtem und eigenartig riechendem Rauch vieler Shishas ist. Das soll aber nicht die Vorurteile nähren, dass jeder Mensch, der Shisha raucht, auch tatsächlich kifft. Dort in diesem Café ist es aber so. Ägyptische Musik spielt laut, und man sieht kaum die Hand vor den Augen. Es ist voller Menschen, nur der eine, den ich suche, ist anscheinend nicht da. Ich rufe ihn an, und er verspricht, gleich zu kommen.

Nach einiger Zeit kommt ein junger Ägypter auf mich zu, der mich sofort in der Menge der Alteingesessenen als Neuling identifiziert. Er setzt sich zu mir und plaudert über mein Vorhaben völlig entspannt und fast fröhlich, als ginge es um einen Tagesausflug. Ich komme kaum zum Antworten, da erzählt er schon wieder etwas anderes. Auch er lässt an Fadi kein gutes Haar.

»Ich bekomme noch Geld von ihm, ich habe zwei Leuten Papiere besorgt und von Fadi noch keinen Cent dafür bekommen. Deshalb gib das Geld gleich mir und nicht erst Fadi!«

»Eure Differenzen gehen mich nichts an. Das Geld wollte ich dir sowieso jetzt geben, das ist mit Fadi so ausgemacht«, beende ich endlich sein Geschwätz. Ich greife in meine Tasche und will das Geld herausholen. Da hält er meine Hand fest.

»Nicht hier! Wir gehen jetzt in meine Wohnung, dort kannst du mir das Geld geben.«

Auf dem Weg zu seiner Wohnung erzählt er einiges über sich. »Ich bin vor acht Jahren hierhergekommen. Seither helfe ich Menschen wie dir.«

»Also ist das dein Beruf?«

Es liegt mir auf der Zunge, dass *helfen* nicht *an jemandem Geld verdienen* bedeutet, aber ich schlucke diese Bemerkung gerade noch rechtzeitig hinunter. Ich will unseren Kontakt nicht von Anfang an mit Kritik und einem möglichen Konfliktpotenzial belasten. Seine »Wohnung« ist ein Zimmer unter dem Dach, irgendwie zusammengebastelt, schmutzig, alles befindet sich in einem ziemlichen Durcheinander, und er wohnt nicht alleine.

Es ist verwunderlich, dass solche Menschen, die sicher nicht so schlecht verdienen, so hausen. Was macht er mit seinem Geld, frage ich mich. Als hätte er meine unausgesprochene Frage gehört, holt er aus seiner Tasche einen Beutel, öffnet ihn und zieht drei Linien auf dem Tisch. Ein weißes Pulver. Vermutlich Kokain. Dann strahlt er mich an. »Jetzt darfst du mir das Geld geben. Das ist das schönste aller Gefühle, Geld in den Händen zu halten und mir eine Linie hineinzuziehen.« Ich gebe ihm tausend Euro, und alle Fragen, die mir noch auf der Zunge brennen, muss ich hinunterschlucken. Ich will so schnell wie möglich diese Stätte wieder verlassen.

Er gibt mir noch den Rat, die Wartezeit von zwei bis drei Tagen dazu zu nützen, mir eine stylishe Frisur machen zu lassen und ein schickes Outfit zu besorgen. Ich habe wirklich Sorge, dass die Polizei jeden Augenblick hier heraufkommen könnte, daher wünsche ich ihm alles Gute und verschwinde schnell wieder.

Nationalstolz

Mein Stamm wird mich vermissen, wenn es ernst wird,
denn in der dunklen Nacht fehlt die Anwesenheit des Mondes.

ABU FIRAS AL-HAMADANI

Die meisten Syrer, die ich bis jetzt in Athen getroffen habe, schauen gar nicht wie Flüchtlinge aus. Sie sind ganz schön stylish und haben teure Kleidung an, manche tragen Businessanzüge, manche haben blond gefärbte Haare, andere wiederum sind gepierct, vielleicht sind es so etwas wie VIP-Flüchtlinge? Ich Armer! Ich habe nach der Meeresüberfahrt nur mehr zwei Outfits, also ich kann mit ihnen in diesem Punkt nicht konkurrieren!

Nach der Anweisung von Badr, dem Ägypter, verstehe ich das Spiel jedoch plötzlich. Ich soll mich genauso stylish kleiden und die Frisuren aus dem Modemagazin studieren und mir eine davon aussuchen. Denn jeder, der seine Chancen erhöhen will, um am Flughafen ohne Schwierigkeiten ausreisen zu können, sollte das so machen. Schließlich würden die Europäer eben genauso aussehen – meint Badr.

Jetzt, nachdem ich drei Jahre in Österreich lebe, weiß ich, dass das auf einige Menschen zutrifft, aber wahrlich nicht auf die Mehrheit. Viele meiner österreichischen Bekannten frisieren sich nicht einmal, bevor sie das Haus verlassen. Das Aussehen spielt für sie keine Rolle. Es ist ihnen sogar peinlich, über Klamotten zu reden und darüber, wie teuer sie diese gekauft haben. Ich habe großen Respekt vor diesen Menschen, den, wie man sie heutzutage despektierlich nennt, *Gutmenschen*. Ich mag diesen Begriff gar nicht. Es gibt keine guten oder schlechten Menschen, sondern Menschen mit verschiedenen Interessen und unterschiedlicher Lebenserfahrung.

Am nächsten Tag in Athen begleitet mich Kito zum Friseur, einem Freund von Badr. Als er mich sieht, beruhigt er mich sofort: »Du wirst auf dem Flughafen keine Probleme haben. Du siehst sehr europäisch aus. Du wirst es gleich beim ersten Mal schaffen!« Das höre ich in meiner Situation natürlich gerne. Der Friseur zeigt mir einige Fotos von sehr modernen Frisuren. Mit einer solchen Frisur könnte ich *Germany's next Topmodel* gewinnen, für den Alltag sind sie jedoch völlig unbrauchbar. Ich entscheide mich für die harmloseste aus seiner Kollektion. Als er mit seiner Arbeit fertig ist, erkenne ich mich selbst nicht wieder. Die Seiten sind ganz kurz geschnitten, der Scheitel ist scharf ausrasiert, die Haare auf dem Oberkopf sind von rechts und links in die Höhe gekämmt.

Meine nächste Aufgabe ist es, die Europäer genau zu beobachten, um zu lernen, wie sie sich bewegen und benehmen. Ich muss mich schließlich genauso verhalten wie sie. Das funktioniert aber nicht, denn ich erlebe, dass die Griechen genauso sind wie wir. Auch unser Temperament ist sehr ähnlich geartet. Der Lebensstil ist so ziemlich derselbe, und dann das Essen: Viele Gerichte sind so zubereitet wie bei uns, sie haben sogar denselben Namen, Moussaka zum Beispiel. Ich habe mit Elena lange darüber diskutiert, aus welchem Land diese Speise nun ursprünglich stammt. Wir haben uns am Ende darauf geeinigt, dass es egal ist, woher das Gericht stammt, Hauptsache, es schmeckt gut.

Es ist Anfang Dezember, die Stadt bereitet sich langsam auf Weihnachten vor. Allerorts werden beleuchtete Christbäume aufgestellt und Lichterketten montiert. Auf dem großen Platz im Herzen Athens, dem Syntagma-Platz direkt vor dem Parlament, steht ein ganz großer geschmückter Baum. Das ist für jene syrischen Flüchtlinge, die in Athen hängen geblieben sind und nicht mehr weiterkönnen, derjenige Ort, an dem sie sich in immer größerer Zahl zusammenfinden und in verzweifelten Protesten gegen die Verschärfung der Maßnahmen der Regierung Zelte aufstellen, um mit Plakaten und Transparenten auf ihre immer schwieriger werdende Situation aufmerksam zu machen. Es ist kalt, und Abend für Abend kommen Helfer einer Hilfsorganisation, die warmes Essen und Getränke bringen. Auch das Fernsehen berichtet fast täglich über das Geschehen.

Elena ist davon sehr betroffen. Sie scheint an der Menschheit zu verzweifeln. Elena hat vier Jahre in Deutschland gelebt und spricht sehr gut Deutsch, in diesen Tagen allerdings hilft uns das nicht, da ich noch kein einziges Wort Deutsch spreche. Sie ist sehr interessiert an Themen wie Klimawandel, Umweltschutz oder Luftverschmutzung. Bei einem Spaziergang zeigt sie mir ein altes Schwarz-Weiß-Foto, auf dem eine Schlange von Menschen zu sehen ist. Sie erklärt mir, dass es Griechen sind, Flüchtlinge aus Kreta, die im Zweiten Weltkrieg nach Aleppo geflohen sind und dort vor dem Parlament auf Hilfsgüter gewartet haben.

In diesem Augenblick wird mir bewusst, wie dumm die Menschen eigentlich sind. Dieselbe Geschichte spielt sich immer wieder ab, mit jeweils unterschiedlichen Vorzeichen. Es ist erstaunlich, dass der Mensch geradezu nach Gründen zu suchen scheint, um einen Krieg zu beginnen. Sogenannte Gründe gibt es natürlich genug: Sei es die Nationalität, die Hautfarbe oder die Religion. Auch in einem an sich friedlichen Land finden sich diverse Gründe für Konflikte: etwa ein Fußballspiel. Gewaltbereitschaft ist leider eine durch und durch menschliche Eigenschaft. Jeder von uns hat irgendwo in sich Hassgefühle, die er genauso wie Liebe oder Angst erlebt. Es wäre auch eine zu hohe Erwartung, dass der Mensch seine uralten Instinkte ändern könnte. Es gibt keine Garantie dafür, dass ein Land nicht in einen Krieg verwickelt wird. Auch in Syrien haben wir uns nicht vorstellen können, dass es einmal zu einem Krieg kommen würde. Alles ging so schnell. Man war der Meinung, das seien nur Demonstrationen, es sei schnell wieder vorbei, und dann könne gleich wieder der Alltag einkehren.

Ich bin für alles, was ich in den vergangenen vier Jahren erlebt habe, dankbar, denn ich habe gelernt, aufgrund meiner Nationalität weder demütig noch stolz zu sein. Ich bin ein Mensch und ich halte nicht viel von Menschen, die nationalitätsbewusst oder ideologisch religiös sind. Ich bezeichne zu ausgeprägten Nationalstolz mittlerweile als ein anderes Gesicht des Rassismus. Ein Mensch darf froh sein, in einem sicheren, friedlichen und hoch entwickelten Land geboren zu sein. Stolz hingegen kann man nur auf seine eigene Leistung sein, auf all das, was man durch eigenen Einsatz, durch Anstrengungen und Mühen erreicht hat. Nationalismus wertet andere Menschen ab und macht sie schlecht, er vermittelt das trügerische Gefühl, selbst besser zu sein.

An diesem Abend, als mir Elena das Foto der Menschen aus Kreta zeigt, versprechen wir einander, uns immer als Menschen zu fühlen und zu zeigen. Auf die Frage nach unserer Herkunft wollen wir von nun an antworten: »Ich komme nirgendwoher, ich bin auf diesem Planeten geboren.«

Französischer Stil

Das Vergessen ist eine Form der Freiheit.
GIBRAN KHALIL GIBRAN

Ich werde langsam unruhig. Inzwischen sind fünf Tage vergangen, und nichts ist geschehen. Fadi versucht immer wieder, mich zu beruhigen:»Das dauert seine Zeit, bis die Dokumente fertig sind.« Der Ägypter, Badr, ist mir von Anfang an nicht vertrauenswürdig vorgekommen. Ich vermute, er hat sich mit meinem Geld einen Rausch finanziert und auf mich inzwischen vergessen.

»Morgen Mittag wirst du fliegen«, überrascht mich Badr plötzlich mit einer Nachricht. Ich lese und habe sofort das Gefühl, unter Strom zu stehen.

»Wann, wo, wie?«

»Triff mich heute Abend um 22 Uhr im selben Café wie das erste Mal, da werde ich dir alles erklären.«

Endlich! Ich informiere alle: meine Eltern, Fadi, meinen Cousin, Sarah, Elena, meine Mitbewohner. Wir sind alle sehr aufgeregt. Das ist der letzte Schritt und dann ist alles vorbei. Ich muss nur abfliegen. Ich bin jedoch niemand, der sich allzu leicht mit einer Information zufriedengibt, also erkundige ich mich bei Menschen, bei denen es schiefgegangen ist. Sie beruhigen mich jedoch:»Schlimmstenfalls schicken dich die Polizisten wieder nach Hause, wenn sie dich erwischen. Du darfst dich nur nicht dagegen wehren.«

Von meiner Mutter habe ich gelernt, alle Möglichkeiten in Betracht zu ziehen, um dann nicht zu sehr enttäuscht zu sein, wenn das Erhoffte nicht geschieht. Ich beginne mir vorzustellen, wie mein Leben in Schweden ablaufen könnte. Wie viele Monate wird das Asylverfahren wohl dauern? Ab wann werde ich zu arbeiten beginnen dürfen? Ich kalkuliere auch, wie viele Monate ich wohl brauchen werde, um meine Schulden zurückzahlen zu können. Ich recherchiere im Internet nach einzelnen Worten und Phrasen, die ich in Schweden bei meiner Ankunft womöglich brauchen werde, und lerne einige Brocken dieser fremden Sprache. Mir fällt Schwedisch jedoch sehr schwer, vor allem die Aussprache.

Die Zeit will an diesem Tag nicht vergehen. Es ist, als wäre sie einfach stehen geblieben. Ich versuche die Stunden trotzdem gut zu nützen und spiele mit Kito und den anderen *Flüchtling und Security*. Das geht so: Sie stehen an der Balkontür, und ich muss an ihnen – wie auf dem Flughafen – so unauffällig wie möglich vorbeigehen. Aber sie erwischen mich jedes Mal, weil ich mir das Lachen nicht verkneifen kann. Nun ist es genug. Ich nehme Kito beiseite und will mit ihm zum Café gehen. Aber er sieht auf die Uhr: »Nein, es ist noch viel zu früh, es ist erst fünf Uhr!«

»Egal, dann gehen wir hin, setzen uns und rauchen Shisha. Aber ich will hier nicht mehr herumsitzen und warten.«

Jetzt sitze ich hier im Café und versuche meinen Stresspegel zu senken, was allerdings in einer solchen Situation so gut wie unmöglich ist. Ein Fußballspiel angeschaut, zwei Shishas geraucht, drei Tassen Frappé getrunken, was meinen Adrenalinspiegel nicht gerade senkt, und es ist noch immer nicht 22 Uhr.

Das ist so unfair. Wenn ich etwas gerne mache, vergeht die Zeit wie ein Blitz. Aber wenn ich die Zeit schnell vertreiben möchte, ist sie so langsam wie eine Schildkröte. Ein arabisches Sprichwort sagt: »Die Zeit ist wie ein Schwert: Wenn du es nicht in die Hand nimmst, schneidet es dich auseinander.« Jetzt weiß ich, dass man sich niemals wünschen soll, die Zeit möge schnell vergehen, und zwar egal, worauf man wartet, denn die Zeit vergeht sowieso, und unser Leben ist begrenzt. Jeder wartet darauf, dass die Zeit vergeht, wenn man irgendetwas erreichen möchte, und während man wartet, vergeht das Leben. Man soll bewusst leben. Jeden Tag, jede Stunde, jede Sekunde. Ich habe gelernt, auch nicht so schöne Tage, die jeder Mensch hin und wieder erlebt, bewusst zu erleben und das Beste draus zu machen.

Endlich, das Handy. Badr ruft an: »Ich kann nicht kommen, ich habe Gäste. Komm du zu mir!« Natürlich mache ich mich mit Kito sofort auf den Weg. Kito hat eine doppelte Aufgabe zu erfüllen: Sollte die Polizei kommen, muss er mich warnen. Und wenn mir etwas passiert, soll er die Polizei holen. Das ganze Gebäude ist nicht sehr vertrauenerweckend. Hier scheinen keine Griechen zu wohnen. Überall sind Spuren von asiatischen und arabischen Bewohnern zu sehen. Es scheint, dass die Polizei sehr wohl über Badr und seine Machenschaften Bescheid weiß, aber aus irgendeinem Grund nicht einschreitet.

In Badrs Zimmer ganz oben unter dem Dach ist ein unglaublicher Wirbel. Im Fernsehen läuft ein Fußballspiel mit der ägyptischen Nationalmannschaft, Badrs Freunde sitzen herum und kommentieren das Spiel lauthals. Sie rauchen alle Shisha, und der Raum riecht nach verschiedenen Sorten Tabak und nach Haschisch. Als Badr mich sieht, steht er auf und nimmt einen Umschlag an sich. »Komm mit, wir gehen hinaus.« Er will die Übergabe schnell hinter sich bringen, hält mir den Umschlag hin, zeigt mir das Ticket für den morgigen Flug und gibt mir weitere Anweisungen: »Hier steht die Flugnummer. Du sollst alles selbst machen, dir selbst den Boardingschein am Automaten ausdrucken, nicht mit dem Bodenpersonal sprechen und möglichst gar keinen Kontakt zu anderen Menschen auf dem Flugplatz aufnehmen. Zieh dich gut an und verhalte dich ganz normal.«

»Was ist normal? Und wohin werde ich überhaupt fliegen?«

»Du fliegst nach Kopenhagen. Und *normal* bedeutet, dass du dich auf dem Flughafen nicht wie ein Araber benimmst.«

»Wieso Kopenhagen? Vereinbart war, dass ich nach Schweden fliege! Und wie genau soll ich mich dann benehmen? Hast du Tipps für mich?«

»Das ist doch egal, sobald du in Kopenhagen bist, kannst du dich frei bewegen. Du kannst dann überallhin, wohin auch immer du willst, nach Schweden, nach Deutschland oder sonst wohin. Und als Europäer geht man direkt, gezielt, dorthin, wo man sein möchte, weil man keine Zeit hat. Ein Araber ist gechillt und bewegt sich lässig ohne Stress.«

Badr hat recht. Ich erlebe es oft, dass meine österreichischen Freunde selbst beim Spazierengehen, einer an sich entspannenden und stressfreien Tätigkeit, zu schnell und zu hastig unterwegs sind.

Jetzt zieht Badr einen Ausweis aus dem Umschlag heraus. Der sieht irgendwie eigenartig aus. Mein Foto ist drauf, aber ich kann nichts lesen und schon gar nicht verstehen. Eine seltsame Sprache. Das ist doch nicht Englisch!

»Für morgen heißt du Bensima. Und zur Sicherheit lernst du ein paar Worte Französisch.« Es ist tatsächlich ein französischer Ausweis. »Dann löschst du bitte gleich meine Nummer auf deinem Handy, die brauchst du nicht mehr. Ich werde dich anrufen, wenn du in Kopenhagen angekommen bist. Jetzt gehst du mit dem Umschlag sofort nach Hause, und du verlässt die Wohnung erst wieder, wenn du morgen zum Flughafen fährst.«

Ich nehme den Umschlag an mich und gehe mit Kito auf kürzestem Weg nach Hause. Es ist irgendwie unheimlich. Ich fühle mich plötzlich wie ein Franzose. Ich habe Lust auf ein Croissant.

Elena kann nicht zu mir kommen, und morgen Vormittag muss sie auf der Universität sein. Ich kann mich nicht mehr persönlich von ihr verabschieden. »Vielleicht ist es besser so. Eines Tages komme ich dich in Schweden besuchen«, schreibt sie. In letzter Zeit habe ich mich von vielen Menschen trennen müssen, ohne mich von ihnen verabschieden zu können. Vielleicht ist es auch, wie sie sagt, besser so.

Schon wieder eine schlaflose Nacht. In meinem Kopf Tausende Szenarien, die mir zeigen, was alles geschehen könnte. Kopfkino vom Feinsten. Irgendwie vergeht die Zeit dann doch, und schließlich ist es so weit. Ich verabschiede mich von meinen Mitbewohnern. Sie wünschen mir Glück, und ich gehe zur Metro. Im Zug lerne ich einige französische Worte und Phrasen wie: »Das ist mein Ausweis«, »Ich habe keine Zeit« und »Hier ist mein Ticket«.

Je näher wir zum Flughafen kommen, desto schneller klopft mein Herz. Es ist zwölf Uhr mittags an einem sonnigen Tag. Gleich werde ich den Flughafen betreten. Bis zum Abflug habe ich noch zwei Stunden. Auf dem Flughafen ist ziemlich viel los. Mein Herz rast. In diesem Zustand kann ich gar nichts machen, also setze ich mich in ein Café, um mich ein bisschen zu beruhigen. Dann beginne ich, die Menschen genau zu beobachten. Ich beobachte wie sie gehen, wie sie sich am Automaten verhalten, wie sie sprechen. Ich nehme jedes Detail wahr.

Jetzt muss ich los. Ich gehe Richtung Automat. Alles verläuft problemlos. Der Boardingschein wird ausgedruckt, auf der Leuchttafel lese ich die Nummer meines Fluges. Nun geht es los. Vor mir gibt es nur noch zwei Hindernisse: die Boardingkontrolle und die Kontrolle am Gate.

Am schwierigsten ist es am Gate, dort ist die Kontrolle des Sicherheitsdienstes am intensivsten. Ich atme dreimal tief durch und gehe mit erhobenem Kopf los. Ich nähere mich dem Schalter. Zwei Polizisten sitzen dort und beobachten jeden Passagier. Ich versuche sie auszublenden. Neben ihnen steht eine Gruppe Menschen, die offensichtlich aufgehalten worden sind, Syrer vermutlich. Ich erkenne es an ihren Gesichtern. Ich scanne meinen Boardingschein ein, das Kontrolllicht wechselt von Rot zu Grün, und die Glastür öffnet sich automatisch. Ich gehe zwei Schritte weiter, da dreht sich einer der Polizisten plötzlich um und hält mich mit erhobener Hand auf. »Passport please.« Ich gebe ihm meinen Ausweis. Er nimmt ihn, schaut kurz darauf und schüttelt lächelnd den Kopf.

»Stell dich zu den anderen dorthin.«

»Da ist mein Ausweis!«

Ich sage auch meine drei französischen Sätze auf, die ich in der Metro gelernt und geübt habe. Er lächelt noch einmal. »Deine Papiere sind sehr schlecht gemacht. Such dir einen anderen Schlepper. Good luck next time!«

Eine Frau aus der Gruppe, die dort steht, spricht mich auf Arabisch an. »Komm, stell dich zu uns, verschwende deine Zeit nicht!«

Ich will mich nicht sofort als illegal zu erkennen geben und mit der Frau Arabisch sprechen, andererseits hätte ich zu gern gewusst, wie es jetzt weitergehen soll und was mit uns geschehen wird. So stehe ich da, schockiert und wortlos und sehr enttäuscht. Die lästige Frau spricht mich noch einmal an. »Komm her, es ist vorbei. Wenn du einmal hier stehst, wirst du nie mehr wieder mit einem Flugzeug von hier abfliegen. Das ist mein fünftes Mal, sie haben mich jedes Mal erwischt. Das Personal ist gut trainiert. Sie können uns riechen, wenn wir in ihrer Nähe sind.«

»Ja, Scheiße«, seufze ich tief auf Arabisch.

»Ist das dein erster Versuch?«, fragt sie und spricht sofort weiter, ohne auf meine Antwort zu warten. »Ich will nicht länger warten. Meine Kinder sind schon in Schweden. Ich will jetzt endlich zu ihnen. Ich werde mich jetzt zu Fuß auf den Weg machen. Das mit dem Flughafen ist Zeitverschwendung. Ist es gefährlich, zu Fuß zu gehen? Hast du eine Ahnung?«

Die anderen Menschen aus der Gruppe lachen darüber, dass die Frau in ihrer Enttäuschung und Verzweiflung unbedingt jemanden braucht, der ihr zuhört.

Nicht nur die Menschen, die den Krieg erleben müssen, brauchen psychologische Unterstützung, sondern auch diejenigen, denen es gelungen ist, das Land zu verlassen, und die in Sicherheit sind. Wir werden nach dem Krieg auch in Syrien selbst viele Psychologen brauchen. Das wäre ein gutes Geschäft für die Zeit nach dem Krieg. Wenn wieder Frieden ist, werde ich zurückgehen und einen Psychologiestand am Flohmarkt aufmachen und den Menschen Freude und schöne Erinnerungen verkaufen. Aber jetzt brauche ich selbst jemanden, der mich dazu überredet, zurück nach Athen zu fahren.

Es dauert nicht lange, bis ein Polizist auf unsere Gruppe zukommt und uns auffordert, mit ihm zu gehen. Er führt uns ins Untergeschoß in ein Büro, wo bereits einige Offiziere sitzen. Wir müssen uns im Halbkreis aufstellen. Die Frau, die mit mir gesprochen hat, steht neben mir und flüstert leise mit mir. »Sag, dass du aus Syrien bist, dann schicken sie dich nach Hause. Alle anderen Nationalitäten müssen befragt werden und die Nacht über hier bleiben.«

Der Offizier hat alle Ausweise vor sich liegen. Einen nach dem anderen nimmt er, liest den Namen und fragt: »Syria?« Jeder, der nickt und Ja sagt, wird zur Tür hinausgewinkt.

Damals versuchten Hunderte Menschen täglich, auf diese Art das Land zu verlassen. Den griechischen Behörden blieb gar nichts anderes übrig, als alle wieder freizulassen. Auch ich stehe plötzlich wieder vor dem Flughafen. Ich schreibe Fadi eine SMS, nur ein Wort: »Gescheitert.«

Draußen scheint die Sonne. Ich gehe an den Gebäuden entlang und beobachte die startenden Maschinen. In welcher von ihnen wäre ich wohl gesessen? Ich habe abenteuerliche Gedanken. Am liebsten wäre ich einer Maschine nachgelaufen, hätte mich mit einem Hechtsprung an das Fahrgestell gehängt und gerufen: »Nimm mich mit!« In Hollywood wäre das möglich, aber ich bin nicht in einem amerikanischen Film, ich fühle mich eher so, als wäre ich in einem falschen Film.

Kito und Elena reagieren sehr enttäuscht über die Nachricht. Mit Kito vereinbare ich ein Treffen in der Stadt, um ein wenig spazieren zu gehen. Ich will nicht gleich wieder in die Wohnung fahren. Als ich in der Metro sitze, meldet sich mein Handy. Eine SMS von Fadi: »Kein Problem. Wir versuchen es weiter.«

Der Strand in Libanon

Die erste Stunde in Griechenland

Simi nach der Entlassung

Mit Elena in Athen

Im Stall in Mazedonien

Mohammad, Kito und Amar in Mazedonien

Die erste Stunde in Wien mit Kito

Weitere Fotos sind auf Jad Turjmans Facebook- oder Instagram-Seite zu sehen

»Si, si!«

Ist die Angst vor dem Bedürfnis nichts anderes als das Bedürfnis selbst?

GIBRAN KHALIL GIBRAN

Gut, dass ich die Wohnung für einen Monat gemietet habe. Ich habe einen Platz, zu dem ich gehen kann, und Menschen, die da sind, auch wenn ich sie erst seit einer Woche kenne. Geteiltes Leid ist halbes Leid, und wir leiden alle an denselben Umständen. Kito hat auch vorgehabt, es mit dem Flugzeug zu versuchen. Aber mein gescheiterter Versuch demotiviert ihn. Amar kann mittlerweile wieder besser gehen, und Bilal scheint der Aufenthalt in Athen gutzutun, er ist immer öfter gut gelaunt.

So wie ich haben auch sie keine Vorstellung, wie es weitergehen soll. Was wir von anderen gehört haben, ist widersprüchlich. Manchen gelingt es beim ersten Versuch auszufliegen, andere wieder scheitern so oft, dass sie die Hoffnung aufgegeben haben, es jemals schaffen zu können. Einige von ihnen sind in die Türkei zurückgekehrt. Die Mehrheit hat dann irgendwann beschlossen, zu Fuß zu gehen.

Irgendwann am Abend meldet sich Badr. In seinem ägyptischen, optimistisch lauten Dialekt ruft er uns zu: »Was ist das für eine schlechte Nachricht! Aber das ist kein Problem. Das nächste Mal schaffen wir es sicher! Ich habe auch schon einen Plan. Ich werde mit dir zum Flughafen gehen. Bevor du zu der Boardingkontrolle kommst, werde ich danebenstehen und dir mit dem Handy Bescheid geben, wann der beste Moment ist, nämlich dann, wenn die Beamten abgelenkt sind, dann kannst du schnell durchgehen.« Das klingt alles in allem sehr positiv, ich glaube auch nicht, dass er das nur gesagt hat, um mich aufzuheitern. Sein nächster Satz macht die bessere Stimmung, die sich gerade bei mir eingestellt hat, jedoch sofort wieder zunichte: »Fadi hat dir sicher auch schon gesagt, dass du mir noch tausend Euro vorbeibringen sollst.«

Schon gut, das habe ich erwartet. Die letzte Rate. Damit sind die vereinbarten fünftausend Euro fertig bezahlt.

»Bring mir das Geld morgen, ich werde so schnell wie möglich neue Papiere beschaffen. Du wirst es in spätestens zwei Tagen noch einmal versuchen, wir werden nicht länger warten.«

Das klingt gut und effizient. Aber die Sorgen um die Qualität der Unterlagen geistern noch in meinem Kopf. Ich kontaktiere Fadi, denn schließlich ist er mein Ansprechpartner. Wie erwartet, ist er bissig: »Die Polizisten haben dich verarscht. Wir machen die besten Papiere im Land.« Es gibt keinen Ausweg für mich. Ich muss leider diesen beiden Idioten folgen.

Wenn man sich bei anderen Flüchtlingen umhört, erfährt man, dass es durchschnittlich fünf Versuche braucht, um es endlich zu schaffen. Normalerweise gibt es bei dem Deal mit dem Schlepper ganz klare Vereinbarungen. Er muss es so oft mit dir versuchen, bis es klappt, und auch so oft wie notwendig Papiere beschaffen und Tickets besorgen. Das Geld für den Schlepper liegt ja in einem der Versicherungsbüros, und er bekommt sein Geld erst, wenn der Klient abgeflogen ist. Wenn alle Versuche scheitern, holt dieser sein Geld wieder zurück. Davon habe ich leider in Damaskus nichts gewusst. Ich habe eine schlechtere Vereinbarung abgeschlossen, Fadi hat sein Geld bis auf die letzte Rate bereits bekommen. Aber das hilft jetzt auch nicht mehr. Ich kann nur hoffen, dass Fadi so ehrlich bleibt, es mit mir weiter zu versuchen, bis ich das Land verlassen kann. So kann es gehen, wenn man schlecht informiert ist. Ähnlich mag es deutschen und österreichischen Touristen gehen, wenn sie in der Türkei falschen Schmuck kaufen.

Immerhin habe ich die Wohnung für einen ganzen Monat bezahlt, länger als einen Monat werde ich hier nicht bleiben. Wenn ich Badr morgen die letzten tausend Euro bezahle, bin ich so gut wie pleite. Der Rest meines ganzen Vermögens beläuft sich auf etwas mehr als hundert Euro, damit kann ich mich die paar Tage ernähren, die Metrokarte zum Flughafen bezahlen, und wenn ich in Schweden ankomme, habe ich noch ein paar Euro für ein Transportmittel zum Aufnahmezentrum.

Badr bekommt sein Geld und hält sein Versprechen. Die Papiere sind zwei Tage später fertig. Alles läuft genauso ab wie beim ersten Mal. Ich bringe ihm das Geld, bekomme die Dokumente, dann eine schlaflose Nacht und die Fahrt zum Flughafen. Der gleiche Flug nach Kopenhagen, die gleiche Uhrzeit. Anders als beim ersten Mal kann ich mich von Elena persönlich verabschieden, und mein Ausweis ist diesmal nicht französisch, sondern italienisch. Ich heiße entweder Gartuso oder Garriero – ganz genau weiß ich das heute nicht mehr. Noch etwas ist anders: Badr fährt mit zum Flughafen. »Die italienische Identität passt dir, wie angegossen. Du wirst sehen, die Securitymänner werden bei dir keine Zweifel haben.«

Badr ist sehr optimistisch. Und eigentlich finde ich seine Worte sehr einleuchtend. Als ich ein Kind war und mit meinem Vater im Fernsehen Spiele der Fußballweltmeisterschaft angeschaut habe, habe ich immer gedacht, dass die Spieler der italienischen Mannschaft eigentlich Syrer sind. Sie gestikulierten allerdings mehr, als wir es tun.

Bei Badr merke ich auch an seinen Reaktionen und seiner Körpersprache, wie angespannt er ist: »Wir fahren getrennt in der Metro. Wenn sie dich erwischen, schauen sie sich vielleicht die Videos aus den Überwachungskameras an. Sie dürfen uns da nicht zusammen sehen. Auf dem Flughafen bleiben wir mit den Handys in Verbindung. Ich stelle mich zur Boardingkontrolle und gebe dir mit dem Handy ein Zeichen, wann du gehen kannst.«

Alles verläuft nach Plan. Ich stelle meinen Boardingschein am Automaten aus und warte unruhig in der Halle auf Badrs Zeichen. Die Zeit wird langsam knapp. Warum dauert das so lange? Ich stehe hier seit einer halben Stunde und warte auf sein Zeichen. Jetzt dauert es nur mehr eine Stunde bis zum Abflug. Da läutet das Handy. »Los, schnell, zieh schnell den Boardingschein durch das Gerät und geh durch!« Und schon legt er wieder auf. Wieder zwei tiefe Atemzüge, und mit voller Geschwindigkeit – genauso wie ein Europäer – den Schein durchgezogen und durchgegangen. Die Beamten sind mit jemandem beschäftigt, der Widerstand geleistet hat. Der Arme … immer muss sich jemand opfern. Und ich bin durch! Die Boardingkontrolle ist hinter mir. Der erste Schritt ist geschafft. Nächster Schritt ist die Sicherheitskontrolle, aber das ist kinderleicht. Hier werden keine Papiere kontrolliert, sondern nur Gegenstände wie Taschen und Handgepäck durchleuchtet, um nach Sprengstoff und Waffen zu suchen. Alles geht wunderbar. Jetzt bin ich bei meinem Gate angekommen. Die Passagiere für diesen Flug bilden langsam eine Schlange, in die ich mich einreihe. Zwei Männer vom Sicherheitsdienst beginnen mit der Kontrolle der Papiere und lassen einen Passagier nach dem anderen durch den schmalen Durchgang gehen. Oh nein! Zwei Männer werden nicht durchgelassen und müssen auf der Seite warten. Noch drei Leute sind vor mir, dann bin ich dran. Mittlerweile spüre ich mein Herz schon in meinem Kopf klopfen. Nun stehe ich vor den beiden Sicherheitsbeamten. Ich drücke dem einen meinen Ausweis in die Hand. Er schaut sich den Ausweis an, steckt ihn völlig emotionslos in seine Brusttasche und deutet mir wortlos, mich ebenfalls auf die Seite zu stellen. Nicht schon wieder! Dieses Mal gebe ich nicht so schnell auf. Ich spreche ihn auf Englisch an und erkläre ihm, wichtige Termine zu haben und in dieses Flugzeug einsteigen zu müssen.

»Du bist kein Italiener. Der Ausweis ist gefälscht.«

»Sicher bin ich es. Das ist mein Ausweis!«

Zufälligerweise ist eine Frau unmittelbar hinter mir Italienerin. Der Beamte nimmt ihren Reisepass in die Hand und fordert sie auf Englisch auf, mit mir Italienisch zu sprechen. »Was soll ich sagen?«, fragt die Frau erstaunt mit hochgezogenen Augenbrauen.

»Irgendetwas. Frag ihn, was er in Kopenhagen machen möchte.«

Sie sagt irgendetwas auf Italienisch. Schnell und unverständlich für mich. So schnell gebe ich jedoch nicht auf. »Si, si!«, sage ich stolz.

Sie stellt mir noch einmal ihre unverständliche Frage. Vielleicht ist es auch gar keine Frage. »Si, si!«

Sie schüttelt den Kopf. »Er versteht mich nicht«, erklärt sie dem Beamten. Der Sicherheitsmann bedankt sich bei der Italienerin und lässt sie weitergehen. »Wenn du weiter Widerstand leistest, kommst du ins Gefängnis!«, droht er mir, und ich bin ruhig.

Das Gate wird geschlossen. Ich muss mich wieder auf die Seite stellen. Diesmal sind wir zu viert. Wir werden wieder in dasselbe Büro geführt und trotten wie die Schafe hinter ihrem Hirten her. Mein Vorteil ist, dass ich bereits weiß, was mich hier erwartet. So rufe ich beim Betreten des Büros sofort: »Syrien, Syrien!«

Der Offizier sieht mich etwas genervt an. »Aber heute musst du es beweisen!« Ich öffne meine Reisetasche und hole meinen syrischen Pass heraus, der zwischen Futter und Boden versteckt ist. Er nimmt den Pass, schaut etwas gelangweilt hinein und händigt ihn mir wieder aus. »Jetzt schleich dich!«

Sowohl ich als auch die anderen Männer, die ebenfalls aus Syrien sind, verlassen schnell das Büro und den Flughafen. Badr ist nicht mehr zu finden, er ist verschwunden. Vielleicht hatte er Angst, dass ich ihn bei den Polizisten verraten würde. Fadi verständige ich mit einer SMS von den Ereignissen. So fahren wir vier Männer gemeinsam mit der Metro wieder in die Stadt. Auch die anderen drei haben schon Erfahrungen mit gescheiterten Versuchen. Ein Mann ist ebenfalls aus Damaskus. Er ist recht verzweifelt und nach drei Versuchen fest entschlossen, es jetzt über das Meer weiter nach Italien zu probieren.

»Wie stellst du dir das vor? Willst du wieder eine Vereinbarung mit einem Schlepper machen? Oder wie kann das sonst gehen?«

»Am Hafen gibt es Leute, die verschaffen dir einen Platz auf einem Schiff als blinder Passagier. Das kostet ungefähr tausendfünfhundert Euro. Die Fahrt dauert vielleicht eine Woche oder so, du wirst irgendwo auf dem Schiff versteckt, im Lager oder im Maschinenraum. Die Gefahr dabei ist die Ankunft. Wenn sie dich in Italien erwischen, schicken sie dich hierher zurück. Dann dauert dein Versuch wesentlich länger als eine Woche. Am Flughafen dagegen sind es nur zwei Stunden.«

Ich wünsche ihm viel Glück, denke mir aber, dass ich das so nicht machen will. Ich habe davon schon gehört, aber es spricht mich nicht an. Es stehen noch andere Transportmöglichkeiten zur Verfügung, mit einem Lastzug, auf einem LKW und noch einige, die ich aber alle nicht in Betracht ziehe. Ich möchte den kürzeren und sicheren Weg gehen. Ich bleibe beim Fliegen. Ich habe doch angeblich den Vorteil, wie ein Italiener auszusehen! Aber wer weiß, wie ich reagieren werde, wenn ich noch einmal scheitere und verzweifelt bin. Vielleicht werde ich mit Kito und den anderen einen Tunnel nach Schweden graben. Vielleicht.

Flüchtling

Es muss diejenigen unter uns geben,
in deren Kreis wir uns hinsetzen und weinen können
und dennoch als Krieger zählen.
ADRIENNE RICH

Kito, Amar und Bilal geht es mittlerweile besser. Körperlich haben sie sich von den Strapazen ihres Fluchtversuchs über Mazedonien wieder erholt. Nun wollen sie einen anderen Weg überlegen. Kito und Amar haben einen Schlepper ausfindig gemacht, der für sie alle Unterlagen organisieren soll, damit sie ebenfalls aus Griechenland ausfliegen können. Ihn hat Kito in seinem Lieblingslokal kennengelernt, in dem er jeden Tag sein Frappé getrunken hat. Der Schlepper hat ihnen einen baldigen Flug versprochen.

Bilal, der kleine laute Junge, tut jedoch sehr geheimnisvoll und will sich zu seinem Vorhaben nicht äußern. Er bittet uns jedoch um unser Einverständnis, dass seine Verwandten, die er übermorgen erwartet, eine Nacht in unserer Wohnung schlafen dürfen. Diese Verwandten leben in Schweden und wollen Bilal hier besuchen. Mir ist das alles egal. Wir haben uns zwar nie gut verstanden, aber ich will ihm auch keine Schwierigkeiten machen, und stimme zu.

Mit Kito mache ich am Abend einen langen Spaziergang. Wir landen schließlich auf dem Hügel gegenüber von der Akropolis, auf dem ich schon einmal mit Elena gewesen bin. Kito und ich haben uns schnell gut miteinander verstanden, ganz so, als ob wir schon seit Hunderten Jahren miteinander befreundet wären. Kito ist direkt, ehrlich und dabei mitfühlend. Leider ist er aufgrund der tragischen Geschichte seines in Mazedonien verunglückten Freundes ziemlich depressiv. Kito ist noch jung, erst dreiundzwanzig, und er war noch nie im Ausland. Seinem Heimweh kann er nichts entgegensetzen. Er hasst es, als Flüchtling bezeichnet zu werden. Kito schweigt und denkt viel nach, und wenn er etwas sagt, dann spricht er über sein Leben, das er in Aleppo zurücklassen hat müssen. Seine Familie hat ihn gezwungen, das Land zu verlassen, da sein Jahrgang als nächster an der Reihe war, in den Krieg einzurücken. Mit trauriger Stimme erzählt Kito von seiner Heimat und davon, wie schön es dort war: »Wir haben es nicht zu schätzen gewusst, wie gut wir es in Syrien hatten. Ich würde das ganze Geld der Welt ausgeben, um nur einmal noch am Wochenende oder für einen einzigen Tag zu Hause in Aleppo aufzuwachen und mit der ganzen Familie frühstücken zu können. Ich vermisse das Essen aus den Händen meiner Mutter. Sie kocht fantastisch gut.«

Das kann ich mir lebhaft vorstellen. Es ist bekannt, dass Menschen in Aleppo leidenschaftliche Feinschmecker sind. Die wunderbare Küche von Aleppo stellt die Küche von Damaskus und Beirut in den Schatten. Dort bekommt man eine bunte und große kulinarische Auswahl. Man scherzt in Syrien mit den Alepponesern und sagt: »Man erkennt einen Alepponeser an seinem runden Bauch!«

Auch ich öffne mich Kito: »Ich bin ziemlich verzweifelt. Ich habe kein Geld mehr, bin pleite. Meine Familie möchte ich nicht noch mehr belasten, sie haben mir schon ihr ganzes Geld gegeben.« Wortlos nimmt Kito seine Geldbörse und zieht einen Hundert-Euro-Schein heraus.

»Nein, ich wollte nicht, dass du mir Geld gibst. Ich wollte nur mit dir darüber reden.«

»Kein Problem, ich habe für mich noch etwas. Wenn wir an unserem Ziel angekommen sind, gibst du es mir wieder zurück. Geld war für uns nie ein Problem. Vor dem Krieg haben wir immer genug von allem gehabt. Alles, was uns in Syrien jetzt fehlt, ist Sicherheit. Wenn es Sicherheit geben würde, hätte ich mein Land nie verlassen und müsste nicht als Flüchtling in europäischen Ländern um Asyl betteln. Du sollst nicht am Geld scheitern.« Ich kenne Kito erst eine gute Woche. Aber eine Freundschaft bemisst man nicht an der Zahl der Jahre, sondern an den Taten, daran, wie man in schwierigen Zeiten zueinandersteht.

Es ist leicht zu erkennen, wie unsere neue Bezeichnung – Flüchtlinge – Kito nervt. Er wiederholt es des Öfteren, wie sehr er sich dadurch gedemütigt fühlt. Bei mir ist das anders. Ich stelle mich ganz bewusst auch noch nach drei Jahren in Österreich als Flüchtling vor.

Ich bin Flüchtling, weil ich geflüchtet bin. Ich bin geflüchtet, weil in meinem Land Krieg herrscht. Kaum ein Land ist im Laufe seiner Geschichte von Krieg verschont geblieben. Was also ist das Beschämende daran, dass es jetzt uns getroffen hat?

Dank Kito habe ich nun hundert Euro mehr zum Leben für die restliche Zeit in Athen. Mit Sarah und meiner Familie telefoniere ich jeden Abend. Von meinem zweiten Versuch erzähle ich ihnen aber nichts. Ich will sie überraschen, wenn es mir gelungen ist. Jetzt, wo ich gescheitert bin, müssen sie gar nichts davon wissen. Ich möchte nicht, dass sie traurig sind. Überhaupt habe ich mir angewöhnt, im Speziellen meiner Mutter die wundersamsten Dinge von meiner momentanen Lage zu berichten, etwa dass ich von Fadi im besten Hotel untergebracht worden sei, überhaupt alles bestens sei und ich glücklich. Meine Mutter schwärmt von Rami, der mir Fadi vermittelt hat, in den höchsten Tönen. Ich habe keine andere Wahl, als sie immerzu zu belügen. Was würde es denn bringen, wenn sie traurig wäre? Ich schicke ihr immer wieder auch Fotos von herrlichen Speisen, die ich angeblich gerade gegessen habe. In Wahrheit habe ich die Fotos aus dem Internet heruntergeladen. Mütter können eine besondere Art zu lieben entwickeln, die man nie von einem anderen Menschen auf dieser Welt erfährt. Seit ich Syrien verlassen habe, ruft sie fast täglich mit nie erlahmendem Interesse an – ein großartiger Mensch, meine Mutter.

Fadi meldet sich nicht, obwohl er meine SMS vor Stunden gelesen haben muss. Daher rufe ich Rami an und frage ihn, was los sei. »Wir haben heute telefoniert, und er ist ziemlich verärgert, dass es schon wieder nicht geklappt hat.«

»Was kann ich dafür, wenn die Ausweise so schlecht gemacht sind, dass sie sofort als Fälschung erkannt werden?«

»Kann es nicht vielleicht sein, dass du so nervös warst und dadurch aufgefallen bist?«, fragt Rami vorsichtig.

»Ist das dein Ernst? Bist du jetzt auf Fadis Seite?«

»Nein, nein, aber Fadi hat so etwas erwähnt.«

»Blödsinn, was Fadi sagt. Sogar die Polizisten haben gemeint, dass die Ausweise sehr schlecht gefälscht sind. Tatsache ist, dass ich noch immer in Athen bin und mit Fadi vereinbart war, dass er mich herausbringt. Ich habe mir heute von einem Mitbewohner Geld borgen müssen, weil ich keines mehr habe. In Athen schaut es so aus, dass der Schlepper erst bezahlt wird, wenn er seinen Auftrag erfüllt hat und derjenige ausgereist ist. Fadi hat leider sein Geld schon bekommen. Er muss mit mir weitermachen.«

Rami verspricht, mit Fadi zu reden. Und das macht er auch, denn Fadi meldet sich kurz darauf bei mir. Er ist wie immer unfreundlich und zynisch: »Du musst nicht herumjammern. Ich kann nicht zaubern. Du hast zwei Versuche in den Sand gesetzt, bis wir einen dritten vorbereiten, dauert es eine Weile. Und was du Rami erzählt hast, stimmt nicht. Ich muss nicht so viele Versuche mit dir machen, bis es klappt. Wer dir das erzählt hat, hat dich angelogen. Ich habe schon so viel Geld für dich ausgegeben.«

»Beruhige dich. Es ist schließlich egal, was hier in Athen gemacht wird. Wir haben eine Vereinbarung, nämlich, dass du mich nach Schweden bringst«, versuche ich Dampf herauszunehmen.

»Du bist sehr anstrengend!« Er atmet hörbar aus und setzt fort: »Es war ein Fehler, dass ich mit dir diese Aktion überhaupt machen wollte.«

Ich betone noch einmal mit allem Nachdruck: »Ich habe nichts falsch gemacht. Es war nicht meine Schuld, dass die Ausweise so schlecht waren.«

»Das nächste Mal bekommst du andere Dokumente. Sie sind zwar teurer, aber dafür sicherer«, beendet er die Diskussion.

»Teurer? Aber ich habe kein Geld mehr! Und was sind das für Dokumente? Kann ich das wissen?«

»Du musst dafür nichts mehr bezahlen. Auch wenn es jetzt mehr als sonst kostet und ich dadurch an dir nichts mehr verdiene. Aber ich will dich endlich loswerden. Das nächste Mal bekommst du einen echten europäischen Reisepass, dessen Besitzer dir sehr ähnlich sieht.«

Damit endet unser Telefonat. Ich bin sehr skeptisch, dass ein Schlepper tatsächlich irgendetwas macht, ohne selbst einen Gewinn zu erzielen. Aber Rami scheint ihn wirklich unter Druck gesetzt zu haben.

Am Abend kommen Bilals Verwandte aus Schweden in der Wohnung an. Eine Frau mit Kopftuch, Lina, mit ihrer dreizehnjährigen

Tochter. Eigenartig, für eine Frau mit Kopftuch ist es nicht üblich, mit fremden Männern in einer Wohnung zu übernachten. Dieser Dame scheint es egal zu sein. Sie hat es sicher schon im Vorhinein gewusst. Aber gut, wir Männer schlafen alle im Wohnzimmer, und sie kann mit ihrer Tochter das Schlafzimmer benützen. Zumindest wirkt sie sympathisch und ist sehr freundlich.

»Ihr habt sicher schon lange nichts Ordentliches mehr zu essen gehabt. Ich bringe jetzt meine Sachen ins Schlafzimmer, dann gehe ich in die Küche und koche für uns«, verspricht sie uns.

Da ich ein leidenschaftlicher Koch bin, biete ich ihr an zu helfen. Die drei Männer und das junge Mädchen spielen im Wohnzimmer Karten, Lina und ich kochen. Es ist ein harmonisches Zusammenarbeiten, wie es immer ist, wenn Menschen gemeinsam kochen. Die Frau erregt meine Neugier. Für mich klingt es alles andere als plausibel, dass sie und ihre Tochter für zwei Tage nach Athen gekommen sind, nur um Bilal zu besuchen und aufzubauen. Ich möchte sie aber nicht gleich mit dahin gehenden Fragen überfallen, sondern erkundige mich zuerst nach etwas Belanglosem, bis ich schließlich doch zu meiner Kernfrage vordringe: »Wie ist das Leben in Schweden?«

»Langweilig und sehr dunkel. Als wir angekommen sind, wurden wir, bevor wir den Asylbescheid bekommen haben, in einem Quartier ganz im Norden des Landes untergebracht. Es schneit dort ununterbrochen, und es gibt dort viele Menschen, die sich umbringen wollen, weil es monatelang finster ist.«

»Aber du bist doch sicher froh, dort in Sicherheit zu leben?«, frage ich weiter.

»Ja, sicher, aber auf Dauer macht es depressiv. Außerdem ist es dort für Flüchtlinge nicht viel besser als in Athen. Ich verstehe nicht, warum ihr so viel Geld ausgebt, um dorthin zu kommen. An eurer Stelle würde ich in dieser sonnigen Stadt bleiben«, antwortet sie. Ihre Aussage überrascht mich nicht. Es ist mir bewusst, dass die meisten, die schon vor längerer Zeit in Schweden angekommen sind und dort nun ein Auskommen haben, Neuankömmlingen gegenüber skeptisch sind. Sie haben wahrscheinlich Angst um ihre Arbeitsplätze, die normalerweise Flüchtlinge bekommen, oder um den guten Ruf, der durch Neuankömmlinge vielleicht geschädigt werden könnte. Ob es Gier ist oder Existenzangst oder die Erinnerung an die traurige Vergangenheit, weiß ich nicht. Ich habe das inzwischen auch in Österreich erlebt. Einige Menschen, die schon vor einigen Jahrzehnten aus ähnlichen Gründen hierhergekommen sind, waren diejenigen, die am wenigsten Mitleid gezeigt haben. Es fällt ihnen vermutlich schwer zu akzeptieren, in die gleiche Kategorie wie wir eingeordnet zu werden.

Ich lasse mich jedoch nicht so schnell überzeugen und sage: »Lina, das überrascht mich jetzt. In Schweden gibt es sicher bessere Bedingungen, sich schnell zurechtzufinden und zu entfalten. Ich möchte trotzdem weg von hier. Ich suche eine bessere Perspektive und strebe immer nach dem Besten, und es ist durchaus mein Recht, anspruchsvoll zu sein, auch wenn ich auf der Flucht bin. Ich erwarte nicht, etwas geschenkt zu bekommen, ich werde mich anstrengen, um meinen Ansprüchen Genüge leisten zu können. Das ist dann sowohl für mich als auch für das Land, in dem ich Zuflucht gefunden habe, eine Win-win-Situation. Vor allem möchte ich in einem Land leben, in dem ich als Mensch respektiert werde.«

Wir unterhalten uns weiter, und sie erzählt mir, dass sie in Schweden noch einen Sohn hat, der so alt wie Bilal ist. Ich erfahre von ihr auch, dass Bilal einen Bruder in Schweden hat. Dieser Bruder hat ihr das Ticket nach Athen gekauft, damit sie Bilal nach seinem gescheiterten Versuch ein bisschen aufbauen kann. Es scheint ihm finanziell recht gut zu gehen, also dürfte in Schweden doch nicht alles schlecht sein.

Zum Glück ist das Essen trotz dieses heißen Themas nicht zerkocht. Nach der gemeinsamen Mahlzeit gehen Lina und ihre Tochter bald schlafen, da sie am nächsten Tag spazieren und einkaufen gehen wollen. Ich muss auch früher schlafen gehen, denn ich bin morgen Früh mit Elena verabredet. Sie hat einen Plan für mich.

Botschaften

Wie fremd fühle ich mich, wenn ich mich selber bemitleide?
GIBRAN KHALIL GIBRAN

Die Tauben scheinen sich an mein Frühstücksfrappé auf dem Balkon gewöhnt zu haben. Zur gleichen Zeit wie jeden Tag landen sie auch heute auf dem Geländer und erwarten ihre Brotreste, mit denen ich sie immer füttere. Sie scheinen die einzigen Lebewesen in Griechenland zu sein, die immer pünktlich sind. Aber das kenne ich ja auch aus Syrien. Auch dort ist Pünktlichkeit kein Thema. Diesmal allerdings will ich mich genau an die vereinbarte Zeit halten, denn Elena wartet im Stadtzentrum auf mich. Wenn sie sich die Zeit nimmt, um mir zu helfen, will ich sie nicht warten lassen. Außerdem bin ich auf ihren Plan gespannt. Es ist Mittwoch, und Athen ist vorweihnachtlich geschäftig. Viele Menschen sind unterwegs, der typische Stress in diesen Wochen. Ich habe einen Vorsatz: Athen zu verlassen und Weihnachten in Schweden zu erleben.

Elena und ich setzen uns mit einem Frappé to go auf eine der zahlreich in Athen stehenden Bänke. Sie ist sehr betroffen, dass meine beiden Versuche schiefgegangen sind. »Warum musst du das Land illegal verlassen? Ich habe recherchiert und herausgefunden, dass du in der Botschaft von Dänemark oder Schweden ein Zuwanderervisum oder ein Arbeitsvisum beantragen kannst. Dann kannst du ganz legal ausreisen. Was hältst du davon?«, stellt Elena die Frage und wartet aufmerksam auf meine Reaktion.

»Ich habe keine Ahnung, wovon du sprichst. Das klingt grundsätzlich langwierig. Ich weiß nicht, ob das überhaupt möglich ist. Ich bin ja hier in Griechenland auch illegal, ich kann doch nicht offiziell ein Visum beantragen.«

»Wenn du einen gültigen Reisepass hast, und das hast du ja, geht das. Wir können es versuchen und sehen, was sie uns sagen.«

Elenas Zuversicht und ihr Eifer reißen mich mit. »Weißt du, wo die schwedische Botschaft ist?«, frage ich schon ziemlich motiviert. »So ungefähr. Aber wir dürfen es nicht nur auf der schwedischen Botschaft versuchen, sondern auch bei den anderen europäischen.«

Auf meinem Handy rufe ich die Botschaften in Athen auf und eruiere, welche in der Nähe angesiedelt sind. Am nächsten liegt die österreichische Botschaft, aber dorthin will ich nicht. Ich kenne dort niemanden und weiß auch nichts über dieses Land. Das Einzige, was ich weiß, habe ich aus Beobachtungen, die ich in Damaskus selbst angestellt habe. Neben dem Magistrat war das Büro der UNO. Die Österreicher hatten hellblaue Helme auf, waren groß und redeten in einer Sprache, die ähnlich wie Deutsch klang und gingen ständig in gestresstem Schritttempo. Und irgendwie dürften sie ein eigenartiges Verständnis von der Flagge des Roten Kreuzes haben, die roten Streifen an ihren Schultern bildeten kein Kreuz, sondern liefen parallel zueinander.

Wir entscheiden uns, als Erstes zur dänischen Botschaft zu gehen und es dort zu versuchen. Die Botschaft ist in einem größeren Wohnblock untergebracht und nur durch ein kleines Schild an der Tür als solche zu erkennen. Nachdem Elena mithilfe der Gegensprechanlage unser Anliegen erklärt hat, öffnet sich die Tür, und wir werden eingelassen. Eine Dänin führt mit uns das Gespräch auf Englisch, da sie zu wenig Griechisch kann, um Elena zu verstehen. Ich ergreife also das Wort und kann mein Anliegen selbst vorbringen. Die Dame ist sehr mitfühlend und freundlich, muss uns aber erklären, dass es ein solches Visum nicht gibt. »Das war erst die erste Botschaft, wir haben noch einige, bei denen wir es versuchen können«, bleibt Elena zuversichtlich.

Die schwedische Botschaft liegt nur ein paar Blöcke dahinter, auch in einer ganz bescheidenen Gegend. Auf unser Klingeln öffnet sich die Tür von selbst. Eine schwedisch aussehende Frau sitzt hinter einer Glasscheibe und spricht durch eine kreisrunde Öffnung in gutem Griechisch mit Elena. Nach ein paar Sätzen, in denen augenscheinlich über mich gesprochen wird, die Frau schaut nämlich immer wieder zu mir und nickt mit dem Kopf, steht sie auf, kommt zu uns heraus und gibt Elena einen Rat: »Das ist keine gute Idee. Es kann Monate dauern, bis dieser Antrag erledigt wird, und außerdem kann er auch abgelehnt werden. Besser ist es, er schafft es illegal nach

Schweden, dann bekommt er mit Sicherheit Asyl.« Auf dem Weg zur deutschen Botschaft übersetzt Elena mir das, was ihr die Frau in der schwedischen Botschaft unter der Hand gesagt hat. Ich bin sehr beeindruckt, wie freundlich und nett diese Menschen sind. Leider hilft mir das nicht, Athen legal zu verlassen.

Die deutsche Botschaft, die in einer riesigen alleinstehenden Villa untergebracht ist und genauestens vom Sicherheitsdienst bewacht wird, gleicht einer Festung. Eine kurze Leibesvisitation, dann dürfen wir hinein. In einem Raum sitzen schon einige Menschen, und wir müssen warten, bis wir an der Reihe sind, um vorgelassen zu werden. Wiederum ist es eine Frau hinter Glas, die uns Auskunft gibt: »Ein Zuwanderervisum können wir nicht ausstellen. Ein Arbeitsvisum wäre grundsätzlich denkbar. Allerdings werden solche Visen auch nicht mehr genehmigt. In Deutschland ist die Stimmung etwas angespannt, da wir selbst eine höhere Arbeitslosigkeit haben als früher.« Elena kann nichts darauf erwidern. Ich bedanke mich bei der Frau, und wir verlassen die Botschaft. Schweigend und ziellos gehen wir eine Weile. Dann breche ich das Schweigen. Ich möchte nicht, dass Elena traurig ist, weil ihr Plan gescheitert ist. »Danke, Elena! Es war einen Versuch wert. Es hätte ja auch funktionieren können!«

Plötzlich läutet mein Handy. Es ist Bilal, ein aufgeregter und glücklicher Bilal. Was ist los? »Ich bin gerade auf dem Flughafen in Stockholm angekommen. Ich hab' es geschafft! Ich hab' es geschafft! Ich bin geflogen! Ich bin in Schweden!«

Das böse Auge

Unser Neid dauert stets länger als das Glück derer, die wir beneiden.

François de La Rochefoucauld

Lina, die Frau, die Bilal als seine Verwandte ausgegeben hat, ist, wie sich herausstellt, nicht im Entferntesten mit ihm verwandt. Sein Bruder hat sie engagiert. Mit dem Reisepass ihres Sohnes ist Bilal ohne Probleme durch alle Kontrollen gekommen. Die beiden sehen einander sehr ähnlich. Darüber, ob Lina Geld dafür bekommen hat oder nicht, sagt uns Bilal nichts am Telefon. Aber eines weiß ich jetzt genau, dass diese Frau auch dumm ist. Wäre sie erwischt worden, hätte sie sofort, als erste Maßnahme, ihren Asylstatus verloren. Dazu wäre noch eine saftige Geldstrafe oder sogar ein Freiheitsentzug gekommen. Dass das passieren kann, weiß ich aus Erzählungen, etwa von einem anderen Syrer, der seinem Bruder dabei helfen wollte, nach Schweden zu gelangen, um dort um Asyl ansuchen zu können. Sein Bruder war vor dem Militär geflohen und in der Türkei gelandet. Daraufhin schickte er ihm seine schwedischen Reisedokumente mit der Post zu, und dieser versuchte, mit den Dokumenten seines Bruders auszureisen. Am Flughafen fiel der Schwindel auf. Der Bruder in Schweden verlor daraufhin seinen Asylstatus.

Es ist unglaublich, was diese Menschen alles versuchen, um an ihr Ziel, das verheißene glückliche Leben, zu gelangen. Ist Europäern eigentlich bewusst, was sie allein durch die Tatsache, auf diesem Kontinent geboren worden zu sein, geradezu geschenkt bekommen haben?

Zurück in der Wohnung. Ich weiß nicht, wie ich den anderen die Nachricht übermitteln soll. Als ich jedoch den Raum betrete, zwingen sie mich geradezu dazu. »Weißt du, wo Bilal ist? Was ist mit ihm? Wir haben zu Mittag gekocht, aber er ist nicht erschienen, und wenn ich ihn anrufe, hebt er nicht ab«, sagt Kito. Die beiden Männer liegen auf dem Bett und spielen mit ihren Handys.

»Bilal ist in Schweden«, sage ich leise.

Sie nehmen meine Antwort nicht ernst und spielen weiter. »Mach keine dummen Witze!«, sagt Amar ohne aufzuschauen.

»Ich mache keine Witze, es ist bitterernst. Bilal ist in Schweden.«

Amar und Kito setzen sich gleichzeitig auf und schauen mich prüfend an. Zeigt meine Mimik irgendwelche Anzeichen von Witz? Ist ein Lächeln um meine Mundwinkel? Blitzen meine Augen? Nichts von alledem.

»Er hat mich vorhin vom Flughafen in Stockholm angerufen, er ist wirklich dort. Und die Dame war keine Verwandte, sondern irgendeine Frau, die sein Bruder gefunden und bezahlt hat.«

»Warum hat er uns nichts gesagt?«, wundert sich Kito.

»Er hatte Angst vor dem bösen Auge«, ist die einzige Erklärung, die mir dazu einfällt. Die beiden sind sehr überrascht und gleichzeitig enttäuscht, dass Bilal ihnen nichts von seinem Plan erzählt hat. Wir sitzen schweigend beieinander und jeder hängt seinen Gedanken nach.

Ich will jetzt nicht behaupten, dass Kito und Amar missgünstig sind, aber sie waren mit Bilal neun Tage zu Fuß unterwegs und hätten sich gefreut, wenn er sie zu Vertrauten gemacht, ja, sie eingeweiht hätte.

Die Menschen in Syrien sind sehr abergläubisch. Wenn man zum Beispiel etwas Neues gekauft hat, oder etwas plant, verbirgt man es aus Angst vor dem bösen Blick. Deswegen tragen die Menschen häufig einen blauen Stein mit dem *Auge der Fatima* an einem Band oder einer Kette um den Hals. Jenes *Auge der Fatima* soll vor dem bösen Blick schützen. Ob der Neid wirklich durch die Augen ausgestrahlt wird und Schaden verursacht, kann man nicht beweisen. Ich kannte allerdings in Damaskus mehrere Personen, die im Ruf standen, dazu in der Lage zu sein. Ein Nachbar in meinem Alter namens Abdo war dafür bekannt, dass seine Augen gnadenlos wären und niemandem etwas gegönnt hätten. Ich habe das dreimal selbst erlebt. Das erste Mal, als ich 17-jährig mein erstes Handy mit Touchscreen gekauft habe. Alle meine Freunde hatten mir davon abgeraten, Abdo das neue Handy zu zeigen. Ich hielt das für Unsinn und hielt es ihm voller Freude vor die Augen. Er nahm es in die Hand und schaute es mit großen Augen an: »Wow, wie geil. Die Auflösung ist sehr scharf«, sagte er und gab es mir wieder. Ich nahm es in Empfang und wollte es in meine Tasche stecken, steckte es jedoch leider daneben. Das Handy fiel neben mir auf den Boden, und das Display hatte einen Sprung.

Das zweite Mal saßen alle meine Freunde in meinem Wohnzimmer, um *El Clásico*, das Fußballspiel zwischen Real Madrid und Barcelona, im Fernsehen anzuschauen. Zugegebenermaßen streamten wir es illegal, weil uns das Abo zu teuer gewesen wäre. Da kam Abdo herein. »Toll! Was für ein Empfang! Das Bild ist klar und scharf, es flimmert gar nicht, wie es bei mir zu Hause immer der Fall ist!« Kaum war das ausgesprochen, brach die Verbindung zusammen. Alle Versuche, sie wieder in Gang zu bringen, scheiterten. Es gelang uns erst wieder, als das Spiel zu Ende war. Meine Freunde haben mich aufs Heftigste beschuldigt, weil ich Abdo eingeladen hatte!

Das dritte Mal hatte ein Freund mich und Abdo eingeladen, um sein neues Auto anzusehen. Wir wollten damit einen kleinen Ausflug machen. Abdo saß vorne, fotografierte in einem fort und schickte die Fotos voll Begeisterung seinen Freunden. Er nahm auch Sprachnachrichten auf: »Das ist bei Weitem das geilste Auto, mit dem ich jemals mitfahren durfte!« Mahdy, der Fahrer, begann seinen Speichel runterzuschlucken und mich durch den mittleren Spiegel mit großen Augen anzuschauen. Er schien Angst zu haben. Als wir stoppten, um schnell etwas einzukaufen, übersah er einen Begrenzungspfosten und fuhr sein neues Auto dagegen.

Es gibt sicher noch viele Geschichten, die von der Macht von Abdos Augen erzählen können. Übrigens gibt es auch in Österreich abergläubische Menschen. Noch jedes Mal, wenn ich mich auf angekündigtes schönes Wetter gefreut habe, habe ich zu hören bekommen: »Verschrei es nicht!« oder »Klopf auf Holz!« und noch vieles mehr.

Am nächsten Tag wird die Stimmung schlagartig besser, als der Schlepper von Kito und Amar ihnen mitteilt, dass sie zum Wochenende abfliegen sollen, allerdings nicht von Athen, sondern von Kreta aus. Dort sei die Kontrolle weniger genau. Für mich bedeutet das, dass ich dann alleine hier wohnen muss. Das macht mir jedoch nichts aus, schließlich bin ich auch alleine aufgebrochen. Für lange Zeit ist es ohnehin nicht, denn Fadi ruft an und teilt mir mit, dass der mir versprochene französische Pass Badr ausgehändigt worden ist und ich ebenfalls zum Wochenende Athen verlassen soll.

Rollstuhl

99 Prozent von uns sind gute Menschen, die andere respektieren
und einander Frieden wünschen.
Die anderen ein Prozent beherrschen uns und sagen,
dass wir uns im Krieg befinden.
LEE CAMP

Am Dienstag erfahre ich durch Fadi von dem neuen Plan, der am Samstag umgesetzt werden muss. Bis dahin bleibt noch viel Zeit, Zeit, in der Menschen zur Welt kommen oder auch sterben. Die Schlepper versuchen absichtlich, uns zum Wochenende auszufliegen. Da sind mehr Passagiere auf den Flughäfen und die Kontrollen daher weniger sorgfältig und genau. Für Amar und Kito bedeutet das, dass sie am Freitag mit dem Schiff nach Kreta fahren müssen. Bis dahin haben wir Zeit zum Plaudern – über die alten Zeiten, unsere Vergangenheit. Es tut immer gut, über schöne Erinnerungen zu sprechen, über die Heimat und darüber, wie gut es uns ergangen ist, auch wenn wir das damals nicht schätzen konnten. Das lenkt uns davon ab, an unsere Gegenwart und an die ungewisse Zukunft zu denken.

Am Freitag fahre ich mit Amar und Kito zum Hafen. Wir verabschieden uns herzlich voneinander und versprechen einander, auch weiterhin in Kontakt zu bleiben. Ich möchte sie in Deutschland und sie mich in Schweden besuchen kommen.

Mein Weg führt mich dann zu Badr, um meinen Pass zu holen. Ich erlebe wieder dieselbe Situation wie beim letzten Mal: Es riecht intensiv nach Drogen. Es geht jedoch alles gut, ich bekomme meinen Pass und mein Flugticket. Badr ist diesmal nicht sehr kommunikativ. Mir ist es recht, ich habe keine Lust, seinen Angebereien zuzuhören. Ich verabschiede mich und bin gleich wieder weg.

Fadi hat sein Versprechen gehalten. Es ist tatsächlich ein echter französischer Reisepass, keine schlechte Fälschung. Das spürt man schon beim Angreifen. Diesmal heiße ich Olivier. Dieser Name gefällt mir. Ich bin sehr zuversichtlich. Trotzdem lässt mich der Gedanke einen Augenblick lang nicht los, wie sie zu diesem Pass gekommen sind. Ob sie diesem Olivier, der mir recht ähnlichsieht, den Pass gestohlen haben? Oder haben sie ihm seine verlorene Tasche nicht zurückgegeben? Schnell wische ich diese Gedanken wieder weg, denn im Moment muss es mir egal sein. Hauptsache, ich habe einen ordentlichen Pass und kann damit ausreisen.

Der Flug wird am Samstag um zwei Uhr nachmittags sein und soll auch dieses Mal nach Kopenhagen gehen. Die Nacht zum Samstag verbringe ich fast ohne zu schlafen, weil ich dauernd darüber nachdenken muss, was ich diesmal am Flughafen anders machen könnte. Ich will aus meinen schlechten Erfahrungen lernen und diesmal alles richtig machen. Ich versetze mich im Geist in die Lage eines normalen Passagiers, der mit echten Papieren unterwegs ist. Ich entschließe mich – anders, als Fadi es vorgeschlagen hat –, meinen Boardingschein nicht am Automaten zu holen, sondern ganz normal beim Schalter der Fluggesellschaft einzuchecken. Ich möchte die Möglichkeit haben, mit anderen Passagieren ins Gespräch zu kommen. Auch dem Flugpersonal ist mein Gesicht dann schon vertraut, da es dieselben Personen sind, die nachher beim Gate stehen und alles kontrollieren. Ich bin dann kein Fremder mehr für sie.

Kurz bevor ich den Flughafen betrete, telefoniere ich mit Fadi. Aber von meinem Vorhaben erzähle ich ihm nichts, ich will keine langen Diskussionen mit ihm. Mir fällt auf, dass ich nicht mehr so aufgeregt bin, wie die beiden Male vorher. Ich bin jetzt kein Anfänger mehr, ich habe ja schon Erfahrung. Ganz selbstbewusst gehe ich ohne zu zögern zum Schalter. Dort steht eine stark geschminkte junge Frau in Leggins vor mir, die einen kleinen Hund in einer Box trägt. Das ist für mich eine gute Gelegenheit, mit ihr ins Gespräch zu kommen.

»So ein süßer Hund! Fliegt der auch nach Kopenhagen?«

Sie antwortet zwar lächelnd, aber sichtlich nicht interessiert an einem längeren Gespräch. »Ja, danke.«

Aber so schnell gebe ich nicht auf. »Ich habe zu Hause auch einen Hund.«

»Wirklich? Cool.«

In diesem Moment klingelt ihr Handy. »Sorry, ich muss abheben.« Überraschung! Sie spricht Arabisch. An ihrem Dialekt erkenne ich, dass sie aus dem Libanon kommt. Sie hat jedoch einen dänischen Pass in der Hand und scheint daher schon länger in Dänemark zu leben. In diesem Moment ist mir klar, dass ausgerechnet sie nicht die Person ist, mit der ich mich oben vor dem Sicherheitsdienst unterhalten möchte. Jetzt bin ich am Schalter, bekomme meinen Boardingschein, drehe mich um und stehe neben einer alten Dame im Rollstuhl. Sie hält ebenfalls einen Boardingschein von derselben Fluggesellschaft in der Hand und scheint auf etwas oder jemanden zu warten. Ohne zu zögern wende ich mich an sie. »Wollen Sie zum Gate 21?«

»Ja, aber ich warte auf den Flugbegleiter, der mich hinbringen wird«, antwortet sie freundlich lächelnd.

»Ich gehe zum selben Gate, ich kann Sie gerne dort hinführen.«

»Ja, wenn das für Sie keine Umstände macht, gerne!«

Ich greife nach dem Rollstuhl, da bietet sie mir an, meine Jacke, die ich über den Arm gehängt habe, auf ihren Schoß zu legen. Ich gebe sie ihr, und wir fahren ganz selbstbewusst los. Als wir unsere Scheine einscannen und bei der ersten Kontrolle vorbeigehen, beachten uns die Männer von der Security überhaupt nicht. Wir plaudern auf Englisch und gehen einfach weiter. Die Dame ist sehr nett und scheint aus einem besseren Haus zu kommen, ihre Kleidung ist sichtlich teuer, und sie ist sehr gepflegt. Ich möchte ein bisschen mehr über sie erfahren, damit wir Gesprächsstoff haben. Ihrem angenehmen Akzent nach scheint sie aus Skandinavien zu kommen.

»Woher kommen Sie?«

»Aus Schweden.«

Richtig gehört. Ich rechne allerdings nicht damit, dass auch sie dasselbe von mir wissen will. Im ersten Impuls hätte ich fast »Aus Syrien« gesagt, kann mich aber in letzter Sekunde noch zurückhalten. »Aus Frankreich.«

»Ich liebe Frankreich! Wir hatten ein Haus in Lyon, mein verstorbener Mann und ich!«

Daraufhin sagt sie etwas auf Französisch. Ich spreche weiterhin Englisch: »Toll, Sie können auch Französisch?« Ich lasse ihr keinen

Moment Zeit für eine Antwort und spreche sofort weiter: »Aber ich bin froh, dass Sie auch so gut Englisch sprechen, denn ich bin hier, um mein Englisch zu verbessern.« Wiederum will ich sie nicht antworten lassen und rede in einem fort weiter: »Da ist ein Kiosk. Möchten Sie etwas zu essen oder zu trinken?«

»Oh ja, sehr gern. Ich muss meine Medikamente einnehmen. Außerdem habe ich seit einigen Stunden nichts mehr gegessen.«

Also bleiben wir stehen, und ich kaufe für sie von meinen allerletzten dreißig Euro eine kleine Flasche Wasser und ein Croissant. In Gedanken führe ich ein Selbstgespräch: Es ist egal, ich brauche hier kein Geld mehr. Wenn ich dann in Dänemark bin, wird sich alles Weitere finden.

Sie möchte mir meinen kleinen Einkauf bezahlen, aber ich winke ab. Sie bedankt sich, und wir gehen weiter. Auf dem Weg zu unserem Gate kommt uns ein Polizist mit einer Gruppe von Syrern entgegen. Ihre falschen Papiere sind aufgeflogen und sie werden in das besagte Büro gebracht. Mitten unter ihnen befindet sich eine weinende Frau. Die Dame im Rollstuhl sieht sie und ist voller Mitleid. »Diese armen Menschen, die vor dem Krieg flüchten. Was sie alles auf sich nehmen, damit sie normal leben können, und wir hier diskutieren über Luxusprobleme!«

Ich weiß darauf nichts zu sagen, meine Zunge ist gebunden. Ich bin zu aufgewühlt. Nur ein Wort bringe ich heraus: »Schicksal!«

Mir gefällt diese Dame. Am liebsten hätte ich ihr gleich gesagt, dass ich auch aus Syrien komme. Aber ich möchte meinen Plan nicht gefährden und damit erst in Dänemark herausrücken. Wir gehen weiter in Richtung Gate und setzen uns für die kurze Wartezeit bis zur Öffnung des Gates auf eine Bank und unterhalten uns über alles Mögliche. Dann werden die Passagiere der Business Class aufgerufen.

»Ich muss jetzt hinein, kommen Sie!«, sagt die Dame im Rollstuhl.

»Aber mein Ticket ist nur für die Economy Class!«

Meine Stimme klingt traurig. Sie lächelt mich an: »Egal, kommen Sie mit, ich sage, dass Sie mein Sohn sind.«

Ich strahle plötzlich vor Freude. Das ist ja noch viel besser als mein Plan! Wir gehen zum Gate. Die Polizisten stehen ein bisschen abseits und unterhalten sich. Die Passagiere der Business Class werden anscheinend nicht kontrolliert.

Beim Schalter spricht die Dame die Flugbegleiterin an: »Können wir schon hinein?«

Die Stewardess kontrolliert die Tickets. »Sie können hinein, aber der Herr hat nur ein Economy Ticket, er muss noch warten.«

»Wir gehören zusammen. Er hilft mir im Flugzeug aus dem Rollstuhl.«

»Das können doch wir für Sie machen.«

»Nein, das passt schon, das schaffen wir schon alleine.«

Da öffnet sie die Sperre.

»Bitteschön.«

Ich kann kaum glauben, was da gerade passiert. Wir gehen durch den Tunnel zum Flugzeug. Unsere Schritte dröhnen laut. Die Dame spricht mit mir, aber ich kann ihr vor lauter Aufregung nicht zuhören. Ich höre nur die Stimme eines Mannes, der uns von hinten etwas nachruft. Es ist ein Mann vom Sicherheitsdienst. Die Dame fragt ihn, was los sei.

»Wir müssen Ihre Pässe noch kurz kontrollieren!«, sagt der Polizist und sieht mich misstrauisch an. Sie überreicht ihm ihren roten schwedischen Pass, ich stehe hinter ihr mit meinem französischen. Als mir der Mann in die Augen schaut, kann ich meine Nervosität nicht verbergen.

»Herr Olivier, Sie haben auffällig grüne Augen. Im Pass steht, Sie haben blaue Augen.«

»Die haben sich nur vertippt«, sage ich und versuche ruhig zu bleiben. Das überzeugt ihn aber nicht. »Bitte kommen Sie mit.«

Die Dame ist irritiert. »Was ist los? Wir fliegen doch gleich ab!«

Der Polizist beruhigt sie und holt eine Stewardess. »Sie hilft Ihnen umzusteigen. Der Herr muss schnell ein paar Fragen beantworten.«

Schockiert gehe ich hinter dem Polizisten durch den Tunnel zurück. Mir ist sofort bewusst, dass es sich nicht nur um ein paar Fragen handelt und der ganze Plan von ihm durchschaut worden ist. Seine Körpersprache und seine ironischen Blicke sagen alles. Er stellt mich vor der Sperre auf die Seite neben den Polizisten und kontrolliert die anderen Passagiere weiter. Es ist vorbei. Alles war umsonst.

Stromausfall

Es dürfte kaum einen Menschen geben, der nicht trauert.

ANTONIO PORSCHE

Am Heimweg informiere ich alle, meine Familie, Sarah, Elena, Fadi und alle anderen, die auf eine Nachricht von mir warten, dass dieser Versuch ebenfalls gescheitert ist. Kito und Amar kann ich nicht erreichen, sie haben ihr Telefon ausgeschaltet. Das überrascht mich nicht, denn sie müssen bereits im Flugzeug sitzen oder kurz vor ihrem Abflug sein. Ich freue mich natürlich, wenn sie es schaffen, aber ich habe mich schon so an sie gewöhnt. Wir sind Freunde geworden. Sie werden mir fehlen. Die Wohnung hat zwar nur 45 Quadratmeter, aber ohne die zwei ist sie mir zu groß und unheimlich geworden. Fadi sagt außer ein paar unflätigen Flüchen gar nichts, ich habe auch keine Lust, mit ihm lange zu debattieren.

Da Elena die Einzige ist, die ich jetzt in Athen kenne, bitte ich sie, sich mit mir zu treffen und einen Spaziergang zu machen. Ich will jetzt nicht alleine sein. So gehen wir lange Zeit in der langsam hereinbrechenden Dämmerung durch die Straßen der Stadt. Plötzlich läutet mein Handy. Auf dem Display sehe ich Kitos Namen. Ich bin gespannt, auf welchem Flughafen sie gelandet sind.

»Koch uns etwas Gutes, wir sind am Verhungern! Wir sitzen auf dem Schiff und sind wieder auf dem Weg zurück nach Athen!«

»Ernsthaft?«

»Du bist nicht der Einzige, der sich hat erwischen lassen«, lacht Kito. »Die Polizisten haben es direkt gerochen, dass wir aus Syrien kommen. Und außerdem: Wir lassen dich doch nicht allein!« In diesem Moment bin ich erleichtert, obwohl es mir natürlich für sie leidtut, denn geteiltes Leid ist halbes Leid.

Elena verstummt bei dieser Nachricht. Sie ist bereits von meinem Scheitern sehr betroffen. Jetzt muss sie dasselbe auch von Kito und Amar hören. Wir gehen schweigend eine Weile weiter. In der Metrostation möchte ich mich gerade von ihr verabschieden, da rückt sie mit einer neuen Idee heraus.

»Ich habe diesmal einen sehr guten Plan.«

»Bitte?«

»Sag deinem Schlepper, er soll einen griechischen Ausweis für dich besorgen.«

»Und?«

»Wir fliegen gemeinsam.«

»Wie bitte?«, frage ich mit offenem Mund, als hätte ich mich verhört.

»Ja, ich fliege mit dir. Wir geben uns als Paar aus, und ich spreche die ganze Zeit mit dir Griechisch. Dann fallen wir dem Sicherheitsdienst nicht auf«, erzählt Elena entspannt ihren Plan, als würde sie ein Picknick planen.

»Du spinnst. Vergiss es, das ist viel zu gefährlich für dich!«

»Nein, das ist mein Ernst. Wir machen das. Wir schaffen das schon!«

»Und wenn du erwischt wirst? Du weißt, dass du dann ins Gefängnis kommst?« Mit großen Augen wundere ich mich über ihren Plan.

»Wir werden nicht erwischt. Und wenn doch, dann sagen wir einfach, dass du mich erst jetzt angesprochen hast und irgendetwas von mir wissen wolltest.«

»Ich muss deinen Vorschlag erst einmal überschlafen und auch mit Fadi besprechen, ob das mit dem griechischen Ausweis überhaupt möglich ist.«

Ich bin völlig überrascht von dem Mut und der Großzügigkeit dieser Frau. Der Plan klingt überzeugend. Aufgeregt übermittle ich Fadi gleich Elenas Vorschlag. Er reagiert zurückhaltend und will mir dann später Bescheid geben.

Als ich am nächsten Tag aufwache, glaube ich, wieder in Syrien zu sein – kein Licht, kein Strom, obwohl alle Sicherungen in Ordnung sind. Mein Vermieter macht mir wenig Hoffnung, dass an diesem Tag noch etwas möglich ist, denn es ist Sonntag, und bei der Elektrizitätsgesellschaft ist sicherlich niemand erreichbar. Allerdings funktioniert das Licht auf dem Gang und auch in einer der unteren Wohnungen, in der mir ein Mann auf mein Klopfen hin öffnet. Er scheint aber leider kein Englisch zu verstehen. Während ich auf die Lampe deute und versuche, ihm buchstäblich mit Händen und Füßen mein Anliegen zu erklären, ruft ein Mann von drinnen auf Arabisch in ägyptischem Dialekt: »Was ist los? Wer ist da an der Tür?«

Ich bin sehr erstaunt und frage den Mann, der vor mir steht, ebenfalls auf Arabisch: »Bist du aus Ägypten?«

Auch er ist erstaunt. »Ja!«

Wir sprechen ein bisschen in der Tür miteinander. Ich erzähle ihm mein Problem, woraufhin er mich hereinbittet, um mit ihnen einen Tee zu trinken. In der Wohnung sitzen noch zwei Männer. Alle drei sind aus Ägypten und vor acht Jahren nach Griechenland geflohen. Dort sind sie schließlich geblieben und arbeiten seither als Bauarbeiter. Sie sind sehr freundlich und bieten mir an, in ihrer Wohnung mein Handy aufzuladen oder zu kochen. Überhaupt könne ich in ihrer Wohnung alles machen, was ich wollte. Ich erzähle ihnen die Geschichte von Kito und Amar, dass sie bald kommen würden und hungrig seien. Der Jüngste der drei steht auf: »Komm mit in die Küche, wir kochen irgendwas aus deiner Heimat für uns und für deine Freunde. Ich liebe syrisches Essen!«

Er ist sehr offen und freundlich und kann nicht aufhören, von seinen Abenteuern mit griechischen Frauen zu erzählen, worauf er sichtlich sehr stolz ist. Ich will ihn irgendwie höflich unterbrechen und das Thema wechseln, also ergreife ich das Wort und frage ihn nach ihren Erlebnissen und ihrem Leben in Ägypten. So erfahre ich eine dramatische Geschichte: Er habe in Kairo gelebt und sei dort seinem Ingenieurstudium nachgegangen. Stammen würde er allerdings aus einem kleinen Dorf, in dem noch Blutrache praktiziert werde. Er habe bei Nacht und Nebel weggehen und Ägypten verlassen müssen. Sein Leben sei bedroht gewesen, weil sein jüngerer Bruder mit einem 17-jährigen Mädchen geschlafen habe. Er beschreibt das »Delikt« seines Bruders folgendermaßen: »Er hat das Mädchen geöffnet, als wäre es eine Coladose.« Was er damit meint, ist, dass er sie entjungfert hat. Sein Bruder sei danach nach Saudi-Arabien. Die Familie des Mädchens habe sich daraufhin furchtbar gerächt und seine Schwester auf grauenhafte Art ermordet. »Der Vater des Mädchens hat seine Pistole an ihre Vagina gehalten und sie erschossen«, erzählt er mit roten Augen, während er die Zwiebeln schält. Daraufhin habe seine Familie Rache für die erschossene Tochter genommen und den Vater des entjungferten Mädchens umgebracht. Nun wolle sich ihre Familie rächen, und er sei das erklärte nächste Opfer und vom Tod bedroht.

Für mich ist es eine gute Gelegenheit, mich noch genauer bei diesem Mann über das Thema Asyl in Griechenland zu informieren. Vielleicht kann ich mich doch von den Leiden der Flucht erlösen und einfach hier bleiben? »Wie läuft das, wenn man um Asyl in Griechenland ansucht?«, spreche ich meine Gedanken aus.

»Theoretisch geht das schon. Ich habe jedoch sieben Jahre auf den Abschluss des Asylverfahrens gewartet. Zum Glück ist es positiv ausgegangen, jedoch nicht ohne Bestechungsgeld. In diesem Zeitraum durfte ich schwarzarbeiten«, antwortet er mit Tränen in den Augen, während er die Zwiebeln weiterschneidet.

»Wie sieht es mit dem Studieren aus? Was hast du in Ägypten gemacht?«

Er hatte sein Ingenieurstudium abbrechen müssen. Und auf die Frage, ob er sein Studium nicht in Griechenland fortsetzen könne, antwortete er: »Jad, vergiss es. Wir können herkommen, hier bleiben und arbeiten, aber nur in solchen Jobs, die die Einheimischen nicht machen wollen. Medizin oder Ingenieurswesen zu studieren, kostet viel Geld, außerdem ist es unerwünscht.«

Meine Gedanken gehen nach Schweden. Hoffentlich ist es dort anders, denn ich habe noch große Träume für mein Leben, sonst hätte ich auch in der Türkei bleiben und in der Fabrik als Träger arbeiten können.

Am späten Nachmittag kommen Kito und Amar an, und wir sitzen zu sechst in der Wohnung der Ägypter. Kito erzählt von ihrem gescheiterten Versuch, und die Ägypter hören gespannt und interessiert zu. Kito ist wirklich überzeugt davon, dass die Polizisten sie am Geruch erkannt haben. »Es gab keinen anderen Grund. Die Papiere waren gut, wir waren ordentlich angezogen, wir haben uns ganz unauffällig verhalten. Es kann nur das gewesen sein.«

Ich nütze die Gelegenheit, die Männer ein bisschen über Badr, ihren Landsmann, auszuhorchen. Der Älteste von ihnen beantwortet meine Fragen: »Ägypter, die hier leben, haben zwei Möglichkeiten: Entweder sie arbeiten auf der Baustelle oder sie nützen andere Menschen aus. Wir kennen ihn, aber wir haben keinen Kontakt zu ihm. Für solche Landsleute schämen wir uns.«

Nach dem Essen gehen wir drei im schon weihnachtlich geschmückten Athen spazieren. Ich hoffe, Kito dadurch ein bisschen beruhigen zu können, denn er ist schon die ganze Zeit über sehr aufgeregt. Er schimpft in einem fort über alles, über die Flucht, den Krieg, al-Assad, Rebellen, USA, Russland, einfach über alle, die irgendwie daran beteiligt waren, dass er in diese jetzige Lage gekommen ist. »Ich versuche es nicht mehr mit dem Flugzeug. Ich bin nicht der Typ für das Fliegen. Ich muss etwas mit meinem Körper machen, etwas selbst tun. Amar, du kannst es gerne weiter versuchen. Ich werde mich zu Fuß auf den Weg machen.«

Ich versuche ihn zu beruhigen: »Jetzt musst du keine Entscheidung treffen. Schlaf einmal darüber, und morgen sprechen wir in aller Ruhe über alles.«

Wir kommen bei unserem Spaziergang auch an den Zelten der Demonstranten vorbei, sie halten noch immer die Stellung. Es wird langsam eng für sie, denn ihre Hoffnung, noch vor dem Jahreswechsel ausreisen zu können, schwindet zusehends. Sie werden noch immer von der Bevölkerung mit Essen und Trinken versorgt, aber die Behörden bleiben eisern.

Es ist gerade Essenszeit, irgendeine Organisation bringt große Töpfe mit Suppe und verteilt sie an die Demonstranten. Wir stellen uns in die Reihe dazu und bekommen auch einen Teller Suppe. Schließlich sind wir auch Flüchtlinge, die nur das Land verlassen wollen, und ich habe inzwischen ebenfalls kein Geld mehr, einige Münzen klimpern in meinen Taschen, und das ist mein gesamtes Vermögen. Wir kommen mit einigen Menschen ins Gespräch. Einer der Männer ist sehr verzweifelt. »Wenn ich alleine wäre, so wie ihr, würde ich keinen Tag länger hier sein. Aber ich habe Frau und Kinder bei mir. Ich kann ihnen doch nicht den ganzen Weg zu Fuß zumuten.«

Das ist natürlich Wasser auf Kitos Mühle. Ich hingegen denke immer wieder an Elenas Vorschlag. Ich bin sehr gespannt, was Fadi zu alledem sagen wird. Die anderen lasse ich an meinen Gedanken nicht teilhaben, noch bleibt es mein Geheimnis. Kurz bevor ich einschlafe, schockiert mich Fadi mit einer langen Nachricht auf meinem Handy. Er listet alles auf, was er bis jetzt für mich bezahlt hat, angefangen vom Libanon bis zum letzten Versuch: Flugtickets, Reisedokumente, Schiffsüberfahrten, einfach alles. Die Summe aus alldem ist genau der Betrag, der ursprünglich vereinbart worden ist. »Wie du siehst, ist alles Geld ausgegeben. Ich mache das jetzt nur mehr Rami zuliebe, ich besorge dir einen griechischen Ausweis und Flugtickets für dich und für deine Freundin nach Kopenhagen. Ich wünsche dir viel Glück, und dann sind wir fertig miteinander. Was du bei Rami behauptet hast, ist Unsinn. Kein Schlepper versucht es unendlich oft, bis jemand endlich ausreisen kann. Ich war sehr großzügig dir gegenüber, du brauchst mich diesbezüglich nicht mehr zu nerven«, lese ich da. Ich schicke diese Nachricht an Rami weiter. Rami ist nicht überrascht. Er hat das alles mit Fadi bereits durchgesprochen und ihm recht gegeben. Rami hat sich auch in Athen bei Bekannten erkundigt, und diese haben ihn auch darüber in Kenntnis gesetzt, dass ein Schlepper es nur ein- oder zweimal versucht, und er dann sein Geld bekommt.

Ich widerspreche ihm: »Das stimmt nicht, ich habe selbst einige getroffen, die nach einigen Versuchen ihr Geld zurückbekommen und den Schlepper gewechselt haben.«

»Das ist einfach nicht wahr, die haben dir nur Blödsinn erzählt. Jetzt sei froh, dass ich Fadi überreden konnte, dir noch einen letzten Versuch zu organisieren. Konzentriere dich lieber darauf, denn wenn du das schaffst, ist alles erledigt.«

Ich schreibe sofort Elena eine Nachricht, dass wir es versuchen und ihren Plan in die Tat umsetzen könnten: »Der Schlepper besorgt mir einen griechischen Ausweis und bucht zwei Flüge nach Kopenhagen für uns.« Sie meldet sich sofort, als hätte sie mit dem Handy in der Hand auf meine Nachricht gewartet. »Komm morgen auf die Uni, dann besprechen wir alles. Außerdem möchte ich dich ein paar Freunden vorstellen, denen ich ein bisschen von deiner Geschichte erzählt habe.«

Griechischer Plan

Ich habe nicht versagt. Ich habe nur tausend Wege gefunden,
wie es nicht funktioniert.
THOMAS EDISON

Universität – ein gutes Gefühl! Das letzte Mal auf einer Uni war ich in Damaskus, dort bin ich allerdings nie gerne hingegangen. Ich habe immer gejammert, dass das Studium so lange dauerte und viele Vorlesungen so langweilig wären. Ich war lieber im Büro und habe den Menschen geholfen, die ihre Häuser verloren haben, als im Hörsaal zu sitzen. Als ich jetzt diese glücklichen und lachenden Studenten in Athen erlebe, habe ich den überwältigenden Wunsch, wieder ein normales Leben führen zu können.

Unglaublich, wie sympathisch und nett diese Menschen sind. Elenas Freunde stehen um mich herum, als wäre ich ein Alien. Sie sind sehr interessiert an meiner Geschichte. Jakob studiert wie Elena Politikwissenschaft und ist sehr wissbegierig. Er möchte mich so vieles fragen und kann seine Neugierde kaum im Zaum halten. Wir sprechen lange und ausführlich miteinander. Politikwissenschaft zu studieren, ist ihm wirklich auf den Leib geschneidert. Er kennt sich gut aus und stellt relevante Fragen. Mich reißt es mit, denn ich liebe intelligente Menschen. Schließlich lädt er mich für den Abend zu einer Geburtstagsfeier einer Mitstudentin ein. »Sei mir nicht böse, aber ich bin nicht in der Stimmung zu feiern. Aber ich verspreche euch, wenn mir die Ausreise gelingt und alles gut geht, komme ich legal wieder hierher zu euch auf Besuch, und dann können wir feiern!«

Erst als wir wieder alleine sind, sprechen Elena und ich über unseren Plan. Ihren Freunden wollte sie davon nichts verraten. Sie möchte dann gerne zwei oder drei Tage in Kopenhagen bleiben, bis ich nach Schweden weiterreise, und danach wieder zurückfliegen. Wir möchten kein Hotel buchen, um im Fall des Scheiterns unseres

Plans das Geld für ein Hotel nicht zu verlieren. Elena freut sich sehr auf Kopenhagen, sie wollte die Stadt immer schon gerne besuchen. Wir planen, uns dort ein bisschen umzusehen. Ich bin einverstanden, erzähle ihr aber nichts von meinen leeren Taschen. Wenn alles gut geht, wird sich bis dahin schon eine finanzielle Lösung finden. Ich erinnere Elena noch einmal an unsere Abmachung: »Sollten sie uns erwischen, musst du sagen, wir haben uns erst hier am Flughafen kennengelernt, weil ich dich um Hilfe gebeten habe. Zufällig haben wir denselben Flug gebucht.« Elena nickt und wirkt entspannt. Im Gegensatz zu mir.

Ich muss Fadi Elenas Daten für das Ticket durchgeben, und er verspricht, in zwei bis drei Tagen alles erledigt zu haben, damit ich mir alle Unterlagen von Badr abholen kann. Während dieser Wartezeit machen sich Amar und Kito schlau, wie sie es diesmal zu Fuß schaffen könnten. Sie erkundigen sich bei Schleppern und bei Menschen, die es geschafft haben, und versuchen immer wieder, mich zu überreden, mit ihnen zu gehen.

Endlich, nach zwei Tagen, ist es so weit, ich kann die Reiseunterlagen von Badr abholen. Meinen diesmaligen Namen kann ich leider von meinem Ausweis nicht ablesen, er ist in griechischen Buchstaben geschrieben. Unser Flug soll morgen, am Freitag um sieben Uhr Früh, starten. Und in vier Tagen ist Weihnachten. Ich vereinbare mit Elena Zeit und Ort unseres morgigen Treffens. Wir sind beide gespannt und auch aufgeregt.

Am Abend sitzen wir drei Männer beisammen und reden. Ich wollte nicht wie Bilal einfach verschwinden und erzähle ihnen alles von meinem morgigen Vorhaben. »Ich will es noch einmal versuchen. Wenn es wieder schiefgeht, war das mein letzter Versuch und ich komme mit euch. Ich muss dann sowieso zu Fuß gehen, denn ich bin pleite und kann keinen weiteren Versuch mehr machen.«

Amar lächelt ironisch. »Glaubst du, der Weg zu Fuß ist gratis?«

»Wenn ich zu Fuß gehe, brauche ich keinen Schlepper. Das schaffe ich selbst.«

»Du wirst dich verlaufen und dein weiteres Leben im Wald verbringen, wie Mogli aus dem Dschungelbuch!«, scherzt Amar. Kito ist jedoch von meinem Plan begeistert und macht große Augen: »Ein super Plan! Morgen wirst du fliegen, du wirst sehen!« Er will morgen mitkommen und die Rolle Badrs übernehmen, also die Leute vom Sicherheitsdienst an der ersten Kontrolle beobachten und mir ein Zeichen geben, wenn sie abgelenkt und beschäftigt sind. »Dann gehen wir jetzt schlafen, morgen um halb vier in der Früh geht es wieder los.«

Alltag eines Krieges

Ich liege seit einer Stunde im Bett, und das Einzige, was ich momentan machen möchte, ist einschlafen. Aber ich werde von unzähligen Gedanken und Gefühlen bewegt. Ich werde besonders von alten Erinnerungen an Damaskus überwältigt. Der Unibesuch hat Nostalgie und Sehnsucht in mir wach gemacht. Der Kontakt mit der Normalität war anstrengend, aber es war irgendwie auch schön, wieder andere Gefühle als Angst, Hilflosigkeit und Entsetzen gespürt zu haben. Am allermeisten habe ich heute meine Arbeit vermisst.

Die tägliche Konfrontation mit Menschen, die vom Krieg betroffen sind, und ihre Schicksale gaben mir große Verantwortung. Dieser Job war einerseits sicher belastend, aber andererseits sehr lehrreich und doch auch irgendwie erfreulich. Einfach so jemanden glücklich zu machen und ein Lächeln der Hoffnung in sein Gesicht zu malen – sogar in dieser Ausnahmesituation –, war für mich der Gipfel der Glückseligkeit und das lohnenswerteste Gefühl auf dieser Welt. Ich habe vor diesem Beruf im Magistrat von Damaskus überall gejobbt – in einem Bekleidungsgeschäft, auf einer Baustelle, als Laufbursche bei einem Kalligrafen, ich habe Werbungen auf der Straße für eine Kaffeemarke gemacht –, aber dieser Job war anders. Er hat mein Leben mit Sinn erfüllt.

Unser Büro wurde von Menschen besucht, deren Häuser, Autos oder Geschäfte durch eine Rakete oder einen Anschlag beschädigt worden waren. Es war ganz egal, wo der Schaden entstanden war, sei es direkt in der Stadt Damaskus, wo die Regierung, oder im Umland von Damaskus, wo alle anderen zahlreichen Gruppierungen (die Rebellen, die al-Nusra-Front, der IS …) die Kontrolle hatten. Wer von den erwähnten umstrittenen Kriegsteilnehmern den Schaden verursacht hatte, spielte keine Rolle. Allerdings war das Antragsverfahren sehr langwierig. Man musste nach der Einreichung warten, bis der Offenlegungsausschuss die Lage vor Ort besichtigt und den Schaden bewertet hatte. Dann musste der Antrag ein langes und mühsames bürokratisches Verfahren durchmachen, bis das festgelegte Geld freigegeben wurde. Ich vermute stark, dass ich meinen deutschen oder österreichischen Lesern nicht erklären muss, was Bürokratie bedeutet.

Es kamen immer wieder Menschen, deren Schicksal mich sehr berührte. Es ist beinahe unvorstellbar, welche Tragödien viele der Antragsteller erlebt hatten. Eine dieser Geschichten hat sich tief in mein Gedächtnis geprägt. Als ich von ihr hörte, wurde ich von Mitleid überwältigt. Es handelt sich dabei um die Geschichte von Syrien – nicht um die Geschichte des Landes Syrien, sondern um die einer Dame desselben Namens. Ja, sie hieß so, und man spricht den Namen auf Arabisch *Suria* aus. Syria trägt nicht nur denselben Namen wie das Land, sondern sie erlebte auch dasselbe Schicksal. Sie verkörperte in gewisser Weise die syrische Krise an sich.

Sie war Mitte siebzig und hatte immer eine schwarze Abaya, das traditionelle Gewand der Frauen bei uns, an. Die Falten in ihrem Gesicht drückten ihre Lebensgeschichte aus. Man konnte an ihrem Gesicht leicht ablesen, dass sie ein hartes Leben hinter sich hatte. Sie kam regelmäßig ins Büro und fragte, was aus ihrer Entschädigung geworden war. Es war aber unmöglich, das Geld auszuzahlen, denn das Gebiet, wo ihr zerstörtes Haus in Trümmern lag, war am heiß umkämpften Rand von Damaskus. Daher war es für den Offenlegungsausschuss nicht möglich, die Situation vor Ort zu beurteilen, und ohne diese Bewertung des Schadens konnten wir nicht auszahlen. An einem heißen Sommertag im August kam sie wieder einmal schwitzend und erschöpft ins Büro, und ich musste ihr den üblichen Satz noch einmal wiederholen, auch wenn ich das ungern machte: »Wir können jetzt nichts machen! Erst wenn es dort sicher ist und unsere Mitarbeiter deinen Schaden beurteilt haben, bekommst du das Geld.« Diesen Satz wollte sie nicht mehr hören. Sie schaute mich wortlos an, ihre Enttäuschung konnte ich von ihrem Gesicht ablesen. Sie bat mich nur: »Kann ich mich da bei dir kurz setzen? Meine Beine können mich nicht mehr tragen.«

»Natürlich.«

Sie tat mir leid, und ich holte ihr ein Glas Wasser. Sie trank und atmete tief ein und aus. »Mein Sohn«, sprach sie zu mir, »ich bin eine alte Frau und habe Diabetes. Ich könnte deine Mutter sein. Wenn meine Söhne noch am Leben wären, wären sie so alt wie du jetzt, und ich hätte es gar nicht nötig, jeden Tag hierherzukommen und um Geld zu betteln, sie sind jedoch alle gestorben.« Sie blickte zu Boden und Tränen strömten aus ihren Augen. Betroffen fragte ich nach ihren Söhnen, und je mehr sie von ihnen und ihrer Geschichte erzählte, desto mehr überzog sich mein Körper mit Gänsehaut. Ihre beiden Söhne, Zwillinge, waren Soldaten beim syrischen Militär gewesen. Als die Aufstände in Syrien begannen, spaltete die Krise die Familie, wie es mit dem ganzen Land passierte. Einer der Zwillinge, Thayr, verließ das Militär und schloss sich den Rebellen an, weil er der Meinung war, dass unsere Regierung korrupt und ihr Geheimdienst kriminell sei, deshalb wollte er auch kein Soldat dieser Regierung sein. Der andere Bruder, Watan, blieb jedoch beim Militär und war der Meinung, dass diese vom Ausland unterstützten Rebellen dem Land Böses antun wollten. 2012 attackierten die Rebellen eine Militärbasis der syrischen Armee in der Provinz Idlip, wo Watan stationiert war. Unter den Angreifern war auch sein Bruder Thayr. Am Ende dieses brutalen, zwei Tage andauernden Kampfes um diese Militärbasis siegten die Rebellen. Von den beiden Brüdern überlebte keiner den Kampf. Ob einer der Brüder den Tod des anderen verursacht hatte, wusste man nicht.

Auf einmal herrschte in unserem Büro Totenstille. Die anderen sieben Mitarbeiter und die Zivilisten, die gerade für sich selbst einen Antrag stellen wollten, schwiegen, standen um Syria herum und bedauerten ihr Schicksal. Ich war fassungslos darüber, wie schrecklich dieser Krieg war, und darüber, dass Brüder einander gegenseitig bekämpften, obwohl beide nur das Beste für das Land wollten. Diese Geschichte beschreibt alles, was gerade in Syrien passiert.

Syria brach das Schweigen und setzte fort: »Ich muss meine Medikamente kaufen.« In dem Flüchtlingsheim, in dem sie seit der Zerstörung ihres Hauses wohnte, konnten sie diese nicht regelmäßig besorgen. Sie brauchte dringend Geld, weil es in Syrien keine geregelte Gesundheitsvorsorge wie in Österreich gibt. In diesem Augenblick konnte ich die ganze Bürokratie nicht mehr ausstehen. »Warten Sie hier kurz auf mich«, bat ich Syria. Ich nahm den Ordner mit ihrem Antrag und rannte nach unten zum Büro des Bürgermeisters mit der Hoffnung, eine Sondergenehmigung von ihm zu bekommen. Ich war sicher, dass er mich nicht zurückweisen würde, da ich vor ein paar Wochen, als das Fernsehen eine Reportage in unserem Büro gedreht hatte, gut über die Arbeit im Magistrat gesprochen hatte. Ich hoffte deshalb, einen kleinen Bonus bei ihm zu haben. Der Leiter seines Büros nahm mich in Empfang, aber er konnte mich nicht zu ihm hineinlassen, weil er eine Besprechung hatte. Er bat mich aber, ihm mein Anliegen zu erzählen, sodass er es an den Bürgermeister weiterleiten konnte. Ich erzählte voller Emotionen die Geschichte und dass ich eine Sondergenehmigung für diese Dame erreichen wollte. Beim Prüfen der Akte stellte er fest, dass sich ihr Haus am Rande des umkämpften Gebietes befand und dass man den Schaden mithilfe eines Fernglases ungefähr beurteilen konnte. Er rief den Offenlegungsausschuss an und gab ihnen den Auftrag, die Bewertung durchzuführen und ihm so bald wie möglich Bescheid zu geben. Nach zwei Wochen bekam Syria ihr Geld. Sie kam erneut ins Büro, diesmal um sich zu bedanken. Sie hatte Kuchen mitgebracht, umarmte mich und küsste mich auf die Wange. In diesem Moment spürte ich das lohnenswerte Gefühl, von dem ich vorher gesprochen habe. Genau das war der Grund, weshalb ich diese Arbeit so liebte. In diesem Fall war alles gut gelaufen, das war leider jedoch nicht immer der Fall. Selbstverständlich war in allen Abteilungen des Magistrats wie auch in allen anderen Ämtern in Syrien Korruption weit verbreitet. Korruption ist ein Teil unserer Kultur. Überall kommst du schneller voran, wenn du jemanden kennst oder ihm Bakschisch, also Bestechungsgeld, in die Hände drückst. Es ist so schlimm, dass man scherzt: »Die Luft in Syrien enthält neben Sauerstoff und Kohlendioxid auch Korruption.« Nicht nur in öffentlichen Ämtern braucht man Vitamin B, also Beziehungen, sondern überall – bei der Vergabe der Jobs, der Aufnahme an die Universität, bei der Eröffnung eines Geschäfts, beim Import und Export von Waren, ja sogar in der Schlange vor der Bäckerei muss man sich nicht anstellen, wenn man Geheimdienstler ist oder zumindest einen kennt.

Dieses System ging mir jeden Tag auf die Nerven, die armen Menschen, die auf unsere Hilfe angewiesen waren, mussten ewig lange warten, und die VIPs, die das Geld nicht wirklich brauchten, wurden bevorzugt. Ich hatte davon bereits vor meiner Einstellung gewusst, aber ich war sehr naiv gewesen und hatte mir gedacht, ich würde vielleicht Batman spielen, die Korruption bekämpfen und die Armen erlösen können. Leider prallte auch ich gegen die gigantische Mauer der Korruption, obwohl mein Vater mich öfter gewarnt hatte: »Stell dich nicht gegen den Wind, sonst brichst du dir den Rücken.«

Am Anfang war ich vielen der alten Angestellten sowie meinem Bereichsleiter unsympathisch und kam ihnen hauptsächlich anstrengend vor. Es dauerte eine Weile, bis ich mich langsam diesem System angepasst und ich von den vielen Schwierigkeiten, die mich ständig umgaben, gelernt hatte. Ein harmloses Beispiel für eine solche Schwierigkeit, in die ich mich immer wieder brachte, gab es an einem Tag, an dem wir zahlreiche Anträge bekommen hatten. Ein paar Tage zuvor hatten die Rebellen, oder wie auch immer sie heißen, eine Polizeistation im Stadtteil Barze in Damaskus bombardiert. Ein Selbstmordattentäter hatte sich mit einem mit Sprengstoff beladenen Auto vor das Polizeigebäude gestellt und sich in die Luft gesprengt. Diese Polizeistation liegt inmitten eines Wohnviertels, und die Wohnblöcke um sie herum wurden schwer beschädigt. Daher kamen die Betroffenen in den nächsten Tagen zu uns. Sie bildeten eine Schlange bis zum Ende des Flurs, dementsprechend war ich kurz vor Feierabend an diesem Tag fertig und genervt. Plötzlich drängte sich ein alter grauhaariger Mann durch die Menge nach vorne und legte seinen Antrag auf meinen Tisch: »Ich bin der pensionierte Brigadegeneral XY. Ich möchte einen Antrag wegen meines verbrannten Autos stellen.«

»Herzlich willkommen, ja gerne, aber stellen Sie sich bitte in der Schlange an, weil alle anderen da auch schon lange warten«, reagierte ich ungerührt. Daraufhin eskalierte die Situation. Der ehemalige Offizier drehte völlig durch. »Spinnst du? Weißt du, mit wem du da sprichst? Das wirst du bereuen! Wie heißt du? Sag mir deinen Namen!«, schrie er mich laut an. Er schrieb meinen Namen auf und rannte zu meinem Vorgesetzten. Diese Aktion hätte mich fast meinen Job gekostet. Mein Vorgesetzter wies mich scharf zurecht: »Du musst hier nicht den Weltverbesserer spielen. Du hast eine wichtige

Persönlichkeit vor vielen anderen Menschen in seiner Würde verletzt. Wenn so etwas noch einmal vorkommt, versetze ich dich in die Garage. Haben wir uns verstanden?« Ich nickte deprimiert, denn die Garage war die Abteilung für die bestraften Angestellten. Dort musste man den ganzen Tag Autos waschen. Der pensionierte Brigadegeneral XY erhielt seine Geldentschädigung daraufhin ausnahmsweise innerhalb einer Woche. Auch ich musste leider immer wieder bei dieser Heuchelei mitmachen. Ich musste die Anträge für solche Leute beschleunigen und jedes Mal, wenn sie kamen, einladend lächeln, was ich heute im Nachhinein sehr bereue.

Komplett aufgegeben hatte ich trotzdem nie, ich setzte mich heimlich für Menschen ein, die die Entschädigung am dringendsten brauchten. Einmal wollte ich besonders schlau sein und den Einfluss dieser selbsternannten VIPs für mich nutzen, um den besten Freund meines Bruders aus dem Gefängnis zu bekommen. Saif war völlig zu Unrecht an einem der Checkpoints verhaftet worden. Er war IT-Manager in einer großen Firma in Damaskus und stammte aus einer an Damaskus angrenzenden Stadt, Duma, wo bei Ausbruch des Krieges besonders viele Demonstrationen stattfanden. Er hatte immer wieder Schwierigkeiten bei den Checkpoints, weil er zu seinem Pech denselben Nachnamen wie der Anführer der Rebellen aus Duma hatte, war aber nicht einmal verwandt mit ihm. Trotzdem musste er sich immer wieder Beleidigungen von den Soldaten anhören und mit einer langen Wartezeit an den Checkpoints rechnen. An jenem Tag war er erst spät von der Arbeit nach Hause gefahren. Die Soldaten waren entweder – wie so häufig – betrunken oder einfach schlecht gelaunt und verhafteten ihn. Seine Eltern waren krank vor Sorge, insbesondere weil er Diabetiker war. Sie fragten überall nach dem Grund für seine Verhaftung und wohin er gebracht worden war. Man wusste nur, dass der Checkpoint, an dem er verhaftet worden war, zu einem Geheimdienst gehörte, der für die Luftraumüberwachung zuständig war. In Syrien gibt es mehr Geheimdienste als Universitäten, und sie alle arbeiten völlig unabhängig voneinander und kontrollieren eigene Checkpoints, die über die gesamte Stadt verteilt sind.

Ich kannte Saif gut, er war ein friedlicher Mensch. Er hatte sich immer von den Rebellen aus Duma distanziert. Ich kannte seine

Frau und die beiden kleinen süßen Töchter. Deshalb wollte ich ihm helfen. Die Gelegenheit bot sich, als ein Soldat dieses Geheimdienstes bei mir im Büro war: »Mein Chef von der Luftraumüberwachung lässt dich grüßen. Er möchte, dass du dich um seinen Antrag kümmerst«, sagte er von oben herab zu mir und warf mir den Antrag auf den Schreibtisch. »In der Akte ist seine Telefonnummer, du kannst ihn anrufen, wenn du etwas wissen willst.« Ich las den Namen und wusste sofort, dass er eine wichtige Persönlichkeit bei diesem Geheimdienst war. Er konnte uns vielleicht helfen, Saif frei zu bekommen. Ich wartete nicht lange, und als der Soldat weg war, rief ich sofort den Offizier an und sagte ihm, dass sein Antrag bei mir angekommen wäre und ich mich sofort darum kümmern würde. Ich sagte ihm auch gleich, dass ich noch eine Bitte an ihn hätte. »Komm am nächsten Freitagvormittag zu mir in die Khatib-Zentrale. Ich lass deinen Namen am Eingang vermerken«, lud er mich ganz freundlich ein.

Die Nacht auf Freitag konnte ich nicht schlafen. Was würde passieren, wenn sie Saif unterstellten, Islamisten geholfen zu haben und ein Landesverräter zu sein und ich ihm zu Hilfe kommen wollte? Bedeutete das womöglich, dass ich ihm sofort gleichgestellt würde und sie mich ebenfalls verhaften würden? Es kam schließlich sehr oft vor, dass die Gefangenen unter der Folter irgendwelche Geständnisse machten, um der Qual nicht mehr ausgesetzt zu sein. Ich hatte naturgemäß Angst, freiwillig eine Geheimdienststelle zu betreten. In Damaskus gab es einen Spruch, der lautete wie folgt: »Wer hineingeht, ist verloren, wer wieder rauskommt, ist neu geboren.« Am liebsten hätte ich den Termin abgesagt, aber sobald ich diesen Gedanken hatte, tauchte das Bild seiner weinenden Mutter wieder vor meinen Augen auf.

So ging ich am Freitag mit Herzklopfen hin. Die Zentrale lag mitten in Damaskus in einem Viertel namens Qasaa, in dem die Mehrheit der Bewohner Christen waren. Am Eingang des Gebäudes sah ich die Spuren der Zerstörung, die ein Anschlag im Vorjahr verursacht hatte. Ein Selbstmordattentäter der vielen Gruppierungen, ich weiß nicht, ob er der al-Nusra, dem IS oder anderen Rebellen angehörte, hatte die Zentrale mit einer Autobombe angegriffen. Beim Schalter vor dem Eingang verlangte der Portier meinen Ausweis und bestätigte daraufhin meinen Termin mit dem Offizier. Er öffnete das Tor zum Gebäude und sagte zu mir: »Beim nächsten Schalter bekommst du weitere Anweisungen.« Ich hatte große Angst, als ich hineinging und mich diesem zweiten Schalter näherte, doch dort saß niemand. Ich wusste nicht, was ich machen sollte. Es gab zwei Möglichkeiten: nach oben oder nach unten. Oben war allerdings eine dicke Metalltür, also entschied ich mich für den Weg nach unten. Je weiter ich nach unten ging, desto stärker wurde der Geruch nach rostigem Metall. Der Gang, der mich dort erwartete, ging schräg nach unten, am Anfang war er gut beleuchtet, doch das Ende lag im Dunkeln. Ich blieb stehen. Es gab noch eine weitere Treppe nach unten, die wieder mit einer Metalltür gesichert war. Von dort hörte ich seltsame Geräusche, die ich bei genauerem Hinhören als die Schreie von Menschen identifizierte. Als ich realisierte, dass es Foltergeräusche waren, wollte ich wieder gehen. Das Ganze war mir unheimlich, und mein Herz klopfte mir bis zum Hals. Dabei fiel mir eine unscheinbare Tür gleich neben mir auf. Ich ging näher und sah einen kleinen, handgeschriebenen Zettel mit der Aufschrift »Kühlschrank«. Als nach meinem Klopfen niemand reagierte, öffnete ich die Tür, und kalte Luft traf mich. Was mich aber dort erwartete, ließ mich erstarren. Der Raum war leer bis auf fünf Leichen, die auf dem Boden übereinanderlagen. Die Klimaanlage war auf die kälteste Stufe gestellt. Ich wusste nicht, wie ich reagieren sollte. Ich war einen Augenblick lang wie gelähmt. Ich hatte intuitiv das Bedürfnis, einem der Toten, der mich aus leeren weißen Augen gleichsam anblickte, die Augen zu schließen. Aber stattdessen machte ich panisch die Tür wieder zu und wollte schnellstmöglich von hier weggehen. In diesem Moment öffnete sich die Metalltür, die ins untere Stockwerk führte. Zwei Soldaten kamen herauf. Sie trugen einen Mann, einer hielt ihn an den Armen, der andere an den Füßen. Er war blutüberströmt und bewegte sich nicht. Die Soldaten schauten mich überrascht an, ließen den reglosen Mann auf den Boden gleiten und kamen auf mich zu. Einer der Soldaten, der einen großen Bauch und eine Glatze hatte, schrie mich an: »Was machst du hier, du Zivilistentier?«

»Ich habe einen Termin mit dem Offizier.«

»Ja, dann geh rauf! Du hast hier nichts verloren!«

Er begleitete mich nach oben, wo beim Schalter nun auch ein Soldat saß. Mein Begleiter schrie ihn wütend an: »Wieso lässt du ihn nach unten gehen?«

Er antwortete etwas kleinlaut: »Ich habe mir nur heißes Wasser für meinen Matetee geholt.«

Als er erfuhr, worum es ging, stand er auf und öffnete die Metalltür, die nach oben führte, und sagte zu mir: »Geh hinauf und dann die zweite Tür links.« Ich ging hinauf ins Büro des Offiziers. Dort saß ich völlig benommen. Ich hatte beinahe vergessen, warum ich hier war. Der Offizier war ungefähr Mitte dreißig und sehr freundlich zu mir. Er ließ Kaffee bringen und fragte, womit er mir helfen könne. Meinem ersten Impuls nach wollte ich schon sagen: »Gar nichts, ich will nach Hause«, ich riss mich jedoch zusammen und erzählte Saifs Geschichte. Er tippte Saifs vollen Namen in seinen Computer und starrte dann mit einem etwas veränderten Gesichtsausdruck auf den Bildschirm. Nach einigen Sekunden des Schweigens sagte er dann etwas unglaubhaft: »Er ist nicht bei uns.« Ich bedankte mich und stand auf. Ohne meinen Kaffee zu trinken, ging ich so schnell wie möglich aus dem Gebäude. Ich fühlte mich draußen tatsächlich wie neugeboren. Ich schwor mir, nie wieder ein Geheimdienstgebäude freiwillig zu betreten.

Nach ein paar Monaten bekamen Saifs Eltern über andere Wege die Nachricht, dass ihr Sohn schon längst gestorben war. Sie sollten nicht nach seiner Leiche fragen, sie würden sowieso nichts erreichen. Ob Saifs Leiche eine von denen in diesem Raum war, weiß ich nicht. Aber eines weiß ich ganz genau: Dieser Krieg und alle Beteiligten sind verflucht.

Glückstag

Jede Furcht rührt daher, dass wir etwas lieben.

THOMAS VON AQUIN

In der Metrostation treffen wir Elena. Ich habe sie noch nie so gesehen. Sie hat tiefe Ringe unter den Augen und in ihrem Gesicht spiegelt sich die nackte Angst vor dem Kommenden. Ich habe sofort ein schlechtes Gewissen, sie in diese Situation gebracht zu haben, und bitte Kito, uns einen Moment allein zu lassen, weil ich mit Elena unter vier Augen sprechen möchte. Ich halte sie an beiden Schultern, sie ist ein bisschen kleiner als ich. »Elena, ich meine es ganz ernst: Wenn du Angst hast, wenn du aufgeben willst, dann brechen wir unseren Plan auf der Stelle ab.« Sie dreht sich mit einem ironischen Lächeln um und geht ein paar Schritte dorthin, wo Kito steht. »Komm, beeile dich, sonst erwischen wir die Metro zum Flughafen nicht mehr.«

In der Metro gibt sie mir dann eine ehrliche Antwort: »Was hast du erwartet? Natürlich mache ich mir Sorgen und habe Angst. Und das ist ganz natürlich und gut so. Aber in ein paar Stunden sind wir in Kopenhagen und dann wollen wir das dort auch richtig feiern.«

Auf dem Flughafen ist viel los, viel mehr als sonst. Wir schicken Kito los, bleiben aber in ständiger Verbindung über das Telefon. Kito und ich haben Ohrhörer und er schaut wie ein Geheimdienstagent aus. Dieser Mensch ist großartig. Er ist ein mutiger Kerl und ein echter Freund. Wenn sie ihn erwischen und nachweisen, dass er mir geholfen hat, riskiert er, wie ein Schlepper bestraft zu werden. Inzwischen holen wir unsere Boardingscheine aus dem Automaten. Plötzlich schreit er aufgeregt in mein Ohr: »Jetzt, jetzt, schnell! Ein Polizist ist gerade weggegangen und der andere ist beschäftigt!« Ich stoße Elena leicht an. »Jetzt!« Sie hängt sich in meinen Arm ein und hält wie geplant alle Reiseunterlagen in ihrer Hand. Mein gefälschter Ausweis liegt unter ihrem echten, sodass er im Vorbeigehen nicht auffällt.

Wir nähern uns dem Boardingschalter und scannen unsere Scheine ein. Dabei plaudert Elena ganz laut auf Griechisch mit mir. Der Polizist wirft einen kurzen Blick auf uns und blickt wieder woanders hin. Ein griechisches Paar interessiert ihn nicht. Als wir uns vom Schalter wieder entfernen, hört sie zu reden auf, und wir feiern diesen ersten Sieg mit einem Handschlag. Wir atmen befreit auf: Alles läuft nach Plan. Problemlos überstehen wir die Handgepäckkontrolle und gehen direkt zu unserem Gate. Wir setzen uns auf eine Bank direkt gegenüber von der Sperre, damit wir alles genau beobachten können. Die Flugbegleiterin kommt, geht zu ihrem Mikrofon, um die Passagiere zum Flug nach Kopenhagen aufzurufen. Auf einmal tauchen die Männer vom Sicherheitsdienst auf dem Weg zum Gate auf. Als sie bei uns vorbeigehen, habe ich Augenkontakt mit einem der beiden. Er bleibt sofort stehen. Verdammt! Er erkennt mich wieder. Es ist derselbe Polizist, der mich beim vorletzten Mal mit der Italienerin erwischt hat … Er kommt auf mich zu und fragt mich nach meinem Pass. Bevor ich noch reagieren kann, steht Elena auf und plaudert mit dem Mann auf Griechisch. Er stellt ihr sofort die Frage: »Seid ihr zusammen?« Da begeht Elena genau den Fehler, vor dem ich sie so gewarnt habe, und sagt Ja. Er nimmt ihr die Ausweise ab, fordert uns beide auf, aufzustehen, und führt uns beide an meinen Lieblingsplatz neben der Sperre, wo wir warten müssen. Ich bekomme, anders als die vorigen Male, ungeheure Angst, Angst um Elena, Angst davor, dass sie jetzt ins Gefängnis muss. Ich versuche immer wieder, den Polizisten anzusprechen, ihn davon zu überzeugen, dass ich Elena nicht kenne und sie nichts mit mir und den falschen Papieren zu tun haben würde, aber er scheint mich mit Nichtachtung zu strafen, und sieht mich nicht einmal an.

Völlig aufgelöst rede ich auf Elena ein. Keinesfalls dürfe sie nachher im Büro wieder behaupten, mich schon länger zu kennen, vielmehr solle sie erklären, sie habe mit mir erst jetzt auf dem Flughafen das erste Mal gesprochen. Nach einigen Minuten denke ich an Flucht. »Elena, schleiche dich weg, sie werden es nicht merken.«

»Das bringt nichts. Sie haben doch meinen Ausweis, sie werden schnell herausfinden, wo ich wohne. Bleib ruhig!«

Die beiden Männer vom Sicherheitsdienst greifen noch zwei andere Flüchtlinge auf, und als das Gate geschlossen wird, bringen sie uns vier hinunter in das mir leider schon altbekannte Büro. Der dort diensthabende Offizier sieht Elena und verlangt sofort die Ausweise von seinem Kollegen. Er sucht zielsicher Elenas Ausweis heraus, sieht ihn durch und schleudert ihn wütend auf seinen Schreibtisch und flucht dabei auf Griechisch. Er lässt die beiden anderen Flüchtlinge sofort gehen und schließt die Türe, dann baut er sich vor Elena auf. »Was jetzt? Was hast du dazu zu sagen?«

Elena erzählt von unserem Plan, der den Offizier aber nicht sonderlich überzeugt. Ich will retten, was noch zu retten ist, und mische mich ein. »Ich kenne diese Frau nicht. Ich wollte sie nur ausnutzen, als Tarnung verwenden, um weiterzukommen. Wir haben uns erst am Flughafen kennengelernt.« Er scheint noch immer nicht überzeugt. Schließlich setzt er sich an seinen Computer und scheint etwas Bestimmtes zu suchen. Dann dreht er den Bildschirm, ruft uns zu sich und zeigt uns ein Überwachungsvideo. Deutlich ist darauf der Eingang zum Flughafen zu sehen und ein Mann und eine Frau, die gemeinsam den Flughafen betreten. Das sind eindeutig Elena und ich.

»Ja, wir haben uns in der Metro kennengelernt«, behaupte ich. In diesem Moment ist seine mögliche Sympathie für mich vorbei. Er holt einen der Polizisten und lässt mich in einen Nebenraum bringen. Der Polizist nimmt mich am Arm und geht mit mir an Elena vorbei zur Türe. Ich sehe Elena an. Sie steht aufrecht, mutig und ohne ein Anzeichen von Angst schaut sie dem Offizier ins Gesicht. Im Nebenzimmer sehe ich mich um. Keine Türschnalle, keine Einrichtung außer einer Sitzbank, kein Fenster. Ich bin in eine Gefängniszelle gebracht worden.

Währenddessen wird Elena von dem Offizier befragt. »Ich könnte auch die Überwachungsvideos von allen Metrostationen anfordern. Außerdem hast du seinen gefälschten Ausweis in der Hand gehabt. Wir haben alle Beweise, dass du diesem Typen hilfst. Mit wem arbeitest du und wie viel Geld hast du bekommen? Sag uns einfach die Wahrheit, das kann deine Strafe reduzieren.«

Elena verliert die Geduld, sie wird wütend und laut: »Ich habe kein Geld bekommen, ich arbeite nicht für einen Schlepper! Ich bin eine Studentin aus Kreta und will einfach diesen Menschen helfen!

Warum sollen sie bei uns bleiben müssen, wenn wir sie nicht haben wollen und ihnen nicht helfen können? Lasst die Grenze doch einfach offen, sie sollen dorthin gehen, wo sie ein besseres Leben erwarten können!«

»Woher aus Kreta kommst du genau?«, entschärft der Offizier ein bisschen den Ton. Offenbar ist es Elenas Glückstag heute, denn als sie ihm ihren Wohnort auf Kreta nennt, studiert der Offizier ihren Ausweis noch einmal genau und stutzt. »Ich bin auch von dort. Du bist die Tochter von Herrn Sarikakis?«

»Ja.«

Der Offizier setzt sich hinter seinen Schreibtisch, stützt den Kopf in beide Hände, denkt nach und murmelt dabei leise vor sich hin. Dann erhebt er sich langsam und stellt sich vor sie. »Meine Tochter, spiel nie wieder die Rolle der Heldin. Das ist nicht dein Problem. Dieses Spiel ist eine Nummer zu groß für dich. Mach die Tür auf und geh nach Hause. Und erzähl niemandem von diesem Tag, nicht einmal deinem Vater.«

Die Tür zu meiner Gefängniszelle fliegt auf, ein Mann wird hereingestoßen, und schon wird die Tür wieder geschlossen. Der Mann liegt stöhnend auf dem Boden und flucht dazwischen auf Arabisch. Ich möchte wissen, was los ist. Er ist ein Ägypter, der außerhalb des Flughafengebäudes als Schlepper erkannt und festgenommen worden ist. Er gibt diese Tätigkeit aber nicht zu. »Ich habe nur einen Bekannten hergebracht. Ich bin kein Schlepper. Die Polizisten sind blöd.« Ich reagiere nicht. Mir ist das hier ziemlich egal, alle meine Gedanken sind bei Elena. Ich würde es mir nie verzeihen, wenn ihr etwas Schlimmes passieren würde, weil sie mir helfen wollte.

Noch einmal öffnet sich die Tür, ein Polizist winkt mir mitzukommen und bringt mich wieder zu dem Offizier. Der sitzt an seinem Computer und scheint zu arbeiten. Meine Blicke suchen im ganzen Raum nach Elena.

»Wo ist Elena?«

»Ich habe sie nach Hause geschickt.«

Mir fällt ein Stein vom Herzen. Ich bin so erleichtert. Mir ist egal, was sie jetzt mit mir vorhaben.

»Das ist dein Glückstag. Wir haben gerade einen der aktivsten Schlepper erwischt. Ich schick dich auch nach Hause. Du musst mir aber vorher eine Frage beantworten: Wenn sie kein Geld von dir bekommen hat, wird sie etwas anderes von dir verlangt haben. Sex?«

Innerlich lache ich auf und will im ersten Impuls sagen: »Nur weil Sie nichts anderes als Sex und Geld im Kopf haben, muss Elena nicht wie Sie denken.« Ich schlucke die Antwort jedoch rechtzeitig hinunter und sage ihm ganz deutlich: »Ich habe ihr weder Geld gegeben, noch habe ich mit ihr geschlafen.«

Er nickte mit geschürzten Lippen, sichtlich positiv überrascht: »Ja, dann ist sie ein richtig guter Mensch.«

Ich verlasse den Flughafen. Auch wenn ich nicht fliegen habe können, bin ich froh, weil Elena nichts passiert ist. Das Erste, was ich tue, ist, sie anzurufen. Sie ist bereits in Athen, klingt aber erschöpft und niedergeschlagen. »Bitte verzeih mir, dass ich dich in diese schreckliche Situation gebracht habe. Das war eine ganz dumme Idee. So etwas dürfen wir nie wieder machen«, sage ich kleinlaut. Ich verlasse den Flughafen mit dem festen Entschluss, nicht wieder hierherzukommen. Ich werde mich mit den anderen zu Fuß auf den Weg machen. Aber vorher muss ich mein Geld von Fadi zurückholen.

Ich bin der gewählte Anführer

Reich ist nicht der, der viel Geld besitzt, sondern der, der viele Freunde hat.
ARABISCHER SPRUCH

In der Wohnung können Amar und Kito ihre große Freude über meine neue Entscheidung nicht verbergen. Amar ist wie immer voll motiviert: »Wir drei werden Mazedonien und Serbien erobern!«

»Runter vom Gas, Amar. Ich muss zuerst versuchen, irgendwie mein Geld oder zumindest einen Teil von Fadi zurückzubekommen. Sonst kann ich keinen Meter mit euch aus Athen herauskommen.«

Das genau ist mein Problem. Ich habe noch auf dem Flughafen versucht, Fadi zu erreichen. Ich habe ihm eine SMS geschrieben, dass mein Ausreiseversuch gescheitert ist, er hat jedoch nicht reagiert. Auch Rami hat keine Zeit gehabt, um mit mir zu reden, und mir geschrieben: »Ich bin in der Arbeit, ich rufe dich an, wenn ich fertig bin.«

»Jad, du wirst keinen Cent von ihm bekommen. Es war von Anfang an ein Fehler, sich einem solchen Menschen anzuvertrauen und ihm das Geld in die Hand zu geben. Ich würde mir an deiner Stelle Gedanken machen, wie ich das Geld für die restliche Strecke auftreiben kann. Der Schlepper, mit dem wir gesprochen haben, bringt uns für achthundert Euro pro Person nach Belgrad«, sagt mir Kito. Ich bin verwirrt. Ich weiß niemanden, von dem ich mir Geld leihen kann. Meine Familie möchte ich nicht mehr belasten. Auch ist mir der Plan von Kito und Amar zu schwierig und zu gefährlich. Sie wollen, so wie bei ihrem ersten Versuch, ähnlich wie Pfadfinder die Berge und Wälder Mazedoniens durchqueren. Ich habe auch keine Lust mehr, mit Schleppern zu verhandeln, und ich werde auch keinem Schlepper mehr Geld zahlen, selbst wenn der Schlepper ein Heiliger wäre.

Endlich ruft mich Rami zurück. Fadi hat ihm auf seine Anrufe nicht geantwortet. Ich erzähle Rami von meinem Ersatzplan und bitte ihn, auf Fadi einzuwirken, mir einen Teil meines Geldes zurückzugeben, ansonsten würde ich auf ewig in Athen bleiben müssen, da ich überhaupt kein Geld mehr hätte. Rami dämpft meine Erwartungen: »Ich werde es versuchen, aber ich glaube nicht, dass du etwas von ihm bekommst. Er hat öfters gesagt, dass er mehr Geld für dich ausgegeben als er von dir bekommen hat. Und weißt du was, mir ist es so unangenehm, vor deinen Eltern und deinem Bruder jetzt so dazustehen, weil ich euch diesen Menschen vermittelt habe.«

Am nächsten Tag ruft mich Rami noch einmal an. Er teilt mir mit, dass Fadi verzogen sei und sich nach wie vor weigere, mit ihm über mich zu sprechen. Ob Rami mir die Wahrheit sagt? In jedem Fall bin ich nun am Ende. Fadi ist ein Mistkerl. Er hat mich auf jedem Kanal blockiert. Ich kann ihn nirgendwo mehr erreichen ...

Meine Familie hat von Rami die aktuelle Lage leider doch erfahren. Meine Mutter ist völlig aufgebracht. »Es darf doch die letzte Etappe nicht am Geld scheitern!«, sagt sie und geht auf der Stelle zu einem Goldschmied und verkauft ihren Lieblingsring. Dieses Geld ist mir so viel wert, nicht weil ich es so dringend brauche, sondern weil darin meine Mutter ist. Und das macht mich noch entschlossener, es nicht einem Schlepper zu geben. Ich begebe mich nicht zweimal in die Hand eines Schleppers. Denn auf Arabisch gilt ein Spruch: »Ein Esel fällt nicht zweimal in dieselbe Grube.« Ich will mit dem Esel intellektuell nicht konkurrieren, aber wenn er es schafft, nicht denselben Fehler zweimal zu machen, werde auch ich aus dem ersten Mal lernen.

Mein letzter gescheiterter Versuch ist jetzt drei Tage her, und ich habe einen neuen Plan. Es ist allerdings schwer, die anderen davon zu überzeugen. Ich habe vor, den Weg selbstständig zu meistern. Ich muss es aber noch ganz genau planen. So verbringe ich drei Tage online mit der Landkarte, um die Grenze zwischen Griechenland und Mazedonien sowie den ersten Bahnhof nach der Grenze ganz genau zu studieren. Die Frage ist: Wie können wir ohne Schlepper, alleine, die Grenze unauffällig überqueren und dann einfach mit öffentlichen Verkehrsmitteln als ganz normale Passagiere weiter durch das Land fahren? »Du spinnst ja!«, reagiert Kito auf meinen Plan. Amar ist jedoch begeistert, weil er nicht wieder so weit gehen will, er erinnert sich noch zu genau an die starken Schmerzen in seinen Beinen. Noch müssen wir ohnehin warten, es ergibt sich nämlich etwas Neues: Ein Freund Kitos schließt sich uns am Abend an. Mohammad hat bis jetzt einen Monat lang im Gefängnis in Athen zugebracht. Er hat wirklich Pech gehabt. Als er in der Türkei angekommen ist, hat er kein Geld mehr gehabt, um einen Schlepper für die Weiterfahrt zu bezahlen. Als Gegenleistung hat man ihm vorgeschlagen, für den Schlepper vier Fahrten als Kapitän eines Jetboots durchzuführen, um Flüchtlinge nach Mytilini zu bringen. Schon bei der ersten Fahrt ist er von der Küstenwache beobachtet und von einem ähnlichen Schiff, das unser Boot damals zerstört hatte, aufgegriffen worden. Er ist als türkischer Schlepper angeklagt worden. Dass er aus Syrien stammt, hat er nicht beweisen können, weil er seinen Pass dem Schlepper als Garantie dafür überlassen hat müssen, nicht selbst mit dem Jetboot zu flüchten. Er erzählt viel von Schlägen und Folter, nicht nur im Gefängnis, sondern auch schon auf dem Schiff. Er hat unter Folter zugeben müssen, ein türkischer Schlepper zu sein. Erst dann haben sie ihn in Ruhe gelassen. Zu seinem Glück hat er eine gute Pflichtverteidigerin gehabt, die aus dem Libanon stammte und Arabisch sprach. Sie hat ihm in der syrischen Botschaft ein Duplikat seines Passes besorgt, woraufhin er entlassen worden ist.

Das Beste an diesem Mohammad ist, dass auch er von meinem Plan begeistert ist und nie wieder etwas mit Schleppern zu tun haben will. Er möchte wie ich nach Schweden, da sein Onkel bereits seit vielen Jahren in Malmö lebt. Für Kito gibt es nicht mehr viel zu argumentieren, er muss nachgeben, wir sind drei gegen einen, da siegt die Demokratie. Wir nehmen die Herausforderung an.

Bei einem solchen Unternehmen braucht die Gruppe immer einen, der unterwegs bei Meinungsverschiedenheiten und plötzlich anstehenden Fragen die Entscheidungen trifft und die Verantwortung dafür übernimmt. Deshalb stimmen wir ab: Ich bin der gewählte Anführer.

Ein einziges Herz bleiben

Du wirst vielleicht einen vergessen, mit dem du gelacht hast,
aber du wirst nie den vergessen, mit dem du geweint hast.

GIBRAN KHALIL GIBRAN

Heute ist Weihnachten! Überall ist das zu erkennen. Die Balkone sind geschmückt, und die Menschen in der Stadt haben eine Woche lang frei. Auf den Straßen gibt es keinen Stau wie sonst immer. Sie sind ziemlich leer, weil die Menschen von den verschiedenen Inseln bereits heimgefahren sind. Auch Elena sitzt gerade auf dem Schiff nach Kreta. Sie fährt zu ihrer Familie. Gestern Abend, als ich mir Geld, das mir meine Eltern überwiesen haben, geholt habe, habe ich sie getroffen. Ich habe ihr von meinem neuen Plan erzählt, und sie war erstaunt. Sie hält es für gefährlich, hat jedoch auch Verständnis dafür gezeigt. »Bevor ich das mit dir am Flughafen erlebt habe, habe ich keine Ahnung gehabt, wie es ist, in einer solchen Lage zu sein, aber jetzt kann ich das alles gut nachvollziehen. Das ist die letzte Möglichkeit, die du hast, und ich bin ganz sicher, dass du es schaffst. Ich glaube an dich!« Sie hat sich mit einer langen Umarmung von mir verabschiedet. Diese Frau ist so lieb, sie soll die Präsidentin von der ganzen Welt werden. Dann gäbe es sicher keinen Krieg mehr.

Ich bin sehr motiviert und der festen Überzeugung, dass ich an mein Ziel kommen werde. »Wer Feuer in seinem Hintern hat, kann sich nicht mehr hinsetzen«, sagt man auf Arabisch, und so fühle ich mich auch. Ich überzeuge die drei Männer davon, dass es am besten ist, gleich zu starten und diese Weihnachtswoche auszunützen, da vermutlich weniger Kontrollen an der Grenze sein werden. Allerdings wird es in Athen spürbar kälter, und unser neuer Gefährte Mohammad macht sich zu Recht Sorgen: »Wenn es schon in Athen so kalt ist, wie wird es dann erst in Mazedonien und Serbien sein?« Er ist jedoch trotzdem motiviert und will keine Minute mehr in Athen verschwenden.

Ich habe alles genau gecheckt und die Grenzorte mit den Busstationen sogar auswendig gelernt, die Wetterlage habe ich jedoch nicht bedacht. Als ich mich jetzt im Internet darüber informiere, muss ich feststellen, dass für Mazedonien und Serbien Schneestürme vorhergesagt sind. Ich muss ganz offen mit den anderen darüber reden und es ihnen mitteilen. »Du bist jetzt der Anführer, du musst entscheiden, wir verlassen uns auf dich!« Kito schaut mich vertrauensvoll mit großen Augen an. »Ich würde sagen, wir gehen, und was einem passiert, passiert den anderen auch.« Amar stimmt zu. Ich kündige die Entscheidung an: »Wir fahren heute um Mitternacht mit dem Zug nach Thessaloniki zu unserer ersten Station!«

Das einzige Problem ist, dass wir wärmere Kleidung brauchen, die Geschäfte jedoch geschlossen sind. So ziehen wir mehrere Kleidungsstücke übereinander an und hoffen, dass wir unterwegs bei einem Straßenverkäufer Handschuhe, Hauben und Schals kaufen können. Ich bitte die anderen, nur einen kleinen Rucksack mitzunehmen, um keinen Verdacht zu erregen und möglichst unauffällig zu sein. Nun muss ich mich zum dritten Mal von meinen Sachen trennen und von den allernotwendigsten die allerallernotwendigsten auswählen. Ich lege, so wie die anderen, eine Garnitur saubere Kleidung in den Rucksack, weil wir wissen, dass unterwegs alles schmutzig werden wird und wir uns nach der Grenze umziehen müssen, damit wir wie normale Menschen aussehen.

Zum Bahnhof brauchen wir nur wenige Minuten zu Fuß. Um halb zwölf Uhr nachts stehen wir alle an der Tür. Wir legen unsere Hände aufeinander und sagen einen Vers aus dem Koran – al Fathia – auf. Wir versprechen einander, ein einziges Herz zu bleiben. Auf Arabisch gibt es einen Spruch: »Wähle dir den Weggefährten und dann erst den Weg.«

Ich bin mir sicher, dass die drei Männer gute Gefährten sind. Mein Vertrauen in sie ist groß genug, um diesen Weg mit ihnen zu gehen. Den Wohnungsschlüssel legen wir für unseren Vermieter unter die Türmatte, aber wir sagen ihm nicht Bescheid; sollte unser Versuch scheitern, können wir hierher zurückkommen. Sonst will ich ihn von Schweden aus anrufen, um ihm zu sagen, wo er den Schlüssel finden kann. Ich schlafe im Zug während der ganzen Fahrt. Um sechs Uhr früh weckt mich Kito: »Wir sind in Thessaloniki!«

Ich habe mich dazu entschlossen, die Grenze in Evzoni zu überschreiten, da auf der anderen Seite ganz nah ein mazedonisches Dorf namens Gevgelija liegt, in dem es auch einen Bahnhof gibt, von dem aus wir weiterfahren können. Von Thessaloniki aus fährt leider kein direkter Bus nach Evzoni, wir müssen in Polikastro nach ein paar Stunden Wartezeit umsteigen. Im Bus schaue ich auf die Facebook-Seite, auf der geflüchtete Syrer sich austauschen und einander informieren. Viele, die am Ziel angekommen sind, teilen hier ihre Erfahrungen mit. Man warnt uns davor, auf der Straße herumzugehen, da die Polizei streng kontrolliert, ja nicht einmal auf dem Busbahnhof zu warten, sondern man rät, sich irgendwo zu verstecken und erst bei der Ankunft des Busses herauszukommen und sofort einzusteigen.

Um acht Uhr kommen wir in Polikastro an. Ich bitte die anderen, sich zu verstecken, und besorge für uns die vier Fahrscheine für die Weiterfahrt. Der Busbahnhof ist winzig klein, mit einem kleinen Büro. Am Schalter verläuft alles problemlos. Der Mann dort schöpft keinen Verdacht. Ich bringe den anderen ihre Tickets, und wir müssen uns nun zwei Stunden bis zur Abfahrt des nächsten Busses verstecken. Im Internet entdecke ich nicht weit entfernt ein Kafenio. Wir gehen jeweils zu zweit mit gut hundert Metern Entfernung voneinander dorthin.

Es ist spürbar kälter als in Athen, bis jetzt haben wir keinen Stand gefunden, an dem wir uns wärmende Ausrüstung hätten kaufen können. Die Geschäfte in Thessaloniki und auch in Polikastro sind geschlossen. Es ist uns nicht klar, ob das wegen Weihnachten ist, oder ob es für die Griechen noch zu früh zum Arbeiten ist. Im Gegensatz zur Leere auf den Straßen ist das Kafenio voller Leute. Wir betreten den Gastraum, in dem lauter alte Männer sitzen. Sie trinken Tee und Mokka und die meisten spielen Karten. Das Kafenio ist ziemlich klein und kuschelig. Als wir eintreten, wird es schlagartig still und alle schauen uns verwundert an. Ich bekomme sofort ein ungutes Gefühl, trotzdem setzen wir uns an den einzigen freien Tisch ganz hinten. Mohammad geht sofort auf die Toilette. Langsam steigt der Geräuschpegel wieder an. Es scheint, dass das Kafenio nur für Stammgäste ist und jeder mit jedem bekannt ist. Der Kellner kommt auf uns zu, und ich hebe sofort vier Finger und bestelle vier Frappés, damit er nicht länger mit uns sprechen muss. Mohammad kommt zurück: »Wir sitzen hier optimal. Gleich daneben ist die Hintertür, wir können sofort abhauen, wenn die Polizei kommt.«

Ich hoffe, diese Fluchtmöglichkeit nicht zu brauchen, da wir nur eineinhalb Stunden hier bleiben werden. Damit wir den Griechen nicht so merkwürdig vorkommen, bitten wir ebenfalls um Karten. Aber keiner von uns hat Lust auf Kartenspielen. So tun wir nur so als ob. Unser Spiel ist wie aus einem Stummfilm. Als wir in Damaskus mit unseren Freunden gespielt haben, war es eindeutig um vieles lauter. Wir sind jedoch schlechte Schauspieler. Ich beobachte durchs Fenster die ganze Zeit über die Straße, und irgendwann fällt mir auf, dass ein Polizeiauto langsam vorbeifährt. Sofort steigt mein Adrenalinspiegel heftig an. Während ich den anderen von dem Polizeiauto berichte, dreht es plötzlich um, fährt zurück und bleibt direkt vor dem Kafenio stehen. Ich schaue auf den Polizisten, der am Steuer sitzt, er telefoniert gerade. Die anderen Gäste bemerken die Polizei ebenfalls, und es wird schlagartig wieder still. Alle schauen besorgt zu uns. Ein Opa, der direkt neben mir sitzt, deutet uns mit der Hand, sofort durch die Hintertür zu verschwinden. Das machen wir umgehend. Wir verlassen einfach das Kafenio und laufen zur Bushaltestelle. Dort steht der Bus schon bereit. Wir gehen jedoch noch nicht hin, sondern bleiben ein wenig abseits stehen und beobachten, ob die Polizei zur Kontrolle kommt. Als sich der Busfahrer setzt, um wegzufahren, laufen wir schnell zum Bus und steigen ein.

Die Fahrt nach Evzoni dauert ungefähr eine halbe Stunde. Alle Passagiere steigen bei verschiedenen Haltestellen aus, und schließlich sind nur mehr wir im Bus. Als er bei der Endstation anhält, dreht sich der Busfahrer zu uns um und schaut uns fragend an. Ich gehe zu ihm und zeige ihm auf meinem Handy, wohin wir wollen, nämlich zu einem kleinen Hotel, das etwas außerhalb des Ortes direkt an der Grenze zu Mazedonien liegt. Er nickt mit dem Kopf: »Das ist ungefähr einen halben Kilometer von hier entfernt. Ich bringe euch hin.« Es gibt großartige Menschen. Ich hoffe, dass auch der Rest der Reise so gut funktioniert.

Vor dem Hotel hält er an. Als wir aussteigen, spüren wir die Kälte, sie scheint sich verdoppelt zu haben, und wir haben noch immer weder Handschuhe noch Hauben. Dieses winzige Hotel ist jetzt unsere letzte Hoffnung, doch noch zu wärmenden Sachen zu kommen. Als wir die Lobby betreten, sitzen dort drei junge Syrer, die laut miteinander sprechen. Ich gehe auf sie zu: »Hallo, Männer, wie sieht es bei euch aus?«

Einer von ihnen, der direkt an der Bar sitzt und warmen Tee trinkt, grüßt mich deprimiert. »Hallo, Landsmann! Gar nicht gut sieht es aus. Wir sind von der mazedonischen Polizei erwischt und hierher zurückgeschickt worden.«

»Wie ist das passiert?«, fragt Kito neugierig.

Der zweite der Männer, der mit dem Handy spielt, antwortet auf Kitos Frage: »Wir wollten vom ersten Dorf, Gevgelija, aus mit dem Zug nach Skopje fahren, aber kurz vor der Abfahrt sind Polizisten eingestiegen, haben alle kontrolliert und uns natürlich erwischt.«

Amar gibt – ohne nachzudenken – unseren Plan preis: »Das haben wir gewusst, dass im Zug kontrolliert wird. Wir wollen mit dem Bus fahren.«

Ich bin völlig genervt, am liebsten würde ich ihm den Mund zuhalten.

»Das ist nicht viel besser. Sie kontrollieren auch jeden Bus, der nach Skopje fährt«, sagt der Teetrinker.

Wir fragen die drei Männer, ob sie wüssten, wo man hier wärmende Kleidung bekommen könne, aber, wie erwartet, gibt es auch hier nichts zu kaufen. Allerdings spendieren sie uns einen Schal und eine Haube, die wir unterwegs abwechselnd tragen können. »Wir fahren ohnehin zurück nach Athen, da können wir uns neue Sachen besorgen.«

Wir bedanken uns herzlich und verabschieden uns voneinander. Der dritte Mann, der bis jetzt nichts gesagt hat, liegt auf der Couch. Ergreift das Wort: »Lasst euch nicht erwischen! Die mazedonischen Polizisten kennen ihre Mutter nicht. Sie prügeln dich, als ob du ihre Eltern umgebracht hättest. Ich kann mich nicht mehr normal hinsetzen.«

Dieses Treffen ist nicht gerade motivierend, aber doch sehr bereichernd. Daher gibt es eine kleine Planänderung: »Da alle öffentlichen Verkehrsmittel nach Skopje kontrolliert werden, machen wir einen Umweg. Wir fahren nach Strumica und von dort nach

Skopje. Hoffentlich werden die Busse nach Strumica nicht auch kontrolliert.«

So machen wir uns auf den Weg. Wir gehen dem Navi auf meinem Handy nach quer durch die Wiesen und Felder hin zu der Autobrücke über den Fluss Region Vardar. Dort ist die einzige Möglichkeit, ihn zu überqueren, um nach Gevgelija zu kommen. Wir klettern einer nach dem anderen auf die Brücke, laufen so schnell wir können auf die andere Seite und verlassen die Straße wieder, um querfeldein zur Grenze zu gelangen. Es dauert nicht lange, und wir sind auf mazedonischem Boden. Auf dem Schotterweg nach Gevgelija kommt uns eine Gruppe von etwa 25 Menschen entgegen. Als sie bei uns angelangt sind, halten sie an. Es sind Syrer, und sie sehen völlig erschöpft aus. »Das ist doch die Gruppe von dem Schlepper, mit dem wir einen Deal für 800 Euro abschließen wollten«, stellt Kito fest. In der Gruppe sind auch Frauen und Kinder. Einer der Männer aus der Gruppe spricht uns an: »Wohin wollt ihr? Ihr müsst zurückgehen! Wir haben schon das dritte Dorf in Mazedonien erreicht, aber unser Schlepper hat uns vor einem Schneesturm gewarnt, der heute Abend losbrechen wird. Wir gehen zurück und bleiben ein paar Tage in Thessaloniki.«

Was soll ich sagen? Ich bin jetzt der Anführer und muss eine Entscheidung treffen. Aber ich bin nicht derjenige, der jemals aufgibt. »Danke für die Mitteilung. Wir wollen heute sowieso nicht mehr weiter gehen, wir wollten uns nur den Weg anschauen und dann zurückkehren. Alles Gute für euch!«, lüge ich den Mann an. Wir gehen weiter, aber meine drei Begleiter sind nach dieser erneuten negativen Meldung ziemlich am Boden. Amar fragt völlig aufgebracht: »Was soll das? Den Weg anschauen? Wollen wir zurückgehen?«

»Niemals. Wir schlafen heute in Lojane, unserer Zielstadt an der mazedonisch-serbischen Grenze.«

Mazedonien betreten

Die Leiden sind wie Gewitterwolken.
In der Ferne sehen sie schwarz aus, über uns kaum grau.

JEAN PAUL

Lojane ist ein albanisches Dorf in Mazedonien. Es liegt nördlich von Kumanovo direkt an der Grenze zu Serbien, gegenüber von dem Ort Miratovac. Wie man auf Arabisch sagt: Die Polizei hat dieses Dorf »von ihren Händen abgewaschen«. Mir ist erzählt worden, sie getrauten sich nicht, in Lojane einzuschreiten, weil dort die albanische Mafia sehr aktiv und nicht harmlos sei. Da damals diese Fluchtroute sehr aktuell war, nutzten sie diese Situation wie üblich, um gute Geschäfte damit zu machen. Von der Facebook-Austauschseite weiß ich, dass viele der Flüchtlinge, die es geschafft haben, dort anzukommen, einen Deal mit einem Mafioso, oder besser gesagt, mit einem Schlepper abgeschlossen haben, um mit dem Auto bis Belgrad zu fahren. Auf der Seite finden sich auch einige Telefonnummern von den zuverlässigsten Schleppern mit dem besten Ruf. Das ist übrigens nicht etwa ironisch gemeint: Jeder Schlepper kümmerte sich um seinen Ruf. Er lebt schließlich davon, ganz so, wie Politiker vor der Wahl.

Wie wir heute bis Lojane kommen sollen, weiß ich nicht genau. Nach dem Gespräch im Hotel haben wir unseren Plan, den Umweg über Strumica nach Skopje zu fahren, abgeändert, und Ähnliches könnte nun noch einmal geschehen. Es gibt mehrere Möglichkeiten. Ich habe sicherheitshalber einige Telefonnummern von Schleppern auf meinem Handy gespeichert, denn wir müssen für diese Strecke leider doch noch einmal einen Schlepper bezahlen, da der Weg von Lojane bis Belgrad ohne Schlepper so gut wie unmöglich ist. Die serbische Grenze ist strenger kontrolliert als die mazedonische. Also ist der Esel doch klüger als ich. Ich muss erneut mit Schleppern dealen …

Auf jeden Fall müssen wir jetzt zum Busbahnhof gehen. Dabei gibt es noch einmal einen Fluss im Süden der Stadt, der uns daran hindert, nach Gevgelija weiterzugehen. Die einzige Möglichkeit, ihn zu überqueren, sind die Gleise der Eisenbahn. Je näher wir der Brücke kommen, desto mehr Spuren von Flüchtlingen sehen wir: Decken, leere Lebensmittelbehälter, Kleidung, da und dort auch Menschen, die anscheinend vom angekündigten Schneesturm wissen und deshalb zurückkehren, um einen Unterschlupf zu suchen. Jetzt können wir schon die Häuser von Gevgelija sehen. Die Eisenbahnbrücke ist noch rund zweihundert Meter entfernt.

»Stopp, wartet mal kurz, am Ende der Brücke steht ein Auto vom Militär!« Amar bleibt stehen und hält mich aufgeregt am Arm zurück. Kito dreht fast durch: »Das ist vielleicht ein Scheißtag. Gott – kennt ihr Gott? – will selbst nicht, dass wir heute weitergehen.«

Mohammad erinnert sich an die Aussage des jungen Mannes über die mazedonischen Polizisten und sagt zu mir: »Sollen wir umdrehen? Ich habe es seit Griechenland satt, geschlagen zu werden.«

»Männer, so schnell wollen wir nicht aufgeben, oder? Gehen wir dort drüben in den Wald und beobachten das Auto.«

Alle schauen mich an und nicken mit dem Kopf, also machen wir uns auf den Weg. Als wir an unserem Beobachtungsposten ankommen, ist das Auto nicht mehr zu sehen. »Diese Gelegenheit müssen wir ausnützen. Gehen wir schnell?« Alle drei Männer reagieren ängstlich auf meine Frage. Amar spricht als Erster: »Ich finde, das ist ein großes Risiko. Wir sollten lieber noch ein bisschen warten.«

Kito schlägt etwas vor: »Oder es geht einer von uns und schaut sich die Lage an, wenn sie ihn erwischen, warten wir in dem kleinen Hotel in Evzoni, bis er wieder entlassen wird.« Plötzliche Stille. Jeder schaut den anderen an und wartet, bis irgendwer »Ich« sagt. Und es dauert nicht lange, bis ich das tue. »Ihr bleibt hier und geht nirgendwohin, bis ich zurückkomme.«

Ohne lange zu überlegen, mache ich mich auf den Weg. Bevor ich die Gleise betrete, schaue ich mich noch einmal um. Es ist ganz ruhig, keine Spur von Polizei oder Militär. Auf der Brücke bläst mir plötzlich der kalte Wind seitlich ins Gesicht. Ich versuche, mein laut klopfendes Herz zu beruhigen und ruhig zu bleiben. Ich gehe in den

Ort hinein, bis ich den Busbahnhof gerade sehen kann, dann drehe ich um und gehe zurück. Um die Ecke ist ein Supermarkt in einer Gasse. Mein Magen beginnt sofort laut zu knurren. Ich laufe schnell hinein, um etwas zu essen zu kaufen. Aber zu meiner Überraschung stehen die Preise nicht in Euro angeschrieben. Anscheinend ist das die mazedonische Währung. Ich gehe zur Kassa und frage den Verkäufer: »Nehmt ihr auch Euro?« Er versteht mich nicht. Da ziehe ich einen Euroschein aus der Tasche und halte ihm diesen hin. Darauf nickt er zustimmend und sagt ein Wort, das anscheinend *ja* auf Mazedonisch heißt. Gott sei Dank, ich werde Kito etwas zu essen bringen, dann wird er wieder an Gott glauben und nicht mehr auf ihn schimpfen.

Ich weiß zwar nicht, wie viel alles in Euro kostet, aber ich lade für alle Essen in meinen Einkaufskorb ein. Dann stehe ich an der Kasse. Der Verkäufer scannt und scannt, dann nennt er eine Summe: »Fünf Euro.«

»Bist du sicher?« Ich bin sicher, dass er sich verrechnet hat, der Preis stimmt jedoch.

»Ja, fünf Euro.«

Jetzt weiß ich, dass in Mazedonien die Lebensmittel extrem billig sind. Ich nehme also die Einkäufe und gehe wieder über die Brücke zurück zu den wartenden Männern. Amar kann seine Freude kaum zügeln und greift sofort nach dem Plastiksack. Heißhungrig stürzen wir uns alle auf das Essen. Kito ist nach dem Essen nicht mehr so grantig. »Kito, du bist nicht mehr du, wenn du hungrig bist!«, lache ich ihn aus.

Er reagiert mit einem Pokerface: »Du bist gerade so gut gelaunt, als ob wir heute ausgehen würden! Erzähl jetzt, wie schaut es im Ort aus? Wir haben Angst um dich gehabt, Angst, dass du nicht wiederkommst.«

Ich bin sicher nicht gut gelaunt, aber ich versuche, die Stimmung ein bisschen aufzulockern, damit wir dann im Ort wie gewöhnliche Menschen aussehen und man den Stress in unseren Gesichtern nicht sieht. »Es schaut gut aus, keine Polizisten, aber wir müssen uns an folgenden Plan halten: Wir ziehen uns jetzt um, machen uns schön und gehen einer nach dem anderen mit ein paar hundert Metern Abstand Richtung Busbahnhof. Als Erster gehe ich, direkt zum Ticketschalter nämlich, und besorge uns vier Buskarten nach Strumica«, erkläre ich ihnen.

»Was ist, wenn der Bus nicht gleich abfährt und lange in der Haltestelle steht? Was sollen wir in der Zeit machen?«, will Mohammad wissen.

»Ich weiß leider nicht genau, wann der Bus abfährt. Im Internet gibt es darüber keine Angabe. Aber ihr sollt, während ich die Karten kaufe, am Bahnhof einzeln herumgehen und euch nicht zusammenstellen. Und wie in Polikastro warten wir, bis sich der Fahrer zum Abfahren fertig macht und ich euch das Zeichen zum Einsteigen gebe.«

Also ziehen wir unsere saubere Reservekleidung über die schmutzige drüber und versuchen, uns so ordentlich wie möglich herzurichten. Es ist kalt, und wir werfen keine Kleidung weg. Wie geplant, gehe ich als Erster los, und die anderen folgen mir mit dem entsprechenden Abstand. Je näher ich dem Bahnhof komme, desto schneller und lauter klopft mein Herz. Ich versuche, meine Nervosität unter Kontrolle zu bringen, und fange an, ein Lied meines Lieblingsfußballvereins, Real Madrid, zu singen: »Hala Madrid, Hala Madrid, Hala Madrid!« Es hilft tatsächlich, ich bin deutlich entspannter. Ich betrete die Schalterhalle und begrüße den Mann hinter dem Schalter auf Spanisch, verbessere mich dann aber sofort auf Englisch. »Schon wieder rede ich Spanisch, tut mir leid. Ich hätte gern vier Karten nach Strumica.«

Er lacht mich an: »Sie sind gerade noch rechtzeitig gekommen, der Bus nach Strumica fährt in ein paar Minuten ab.«

Mit den Tickets in der Hand gehe ich wieder hinaus. Jetzt habe ich aber doch Stress: Wo sind die anderen? Keiner von ihnen ist zu sehen! Ich verlasse schnell den Bahnhof und treffe auf Amar, der ziemlich lässig herumspaziert.

»Wo sind die anderen?«

Amar zuckt mit den Schultern: »Ich weiß nicht, Kito ist in diese Richtung gegangen und Mohammad in die andere.«

Ich gebe Amar zwei Tickets, eines für ihn, eines für Mohammad, und bitte ihn, Mohammad zu suchen und in zwei Minuten in den Bus einzusteigen. Ich selbst will Kito nachgehen. Ich laufe in aller Eile in die von Amar angegebene Richtung. Dieser immer hungrige

Kito! Er steht schon wieder bei einer Bäckerei und schaufelt ganz ungeniert und in aller Ruhe Brot in sich hinein. Am liebsten hätte ich ihn in den Hintern gebissen. »Der Bus fährt in zwei Minuten! Wir müssen zurück, komm, schnell!«, schreie ich ihn an. Ich gebe ihm schnell seine Buskarte und wir rennen los.

Der Bus ist ziemlich voll besetzt, der Fahrer kontrolliert unsere Tickets und setzt sich hinter das Lenkrad. Aber wo sind Amar und Mohammad? Der Motor wird gestartet, die Türen schließen sich und der Bus fährt rückwärts aus der Haltestelle heraus.

»Please, stop!«, rufe ich dem Fahrer laut zu. Ich stoße Kito an: »Komm, steig aus, wir können sie doch nicht alleine hierlassen!« Ich gehe zum Fahrer nach vorne und will ihn bitten, uns aussteigen zu lassen. In diesem Moment klopfen Amar und Mohammad keuchend an die Tür. Wir atmen auf und setzen uns wieder hinten auf unsere Plätze. Die beiden steigen ein und setzen sich neben uns. Wir schauen einander mit Freude in den Augen an, sprechen dürfen wir ja nicht, um uns nicht zu verraten.

Der Bus fährt wieder an und bleibt bei der Ausfahrt plötzlich stehen. Der Bus vor uns, auf dessen Schild *Skopje* steht, wird von zwei Polizisten kontrolliert. Einer der Polizisten steigt wieder aus und kommt auf unseren Bus zu. Unser aller Puls steigt auf gefühlte tausend Schläge an, und wir sind kurz davor, uns in die Hosen zu machen. Jetzt steht er neben dem Fenster des Fahrers – und gibt ihm ein Zeichen, den ersten Bus zu überholen, da die beiden Beamten noch längere Zeit mit ihrer Amtshandlung zu tun hätten. Erleichterung! Unser Bus fährt weiter. Wir atmen auf und können uns langsam wieder entspannen. Diese Augenblicke sind so großartig, dass ich sie mit einem Video dokumentieren muss. Wir haben einen ganz schwierigen Abschnitt hinter uns gebracht!

Der fünfte Schutzengel

Das Aussehen eines Menschen siehst du bei Licht.
Seinen Charakter jedoch siehst du erst im Dunkeln.

KONFUZIUS

Entspannt lehnen wir uns zurück. Immer wieder schauen wir einander in die Augen, voll Freude darüber, diese schwierige Passage, an der so viele scheitern, geschafft zu haben. Aber ich will nicht zu früh feiern, nicht schon nach dem ersten Tor – auch ein Fußballspiel ist erst mit dem Schlusspfiff zu Ende. Und wir haben noch viel vor uns.

Langsam beginnt es zu schneien, und je länger der Bus fährt, desto stärker wird der Schneefall. Eine Stunde Fahrt liegt bereits hinter uns. Kurz vor der Ankunft in Strumica flüstere ich Kito ins Ohr: »Wenn wir angekommen sind, machen wir das genauso wie vorher, wir verteilen uns sofort wieder, und ich besorge die Buskarten nach Skopje. Sag das auch den anderen, aber ganz leise und unauffällig!« Kito sagt es Amar, dieser flüstert es Mohammad zu. Niemandem im Bus fällt etwas auf.

Wir kommen in Strumica an. Der Busbahnhof ist größer als in Gevgelija, was für unseren Plan sehr günstig ist. Ich steige als Erster unserer Gruppe aus, und die anderen kommen mir nach. Sofort gehe ich zum Bahnhofsgebäude, um auf der Toilette unbeobachtet meine Aufregung wieder in den Griff zu bekommen. Nach ein paar Sekunden öffnet sich die Türe und Kito kommt herein. Ich will ihn gerade fragen: »Warum verfolgst du mich?«, da öffnet sich die Türe und Amar kommt ebenfalls in den Raum. Ich will dieselbe Frage Amar stellen, da öffnet sich die Türe noch einmal und Mohammad kommt herein.

»Super, ihr habt alle denselben Gedanken gehabt!«

»Ja, wohin sollen wir sonst gehen, draußen ist es arschkalt!«, sagt Mohammad und zittert vor Kälte.

»Schon gut, ich gehe inzwischen die Tickets kaufen. Hier gibt es drei Kabinen, jeder soll sich in einer verstecken, zusperren und warten.«

Ich weiß nicht, wohin ich die Tickets buchen soll. Ich schaue in Google Maps. Wir müssen eigentlich gar nicht nach Skopje fahren. Wenn wir gleich nach Kumanovo fahren, sparen wir uns den Umweg. Außerdem weiß ich von der Facebook-Austauschseite, dass die Kontaktmänner der Schlepper, die uns von Lojane nach Belgrad bringen sollen, in Kumanovo sitzen. Am Schalter sitzt diesmal eine Frau. Sehr gut, jetzt kann ich ihr schöne Augen machen, damit sie meine Fragen beantwortet, ohne Verdacht zu schöpfen. Obwohl das Schöne-Augen-Machen wirkt, können wir nicht gleich nach Kumanovo fahren, weil gar kein Bus direkt dorthin fährt. Wir müssen über Skopje fahren, und dieser Bus geht bereits in fünf Minuten. Also löse ich schnell vier Tickets nach Skopje und mache mich wieder auf den Weg zur Toilette. Da fallen mir zwei Polizisten auf, die mir nachgehen. Kurz vor der Toilettentüre biege ich ab und setze mich auf eine der Wartebänke. Wenn die Polizisten meinetwegen da sind, dann will ich da sitzen bleiben, anstatt sie zur Toilette zu führen und die anderen damit in Gefahr zu bringen. Aber die beiden gehen an mir vorbei und in die Toilette hinein. Da rutscht mir mein Herz in die Hose. Wir sind erledigt! Es dauert nur zwei Minuten, bis sich die Tür wieder öffnet. Diese zwei Minuten sind wie eine Ewigkeit für mich. Die Polizisten kommen wieder heraus, alleine, und gehen wieder.

Als sie weg sind, gehe ich hinein. Im ersten Augenblick glaube ich, dass niemand da ist. »Kommt heraus, alles ist ruhig und sicher, sie sind wieder weg«, sage ich leise. Kito und Mohammad kommen aus derselben Kabine. »Ist etwas passiert? Zwei Polizisten waren gerade da!«, sage ich zu ihnen.

»Nichts ist passiert. Wir haben sie nicht gesehen, nur gehört, dass jemand hereingekommen ist und die dritte Kabine benützt hat«, antwortet Kito ganz entspannt.

»Und wessen Idee war es, zu zweit in eine Kabine zu gehen und eine frei zu lassen?«, frage ich neugierig und begeistert. Mohammad hebt seine Hand. »Meine, damit, wenn jemand kommt, der nicht ewig lang warten muss und uns damit nervt.«

»Du bist aber schlau! So, und jetzt nichts wie raus, der Bus fährt gleich!«

Ich verteile wieder die Tickets, und einer nach dem anderen geht zum Bus und steigt ein. Die Polizisten sind nicht mehr zu sehen.

Der Bus fährt um Punkt 16 Uhr los, und nach kurzer Zeit schlafen die drei. Ich kann nicht einschlafen. Mich beunruhigt das Wetter da draußen. Je weiter wir in den Norden fahren, desto dicker wird die Schneedecke. Zum Glück habe ich Roaming auf meinem Handy aktiviert, was zwar mit Kosten verbunden ist, aber ohne Internetverbindung können wir keinen weiteren Schritt vorankommen. Ich werfe einen Blick auf die bekannte Facebook-Seite. Ich muss lesen, dass die Polizei in Skopje sehr aktiv ist und gestern am Busbahnhof viele Flüchtlinge erwischt worden sind. Mist. Wir müssen schon wieder unseren Plan ändern. Wir sind so weit gekommen, wir können nicht riskieren, nach Skopje zu fahren und wieder zu unserem Ausgangspunkt zurückgeschickt zu werden. Ich schaue auf Google Maps, wo wir am besten aussteigen können, um die Strecke bis Kumanovo zu Fuß zurückzulegen. Ich entscheide mich dafür, an einer Abzweigung vor Skopje auszusteigen. Von hier sind es noch dreißig Kilometer bis Kumanovo. Wir werden es bis morgen Früh sicher schaffen, wir können neben der Autobahn auf einem Fußweg gehen, ohne Aufsehen zu erregen.

Kito sitzt neben mir, direkt am Fenster. Er macht die Augen auf: »Oh Gott – sind wir jetzt in Alaska, oder träume ich immer noch?«

»Leider nicht. Es gibt eine Planänderung: Wir steigen in dreißig Minuten wieder aus.« Ich erkläre ihm die neue Situation, tausche Platz mit Mohammad, damit dieser von Kito alles erfährt, und informiere flüsternd Amar. An der Abzweigung steigen wir aus. Es ist schon 20 Uhr. Ein Schock. Die Situation draußen ist ganz anders, als wir sie uns vorgestellt haben. Die Kälte schleicht sich innerhalb von Sekunden in unsere Knochen. Es liegen ungefähr zwanzig Zentimeter Schnee. Das einzig Gute ist, dass es derzeit nicht mehr schneit.

»Was tun wir uns hier an? Was sagt der Hausverstand?«, fängt Kito als Erster zu fluchen an.

»Auf der Flucht gibt es keinen Hausverstand!«, reagiere ich genervt auf Kitos Gejammer, »wir sind jetzt da und müssen zusammenhalten und das Beste daraus machen.« Ich schalte mein Handy wieder ein, um nachzusehen, in welche Richtung wir gehen müssen. Ich schalte es nämlich unterwegs immer wieder aus, um Batterie zu sparen. Wir gehen neben der Autobahn los. Aber nach ein paar hundert Metern müssen wir wieder auf die Autobahn zurück. Es gibt keinen Fußweg, überall ist nur Schnee. Unsere Füße sind bereits nass, die Sportschuhe sind für diese Witterung nicht geeignet.

»Wir schaffen auf dieser Strecke nicht einmal drei Kilometer, dann erfrieren wir! Lass uns auf dem Asphalt gehen!«, schlägt Mohammad vor. Er hat recht. Wir müssen darüber nicht diskutieren.

»Aber wenn wir auf der Fahrbahn gehen, sind wir eine leichte Beute für die Polizei«, fürchtet Amar.

»Ja, ich weiß, aber das Resultat ist bekannt, wenn wir im Schnee gehen. Wir wollen auch nicht hier sterben. Es sind schließlich dreißig Kilometer, und das ist kein Spaziergang«, antworte ich.

»Ich bin auch dieser Meinung. Es ist mir lieber, die mazedonische Polizei erwischt uns, als wir erfrieren hier im Schnee«, stimmt Kito mir zu.

»Wenn wir es riskieren wollen, auf der Autobahn weiterzugehen, dann können wir gleich versuchen, Autos aufzuhalten. Vielleicht bringen sie uns ja nach Kumanovo! Was meinst du?«, fragt mich Amar.

»Von mir aus.«

Ich akzeptiere seinen Vorschlag resigniert, auch wenn er die Gefahr mit sich bringt, dass wir so wieder an unseren Ausgangspunkt zurückgebracht werden. Wir gehen paarweise mit einem Abstand von rund hundert Metern und wir versuchen, jedes vorbeifahrende Auto aufzuhalten. Mohammad hat sich eine Geschichte für uns ausgedacht: Wir sind Touristen, wollen hier ein Survivaltraining machen und haben uns verlaufen. Kein Auto hält an. Eines nach dem anderen rauscht an uns vorbei, und wir gehen, gehen und gehen. Da sehen wir neben der Straße, schwach beleuchtet, den Flughafen und Flugzeuge, die landen und abfliegen. Mohammad fängt plötzlich fassungslos zu schreien an: »Meine Mutter, meine Mutter, du weißt, was passiert weiter, warum hast du mir deinen Traum nicht weitererzählt?«

»Was ist los mit dir?«, will ich wissen.

»Heute Früh, als wir noch in Griechenland waren, habe ich mit meiner Mutter telefoniert, und sie hat mir ihren Traum erzählt:

Ich gehe auf einer breiten Straße, und über meinem Kopf fliegen Flugzeuge.«

»Deine Mutter kann hellsehen«, gebe ich zur Antwort, »ich wüsste auch gerne, was in ihrem Traum weiter geschehen ist!«

Und wir gehen weiter, wir gehen und gehen. Die Kälte ist nicht mehr zu ertragen. Am allermeisten jammert Kito. Nicht zu Unrecht, denn er hat nur zwei Jogginghosen an und zittert. Langsam wird uns bewusst, wie schlecht wir auf diese Reise vorbereitet sind. Wir haben so spontan agiert, dass wir nicht einmal etwas zu essen mitgenommen haben. Und wir gehen, wir gehen und gehen.

Mittlerweile ist es Mitternacht, und wir haben erst ungefähr ein Drittel der Strecke geschafft. Die vorbeifahrenden Autos werden immer seltener. Ich habe schon vor einiger Zeit aufgegeben und gar nicht mehr versucht, ein Auto aufzuhalten. Amar ist der Einzige, der seinen Arm noch immer bei jedem Auto ausstreckt. Kito ist sehr ruhig geworden und jammert nicht mehr. Das scheint die Ruhe vor dem Sturm zu sein. Mohammad denkt immer noch fasziniert an den Traum seiner Mutter. Auf einmal bleibt Kito stehen: »Wir haben einander versprochen, ein einziges Herz zu bleiben. Aber ich kann mein Versprechen nicht mehr halten. Ich spüre meine Beine nicht mehr. Ich lasse mich von der Polizei erwischen, ich gebe auf.«

»Wie willst du dich von der Polizei erwischen lassen?«, frage ich ihn.

»Du rufst an, sagst, wo wir sind, und sie kommen und holen mich ab.«

Alle unsere Versuche, Kito zu beruhigen, funktionieren nicht. Er ist fertig, und zwar im wahrsten Sinn des Wortes. Ich nehme wieder mein Handy und stelle auf Google Maps fest, dass sich in ein paar Kilometer Entfernung eine Tankstelle befindet. Mit Mühe kann ich Kito überreden, zuerst zur Tankstelle zu gehen und dort darüber zu entscheiden, was wir weiter machen. Ich bin auch sehr müde, und es scheint mir mittlerweile unmöglich zu sein, diese dreißig Kilometer in einem Stück zu gehen. Endlich erreichen wir die Tankstelle, der zu unserem Glück ein kleiner Supermarkt angeschlossen ist. Kito und ich verschwinden auf die Toilette, die anderen beiden besorgen etwas zu essen. Auf dem Pissoir erstarrt Kito geschockt: »Schau einmal her, mein Ding ist gefroren!« Er bricht zusammen: »Ich gehe auf keinen Fall weiter. Ich will irgendwann Kinder bekommen. Aber ihr sollt weitergehen, ihr sollt nicht wegen mir dableiben!«

»Nein, wir sind gemeinsam gestartet und wir hören auch gemeinsam auf. Ich gehe hinaus und rufe die Polizei, sie sollen uns alle abholen. Bleib hier und versuche, dich ein wenig aufzuwärmen.«

Deprimiert gehe ich zu den anderen: »Wir brechen ab!«, flüstere ich in Amars Ohr. Ich gehe hinaus, um zu telefonieren. Da steht ein Auto an der Zapfsäule, und der Fahrer tankt gerade. Eine blonde Frau sitzt auf dem Beifahrersitz. Einen Versuch ist es wert, ich habe nichts zu verlieren. Ich gehe direkt auf ihn zu: »Hallo! Unser Auto ist auf dem Weg kaputtgegangen, wir wollen nach Kumanovo. Könntest du uns mitnehmen?« Der Mann starrt mich verwirrt an und kann sich nicht entscheiden. Er schaut seine Frau durch das Fenster fragend an. Sie blickt kurz in mein Gesicht, lächelt und nickt dann ihrem Mann zu. Dieser Fahrer und seine Frau sind mein fünfter Schutzengel.

Flüchtlinge auf der Flucht vor
dem Schlepper

Die einzige Begrenzung, das Morgen zu verwirklichen,
werden unsere Zweifel von heute sein.

FRANKLIN D. ROOSEVELT

Ich bin bis heute überzeugt davon, dass diese beiden, der Mann und seine Frau, Schutzengel waren und keine realen Menschen. Anders ist es nicht erklärbar. Sie haben uns die weitere Flucht ermöglicht. Der Mann war so freundlich und hilfsbereit, als wäre er dafür bezahlt worden. Er ließ uns im Zentrum von Kumanovo aussteigen. Wir bedankten uns herzlich, und er fuhr sofort wieder weiter. Wahrscheinlich zurück in den Himmel.

Wir gehen paarweise durch die Stadt, bis wir eine geöffnete Bar finden. Der Kellner ist überrascht, dass jemand um diese Zeit nur einen heißen Tee trinken möchte. Nun wird es wieder ernst für uns, es gibt keine Zeit auszuruhen. Wir müssen einen Schlepper anrufen, der uns von Lojane nach Serbien bringt, denn lange können wir hier in Kumanovo nicht bleiben. Ich suche aus der Liste der Telefonnummern eine aus, und zwar diejenige des Schleppers, mit dem etliche Flüchtlinge bereits gute Erfahrungen gemacht haben. Leider hebt er nicht ab. Wir müssen die zweite Wahl nehmen, auch wenn sein Ruf nicht so gut ist. Aber egal, wir sind nicht auf einer Fünf-Sterne-Reise. Der Schlepper meldet sich sofort und antwortet bereitwillig auf meine Fragen. Er wird uns um vierhundert Euro pro Person nach Belgrad bringen, allerdings ist das erst in ein paar Tagen möglich. Bis dahin bietet er uns an, in Vaksinzee, einem Dorf in der Nähe, in seinem Haus zu warten. Wir haben keine andere Wahl und nehmen an, und ich bitte ihn, uns abzuholen. Daraufhin gibt er uns eine Adresse an, an der wir auf ihn warten sollen. Das ist eine winzig kleine Straße weitab von den Hauptstraßen.

»Kommt, Männer, wir müssen wieder los! In einer halben Stunde sollen wir dort sein«, beuge ich mich flüsternd zu den anderen.

»Schon wieder gehen, ich kann mich nicht von meinem warmen Tee trennen!« Kito streikt und hält seine Tasse mit beiden Händen fest.

»Okay, dann bleib hier, wir gehen«, sagt Mohammad und steht auf. Ich zahle, und wir gehen zu dritt hinaus. Nach ein paar Metern läuft uns Kito nach. Die Straßen sind leer, kein Mensch ist zu sehen. Das ist uns nur recht. Am vereinbarten Treffpunkt kommen wir pünktlich an. Diese unbeleuchtete Gasse ist so schmal, dass ein Auto kaum durchfahren kann. Die kalte Luft pfeift uns um die Ohren, und wir frieren. Lange zehn Minuten warten wir, dann rufe ich den Schlepper an.

»Ihr müsst Geduld haben, ich kann nicht sofort kommen, Polizei ist unterwegs!«

Die Kälte kriecht uns in die Knochen, und Kito fängt schon wieder zu jammern an: »Ich halte es nicht mehr aus, ich kann nicht mehr stehen. Mir ist schwindlig!«

Mohammad verliert die Geduld und schaut Kito direkt in die Augen: »Hör endlich einmal zu jammern auf! Glaubst du, du bist der Einzige hier? Uns geht es genauso wie dir! Du wolltest zuerst an der Tankstelle alles hinschmeißen und aufgeben, ohne an uns zu denken!« Er ist zornig und atmet hörbar. Ich stelle mich zwischen die beiden: »Jetzt runter vom Gas! Schaut einmal, dort kommt ein Auto!«

Und wirklich kommt ein winzig kleiner Smart, in dieses Auto sollen wir vier nach Anweisung des Fahrers einsteigen! Wir quetschen uns hinein wie eingelegte Gurken im Glas, und er fährt sofort los. Es ist nicht der Schlepper selbst, sondern einer seiner Laufburschen. Er hält während der ganzen Fahrt Telefonkontakt mit einem anderen Auto, das ihm offensichtlich den Weg weist und vor ihm zu fahren scheint. Er ist ziemlich jung, sichtlich nervös, und er schwitzt, anscheinend ist er neu in diesem Geschäft.

Nach einer halben Stunde Fahrt verlassen wir die Hauptstraße, und es geht auf einer kleinen Nebenstraße weiter. Die Straße ist eisig glatt und der Fahrer muss ganz langsam fahren. Ich schaue auf Google Maps nach, wie weit wir von unserem Ziel entfernt sind. Es wird noch ungefähr zehn Minuten dauern, bis wir dort ankommen. Da bekommt der Fahrer eine Warnung: »Achtung, im Ort ist Polizei, lass sie aussteigen, fahr alleine weiter!« Der Fahrer steigt voll auf die Bremse, das Auto dreht sich auf dem Eis, bis es endlich zum Stehen kommt. »Go out, go out!«, versucht der Fahrer uns möglichst schnell aus dem Auto zu schieben, und fährt sofort weg. Es ist stockfinster, eiskalt, und wir beobachten die Lichter seines Autos, die langsam kleiner werden. Der Boden unter unseren Füßen ist glatt wie ein Eislaufplatz, und an den Rändern der Straße liegt gut ein halber Meter Schnee. Ich kann kein einziges Wort über die Lippen bringen. Wir schauen einander fassungslos an. »Wir müssen uns schnell etwas einfallen lassen, bevor wir hier erfrieren und sterben!«, sagt Mohammad mit zitternder Stimme. Amar deutet auf ein einsam gelegenes Haus, das in der Dunkelheit gerade noch erkennbar ist: »Das ist beleuchtet, dort müssen Menschen sein, das ist das Einzige, wohin wir gehen können!« Wir versuchen dorthin zu laufen, wir wollen nicht lange auf der Straße stehen bleiben, falls die Polizei vorbeikommt.

Ich laufe als Letzter und ich fühle mich seltsam, ich habe keine Energie mehr. Die anderen entfernen sich langsam von mir, und auf einmal wird meine Sicht immer enger und enger, ich sehe nur mehr unscharf und trüb – wie in einem Tunnel –, da stolpere ich und falle zu Boden. Ich kann nicht einmal mehr schreien. Die anderen bemerken irgendwann mein Fehlen und kommen zurück. Sie versuchen, mich auf die Beine zu stellen. Ich bin nicht bewusstlos, aber auch nicht ganz bei mir. Ich habe keine Ahnung, was da gerade mit mir passiert. In diesem Moment kommen Lichter eines Autos auf uns zu. Bitte, nicht die Polizei! Sie kommen immer näher, dann bleibt das Auto neben uns stehen. Es ist der Smart von vorhin! Irgendwie schieben mich die anderen in das Auto, klettern selber nach, und wir fahren weiter. Nach einer Viertelstunde erreichen wir den Rohbau eines großen dreistöckigen Hauses. Mir geht es inzwischen einigermaßen besser. Kito stützt mich beim Aussteigen, dann gehen wir hinein. Beim Eingang treffen wir auf unseren Schlepper. Er ist etwa Mitte vierzig, hat eine halbe Glatze, eine Zigarette in der Hand und ist klein und dick. »Ich bin ein großartiger Schlepper«, sagt er, »nachdem die Polizei weg war, habe ich euch das Auto noch einmal geschickt, damit ihr nicht erfriert!« Er lacht laut mit einer kratzigen Stimme, wobei sein dicker Bauch heftig wackelt.

Der Fahrer deutet auf mich und sagt irgendetwas. Der Dicke spricht weiter: »Was ist, Weichei? Hast du deine Mami vermisst? Ihr seid sicher erschöpft, geht in ein Zimmer, morgen reden wir über das Geld und so.« Ich antworte auf seinen Witz nicht und schaue ihn nur mit Verachtung an. Der Fahrer geht durch alle Räume und schaut, wo es für uns Platz zum Schlafen gibt. Das Haus ist voll belegt mit anderen Flüchtlingen, mit Männern aus vielen verschiedenen Ländern. Er bringt uns in ein Zimmer, in dem fünf Menschen bereits schlafen. Es brennt kein Licht, da offensichtlich der Strom im Haus noch nicht installiert ist. Die Fenster sind mit Plastikfolie zugeklebt, anstatt einer Türe gibt es einen Vorhang. Einer der Männer setzt sich im Finstern auf, wir sehen nur seinen Umriss: »Willkommen, Männer! Woher seid ihr?«

Dieser Satz ist für Kito genug, um zu erkennen, dass dieser Mann aus Aleppo ist: »Hallo, Landsmann! Wir sind aus demselben Dorf!«

»Aus Aleppo? Wirklich?«, fragt der Unbekannte begeistert weiter.

»Ja, aus dem Halabjdid-Viertel!«, sagt Kito.

»Wirklich? Ich auch! Wie heißt du mit dem Nachnamen?« Die Stimme des Unbekannten wurde vor Aufregung immer lauter.

»Halabi«, sagt Kito ihm seinen Nachnamen.

»Kennst du Mohammed Halabi?«, fragt der Unbekannte.

»Mein Bruder heißt Mohammed Halabi!«, antwortet Kito. Der Mann schaltet das Licht seines Handys ein, kommt auf Kito zu und leuchtet ihm ins Gesicht. »Das glaub ich nicht! Du bist Kito! Ich bin der Metzger Amran!« Dann leuchtet er sich mit der Lampe in sein eigenes Gesicht. Beide umarmen einander und beginnen, übergangslos wie ein Wasserfall miteinander zu plaudern.

Das Zimmer ist für neun Personen zu klein. Aber wenigstens ist es warm so, denn eine Heizung gibt es nicht. Die Plätze an den Wänden sind schon besetzt, also lege ich mich zwischen die Beinen der anderen in die Mitte. Es ist finster und zu eng, aber ich bin unendlich dankbar, am Ende dieses schrecklichen Tages Unterschlupf gefunden zu haben. Immerhin ist der Boden mit einem Teppich belegt. Ich kann mich nicht wachhalten. Die Gespräche von Kito und Amran werden für mich immer leiser und leiser, und obwohl ich gerne zugehört hätte, schlafe ich ein.

Plötzlich weckt mich Kito auf. Es ist hell im Zimmer. Ich habe doch nur ein paar Minuten geschlafen. Aber es ist auf einmal Tag, und es waren tatsächlich sieben Stunden, auch wenn es sich für mich so anders anfühlt. Kito und Mohammad sehen besorgt aus. Amran und die anderen vier Männer sind verschwunden. Amar schläft noch.

»Wir dürfen keine Vereinbarung mit diesem Schlepper machen, er ist ein Betrüger!«, flüstert Kito.

»Wieso, woher willst du das wissen?«, frage ich und setze mich auf.

»Die Gruppe von Amran ist geteilt worden, die erste Hälfte ist schon gestern abgereist. Aber der Schlepper hat sie nicht, wie vereinbart, nach Belgrad gebracht, sondern nur nach Bujanovac!«, erklärt Kito. »Amran und die vier anderen sind heute im Morgengrauen nach Lojane gegangen. Sie haben einen anderen Schlepper ausfindig gemacht.«

Ich bin noch nicht ganz wach und bitte ihn, mir das noch einmal zu sagen. Wenn das stimmt, ist es sehr schlecht. Die serbische Polizei schickt nämlich alle Flüchtlinge, die erwischt werden, bevor sie Belgrad erreichen, zurück nach Mazedonien. Wer es bis Belgrad schafft, darf sich dort registrieren lassen und bleiben. Für uns heißt das jetzt: Wir müssen das Haus so wie Amran und seine Freunde unauffällig verlassen und wir brauchen einen neuen Plan. In diesem Moment betritt der Schlepper das Zimmer und bemerkt, dass die anderen weg sind. Er wird daraufhin sehr wütend: »Wo sind die anderen?«

»Keine Ahnung, wir haben geschlafen. Wir haben gar nicht gemerkt, dass sie weggegangen sind«, zucke ich mit den Schultern.

Er versucht, seine Wut hinunterzuschlucken und ruhig zu bleiben: »Ach so, ja, ich erinnere mich, die habe ich nach Belgrad geschickt. Sie sind auf dem Weg. Und ihr, wann wollt ihr weiter? Können wir jetzt über Geschäfte reden?«

»Wir können jetzt noch nicht darüber reden. Wir wissen nicht, ob unser Geld reicht, und wir wollen lieber noch ein bisschen warten, bis das Wetter besser wird. Ich bin körperlich ziemlich am Ende«, antworte ich ihm.

Der Schlepper ist sehr verärgert: »Davon habt ihr gestern aber nichts gesagt, als ihr mich aus Kumanovo angerufen habt. Ich mag dieses kindische Hin und Her nicht. Wenn ihr nicht mehr wollt, zahlt mir die Fahrt bis hierher, hundert Euro pro Person, plus Übernachtung.«

»Nein, nein, wir wollen nicht abbrechen. Wir sind gerade erst aufgewacht und wollen das alles noch untereinander besprechen!«, versuche ich ihn zu besänftigen. Amar wacht während dieser Auseinandersetzung auf. Der Schlepper dreht sich wortlos um und verlässt den Raum. Amar setzt sich auf und reibt sich die Augen: »Was ist los?« Kito erklärt ihm, was gerade abgelaufen ist. Währenddessen schalte ich mein Handy ein und sehe einen entgangenen Anruf: Der Schlepper aus Lojane, den ich am Vortag nicht erreichen konnte, hat sich gemeldet! Diese Neuigkeit muss ich schnell den anderen mitteilen, bevor ich hinauslaufe, um ihn zurückzurufen. Zum Glück hebt er ab und macht bei mir sofort einen guten Eindruck: Er entschuldigt sich, dass er gestern nicht erreichbar war. Ein Schlepper entschuldigt sich ansonsten nicht! Ich erkläre ihm genauestens unsere jetzige Situation. Er macht einen Vorschlag: »Von Vaksinzee, wo ihr euch jetzt befindet, geht ihr in fünfzehn Minuten zu Fuß nach Lojane. Kommt zur Moschee, dort bin ich und warte auf euch. Bei mir könnt ihr sicher sein, dass ich euch nach Belgrad bringe und nicht nur nach Bujanovac.« Ich verspreche ihm, so schnell wie möglich zu kommen.

Auf dem Weg zurück zu den anderen komme ich am Zimmer des Schleppers vorbei. Darinnen sitzen er und seine Helfer in einer Runde auf dem Boden und essen ihr Frühstück. Da macht es klick! in meinem Kopf, und mir ist sofort klar, dass das der Moment zum Verschwinden ist. Ich renne zu den anderen: »Schnell, das ist unsere Chance, sie sind mit Essen beschäftigt. Yallah, yallah!« Einer nach dem anderen schleicht möglichst unauffällig aus dem Haus. Erst als Amar zu uns stößt, als wir hinter dem Zaun warten, laufen wir mithilfe des Navi los Richtung Lojane. Nun sind wir Flüchtlinge vor dem Schlepper.

Blitzerinnerungen

Die Vergangenheit ist nie vergangen, sie lebt noch.
Wir tragen sie in uns. Alles, was wir sind und was wir haben,
ist ihr Resultat.

JAD TURJMAN

Der neue Schlepper heißt Idin und kommt aus Albanien. Ob das sein
richtiger Name ist, wissen wir nicht. Aber wir wissen aus dem Internet, dass er mit der albanischen Mafia gut vernetzt ist. Wir treffen
ihn und seinen Sohn Omar, wie vereinbart, in der Moschee. Omar
ist jung und sieht wie ein Rapper aus. Zumindest ist er so angezogen:
Er trägt seine Schirmkappe verkehrt herum aufgesetzt, dazu einen
langen Pullover und eine Hose, deren Bund auf den Schenkeln sitzt.
Im Gegensatz dazu ist Idin ganz konventionell angezogen: Er trägt
ein weißes Hemd und eine schwarze Hose. Sein langer schwarzer
Bart mit rasiertem Schnurrbart erweckt den Eindruck, als sei er sehr
religiös. Er erzählt uns sofort, dass er mit Abu Salman, dem Schlepper aus Vaksinzee, verfeindet sei. Ich nehme an, dass er uns deshalb
ohne Zögern angenommen hat. Außerdem ist er ein richtiger Ange-
ber. »Ich kann einen zum Tode Verurteilten vor dem Galgen retten.
Jetzt könnt ihr euch zurücklehnen. Aber Abu Salman ist ein Jammer,
mit dem kommt man höchstens wieder nach Griechenland zurück«,
sagt Idin selbstbewusst. Ich habe von solchen Typen und ihrem Ge-
rede die Nase voll. Deshalb will ich gleich zum Geschäftlichen kommen und frage ihn: »Wie viel kostet uns die Fahrt pro Kopf und wo
genau werden wir aussteigen?«
   »Was hat Abu Salman von euch verlangt? Bei mir steigt ihr di
rekt in Belgrad aus. Wann wir abfahren, ist aber vom Wetter abhän-
gig. Du siehst, es schneit schon wieder, der Schnee liegt inzwischen
einen halben Meter hoch, da kommen wir nicht weiter.«
   Ich bin schlau und sage ihm nur die Hälfte des Preises, den Abu
Salman verlangt hat: »Zweihundert Euro.«

»Solche Preise gibt es nicht, junger Mann. Wenn du von Anfang an unehrlich mit mir bist, schicke ich dich und die anderen zu Abu Salman zurück.« Er schaut mich mit überlegenem Lächeln und dem Wissen, dass ich gelogen habe, an: »Es kostet für jeden von euch dreihundert Euro. Nicht mehr und nicht weniger.«

»Ich bin nicht unehrlich, aber er wollte uns nur die halbe Strecke fahren. Du bringst uns nach Belgrad, und deshalb ist der Preis in Ordnung«, bin ich einverstanden.

»Jetzt geht ihr mit Omar mit, er zeigt euch, wo ihr bis zur Abfahrt bleiben könnt. Dort sind schon viele Landsleute von euch, da wird euch nicht langweilig«, beendet er unser Gespräch. Wir stehen auf und folgen Omar. Er führt uns durch das ärmliche, ungepflegte Dorf, das den Eindruck macht, als sei es von der Regierung vergessen worden. Enge Straßen, unverputzte, heruntergekommene kleine Häuser. Wir gehen ihm nach, bis wir am Ende des Dorfes zu einem großen, wunderschönen Haus kommen. Es überrascht uns sehr, dass wir im schönsten Haus des ganzen Dorfes untergebracht werden. Wir sehen einander begeistert an. Als wir den schönen Garten des Hauses betreten, will ich gerade stehen bleiben, als auch Omar sagt, wie schön das Haus sei. »Ihr schlaft aber nicht hier. Kommt noch ein Stück mit zum Hinterhof. Dort sitzen alle eure anderen Landsleute«, fährt er fort und geht weiter, als hätte er meine Gedanken gelesen.

Im Hinterhof sieht es sehr unaufgeräumt aus, und überall stehen Gegenstände und Werkzeug herum, als wären wir auf einem Bauernhof gelandet. Omar geht zu einer Tür und öffnet sie. Wir betreten einen Raum, den man gleich als ehemaligen Stall erkennt. Auf dem Boden liegen einige Teppiche, in der Mitte steht ein elektrisches Heizgerät und rund um dieses sitzen ungefähr dreißig Flüchtlinge. »Oh mein Gott, ich glaube nicht, dass da noch vier weitere Menschen hineinpassen!« Aber Omar zuckt auf Kitos Einwand nur mit den Schultern.

»Was soll der Blödsinn, Landsmann?« Einer der Männer steht auf und kommt auf uns zu. Im Halbdunkel erkennen wir den Metzger Amran aus Aleppo, der in der Früh aus dem Haus des anderen Schleppers mit seinen Freunden plötzlich verschwunden ist. Er setzt mit einem arabischen Sprichwort fort: »Der engste Raum kann tausend Freunde aufnehmen!«

Wir freuen uns sehr, hier jemanden von früher zu kennen. Amran hilft uns dabei, uns ein wenig Platz neben der Türe zu schaffen. Alle rücken ein bisschen zusammen, und wir können uns setzen. Die Männer stellen sich vor, es sind Kurden aus Syrien, die in einer Gruppe unterwegs sind. Neben mir sitzt Rezan. Er erzählt uns ihre Geschichte: »Wir sitzen seit einer Woche da und haben Pech mit den Fahrern. Wir sind zweimal zum verabredeten Treffpunkt auf der Autobahn gegangen. Das sind jedes Mal zwanzig Kilometer, und das im Schnee bei diesen Temperaturen. Beide Male ist der Fahrer aus unbekanntem Grund nicht erschienen, und wir mussten wieder zurückgehen. Alle anderen Gruppen, die in der Zwischenzeit hier waren, haben es beim ersten Mal geschafft, sie sind weggegangen und nicht mehr wiedergekommen.« Rezan wirkt sehr deprimiert, und seine Erzählung klingt für uns nicht gerade positiv. Aber wir hoffen natürlich, dass wir es so wie die anderen gleich beim ersten Mal schaffen werden.

Mein Schlafplatz misst gerade einmal dreißig Zentimeter, ich versuche, es mir so gemütlich wie möglich zu machen, aber irgendwie fühle ich mich hier gar nicht wohl. Nicht weil der Platz so eng, dunkel und hässlich ist, sondern weil mich der Raum gerade stark an den Keller in Damaskus erinnert, in dem ich damals, 2013, gefangen war. Ich versuche, diese Erinnerung auszublenden und zu schlafen. Das schaffe ich, obwohl Amran und Kito Erinnerungen aus Aleppo austauschen, Rezan voller Sehnsucht Mohammad und Amar von seiner Verlobten erzählt, die in Deutschland auf ihn wartet, und alle anderen sich laut über Politik unterhalten.

Ich schlafe am späten Nachmittag ein und wache nach gefühlten fünf Sekunden wieder auf – und es ist acht Uhr Früh. Der Lärm vom Frühstück, das gerade vorbereitet wird, weckt mich auf. Omar hat eingekauft, nachdem ihm jeder für seine Wünsche Geld mitgegeben hat, und jetzt ist er zurückgekommen und verteilt die Einkäufe. Wir sitzen im Kreis, jeder legt das Essen in die Mitte, und wir frühstücken gemeinsam. Das gemeinsame Essen fühlt sich gut an. Die jungen Kurden sind sehr unterhaltsam und politisch interessiert. Die Gespräche ziehen mich an.

Plötzlich ein lauter Schuss in unserem Raum. Wir zucken alle zusammen, das Essen fällt mir aus der Hand. Wir schauen zur Tür. Da steht Omar mit seinem Gewehr und lacht sich fast tot über seinen Witz. Bei mir kommt all das Schreckliche der letzten Monate wieder hoch. Ich beginne zu zittern und bekomme eine Panikattacke. Ich empfinde dasselbe wie damals, als ich entführt worden bin, mir ist, als wäre ich wieder in jenem Keller. Blitzartig erinnere ich mich daran, wie sie uns damals terrorisiert haben, ich werde langsam ohnmächtig und kann gerade noch rufen: »Nein, nein, nein!«

Entführung – Teil 1

Die Welt bricht einen jeden und danach sind viele dort stark,
wo sie gebrochen wurden.

ERNEST HEMINGWAY

Es war im August 2013 an einem glühend heißen Montag. Das Thermometer zeigte 42 Grad im Schatten, und nicht nur die Luft, sondern auch die Stimmung war bis zur Grenze des Erträglichen aufgeheizt. In der Nacht davor kamen wir kaum zur Ruhe, die Kämpfe waren so nah und laut gewesen, dass der ganze Wohnblock vibriert hatte. Die Luftwaffe war nicht zur Ruhe gekommen und hatte die ganze Zeit über Angriffe geflogen. Wir waren beinahe die ganze Nacht über in der Küche gesessen und hatten überlegt, was wir tun sollten, dann drangen die Kämpfer der al-Nusra-Front in der Nachbarschaft ein.

Die al-Nusra-Front ist ein Ableger der al-Qaida im Irak, ein Vorläufer des IS. Mittlerweile heißen sie *Dschabhat Fath asch-Scham*, Front zur Eroberung Großsyriens. Der Name wurde geändert, nachdem die USA sie als Terrororganisation eingestuft hatte. Somit konnten sie weiterhin Waffen und Ausrüstung von Riad bekommen, ohne dass damit Saudi-Arabien eine terroristische Organisation unterstützte. Die al-Nusra-Front hatte, nachdem sich ihr viele der Rebellen angeschlossen hatten, überraschend schnell einige Gebiete rund um Damaskus unter Kontrolle gebracht, zuletzt Barze, das Viertel, das unmittelbar neben unserem lag.

Mein Vater wollte nichts davon hören wegzuziehen, er war überzeugt davon, dass die Regierungstruppen die Rebellen bald wieder zurückdrängen würden. Ich hingegen bereitete vorsichtshalber unser Auto vor, damit wir schnell wegfahren konnten, falls sie wirklich eindringen sollten. Auch einige Gepäckstücke waren schon im Kofferraum verstaut, im Notfall mussten wir nach Beirut fliehen. An diesem Tag nahm ich frei und blieb zu Hause. Einer meiner engsten Freunde, Talal, verbrachte die Nacht bei uns, da seine Wohnung zwischen den kämpfenden Gruppen lag. Vor seinem Wohnblock standen Panzer und Tanks der syrischen Armee, und als er nach der Arbeit nach Hause wollte, schickten ihn die Soldaten der Regierung zurück. Er wollte seine Mutter abholen, die alleine zu Hause saß. »Sie soll in der Wohnung bleiben, es ist zu gefährlich, dass sie jetzt herauskommt«, warnte ihn einer der wachhabenden Soldaten. Am Abend trafen wir Freunde einander wie fast jeden Abend, diesmal allerdings nicht, um Karten zu spielen. Wir besprachen die Lage und versuchten, eine Lösung für Talal und seine Mutter zu finden.

Talal stammt aus der Stadt Homs. Er ist ein Einzelkind und als Christ aufgewachsen. Sein Vater ist vor acht Jahren bei einem Autounfall gestorben, daher lebt er alleine mit seiner Mutter, die für den gemeinsamen Haushalt sorgt. Er ist ein beliebter Damenfriseur in der Altstadt von Damaskus.

Die Lösung lag schon auf der Hand: Seine Mutter sollte zu ihren Verwandten nach Homs fahren und er vorübergehend im Friseurgeschäft schlafen. Aber wie konnten wir seine Mutter aus ihrer Wohnung herausbringen? Talal hielt dauernd telefonischen Kontakt mit ihr und erfragte die aktuelle Situation. »Zu Mittag waren die Kämpfe am heftigsten. Eine Rakete ist in unserem Dach eingeschlagen. Die Tochter von Weal, der im letzten Stock wohnt, wurde an der Schulter getroffen. Aida, die Krankenschwester aus dem ersten Stock, hat sie medizinisch versorgt. Jetzt sitzen wir alle bei Aida«, erzählte Talals Mutter aufgeregt am Telefon. Er hatte auf Laut gestellt, damit wir alle mithören konnten. »Aber jetzt ist es viel ruhiger geworden, wir hören nur ab und zu ein paar Schüsse. Ich habe vorsichtshalber alle Spuren beseitigt, die darauf hindeuten, dass wir Christen sind, das Kreuz von der Wand genommen und die Bibel verbrannt. Meine goldene Halskette mit dem Kreuz habe ich in einer Saftflasche versteckt.«

Um neun Uhr, seit dem letzten Telefonat waren ungefähr eineinhalb Stunden vergangen, hörten wir gar keine Schüsse mehr. Da schlug ich Talal vor: »Was hältst du davon, wenn wir zu der Sicherheitsstelle bei eurem Haus gehen und fragen, ob wir deine Mutter schnell herausholen können?«

»Dafür wäre ich dir sehr dankbar.« Talal war krank vor Sorgen um seine Mutter. Hussam und Ali wollten auch mitkommen, aber ich war anderer Meinung: »Wenn eine Rakete das Auto trifft, ist es mathematisch gesehen besser, wenn nur zwei und nicht gleich vier Menschen tot sind.«

An der Sicherheitsstelle angekommen, rannte sofort ein Soldat auf uns zu und schrie: »Licht aus!« Die Soldaten sahen sehr erschöpft aus. Sie saßen auf dem Boden hinter einem Schutzwall aus Sandsäcken. Nach einigem Hin und Her fasste der Offizier noch einmal die aktuelle Lage zusammen: »Wir haben die Kämpfe jetzt beendet und verhandeln einen Waffenstillstand mit den Terroristen aus. Wenn deine Mutter bis morgen wartet, kann sie vermutlich gefahrlos ihre Wohnung verlassen. Wenn ihr unbedingt heute hineinwollt, dann geht. Aber auf eure eigene Gefahr.« Er blickte uns in die Augen und wartete auf unsere Entscheidung. Ich schaute Talal an. Er nickte mit dem Kopf, und damit war für mich alles klar. »Lass uns bitte hinein«, bat ich den Offizier. Er ließ einen der Tanks, die die Straße absperrten, ein bisschen zur Seite fahren und wandte sich an uns: »Schalte deine Scheinwerfer aus und fahr ohne Licht.«

Ich bedankte mich und wir fuhren los. Die einzige Beleuchtung war der Mond. Es roch intensiv nach Sprengstoff, und die Straße war voll mit Geröll und kaum mehr befahrbar. Nach ungefähr sechshundert Metern bog ich auf die schmale Gasse zu seinem Wohnblock ab, und nach siebzig Metern standen wir vor der Tür.

»Ich hole meine Mutter, und wer sonst mitkommen will.« Talal stieg aus.

»Okay, ich drehe mit dem Auto um, damit wir danach sofort losfahren können, und komme dir gleich nach.«

Ich wendete das Auto und wollte gerade aussteigen, da tauchten auf einmal wie aus dem Nichts drei Männer in syrischen Militäruniformen vor mir auf. Sie leuchteten mir mit einer kleinen Taschenlampe ins Gesicht. »Was machst du hier? Zeig mir deinen Ausweis!«, herrschte mich der mit der Taschenlampe an.

»Beruhig dich, ich habe mit dem Offizier drüben ausgemacht, dass wir die Mutter von einem unserer Freunde aus dem Haus holen und mitnehmen können. Aber hier hast du meinen Ausweis.« Ich zeigte ihm den Ausweis meines Arbeitgebers, des Magistrats von Damaskus. Normalerweise wirkte das auf Soldaten beruhigend. Er aber schaute ihn an und sprach, zu seinem Begleiter gewandt: »Das ist ein Regierungsanhänger!« Dann richtete er seine Waffe auf mein Gesicht. »Steig sofort aus, nicht, dass du auf dumme Ideen kommst. Sonst machen wir aus deinem Auto ein Sieb!«

Ich stieg aus, und im gleichen Moment war einer der drei hinter mir und legte mir Handschellen an. »Los, schnell, lauf mit uns, oder wir lassen dich hier in deinem Blut schwimmen!«

Es blieb mir nichts anderes übrig, als mit ihnen zu laufen – in Richtung al-Nusra-Front. Mir wurde in diesem Augenblick bewusst, dass es sich um Nusra-Kämpfer handelte und nicht um Soldaten der Regierungstruppen. Nach rund fünfhundert Metern erreichten wir ein Auto. »Einsteigen!«

Mir war aus vielen Erzählungen bekannt, dass *einsteigen* gleichbedeutend war mit *sterben*. In meiner Todesangst begann ich zu weinen und stieß hervor: »Ich bin kein Regierungsanhänger, ich helfe nur Menschen! Ich hasse diese Regierung!«

Der sichtlich Jüngste der Bewaffneten schlug mir von hinten mit seinem Gewehr auf den Kopf: »Einsteigen, habe ich gesagt!« Er stieß mich in das Auto hinein und wir fuhren los. Neben mir auf der Rückbank saß der Mann, der mich geschlagen hatte. »Wir haben auf einen Soldaten gehofft, noch besser auf einen Offizier. Aber du bist auch eine ganz fette Beute. Für dich wird uns unser Prinz eine Stunde im Sbaya-Zimmer reservieren«, grinste er und rieb sich die Hände. »Die zwei grünäugigen Alevitinnen gehen mir nicht aus dem Kopf«, sagte er dabei. Das Sbaya-Zimmer war der Raum, in dem die Frauen eingesperrt waren. Für die Islamisten war es *halal*, das heißt, erlaubt, Frauen anderer Religionen, die im Krieg »erbeutet« worden waren, zu vergewaltigen.

Vor mir, neben dem Fahrer, saß der Anführer der Entführer, derjenige, der mich mit der Taschenlampe geblendet hatte. »Abu Kudada, wir haben nichts mit, womit wir ihm die Augen verbinden können, was sollen wir jetzt machen?«

»Lass ihn ruhig schauen, er braucht nichts. Dieser Weg ist für Regierungsanhänger ein Weg ohne Wiederkehr«, meinte Abu Kudada, und die Ironie in seiner Stimme war nicht zu überhören. Für mich war das alles andere als lustig. Ich spürte in diesem Augenblick die Nähe des Todes. Ich musste an die Videos von Hinrichtungen denken, die Islamisten immer wieder ins Internet stellten, von Menschen, die geköpft wurden, und ich verlor fast meine Fassung. War das Realität oder ein furchtbarer Albtraum?

Zwei Minuten später erreichten wir Brzeh. Wir blieben vor dem größten Gebäude stehen. Es war das Bezirksamt. Ich kannte dieses Gebäude, es war neu gebaut und hatte mehrere Kellergeschoße. Die Islamisten hatten es gut ausgesucht. Es war sehr stabil und hielt auch Luftangriffen stand. Der Jüngste von ihnen, sie nannten ihn Hamsa, fragte Abu Kudada: »Bringen wir ihn gleich in die Zelle oder sollen wir ihn zuerst direkt zum Prinzen bringen?« Abu Kudada wollte sich zuerst von dessen Anwesenheit überzeugen: »Erst schauen wir nach, ob der Prinz in seinem Zimmer ist!«

Wir stiegen aus, um in das Gebäude hineinzugehen. Es hatte schon einige Angriffe von Panzerkanonen gegeben, und überall lagen Mauerteile herum. Wir betraten das Gebäude, und sofort strömte uns ein schrecklicher Gestank entgegen. Ich kannte diesen Gestank: So hatte es einmal zu Hause in unserem Keller gerochen, als eine tote Katze 15 Tage lang dort gelegen war. Aber hier drinnen roch es noch tausendmal mehr nach Tod und Verwesung.

Wir gingen eine Stiege hinunter. Es war im ganzen Gebäude ziemlich dunkel, die Regierung hatte den Strom ausgeschaltet. Einige Batterielampen in den Ecken erleuchteten notdürftig die ganze Szenerie. Noch ein Stockwerk und noch eines. Jetzt waren wir schon drei Stockwerke tief unter der Erde. Mehrere Elektrokabel, die anscheinend vom Dach kamen, lagen auf den Stufen, sodass wir Mühe hatten, sie im Halbdunkel nicht zu übersehen. Anscheinend waren wir jetzt am Ziel angekommen. Wir gingen einen Gang entlang. Eine der Türen stand einen Spalt weit offen, dort hinein führten die Kabel. Abu Kudada deutete mir und Hamsa stehen zu bleiben und betrat den Raum. Wir hörten deutlich Abu Kudada mit dem Prinzen sprechen: »Salaam aleikum, unser Herrscher! Wir waren auf Jagdmission und haben einen erwischt, der für die Ungläubigen arbeitet! Hier sind sein Handy und seine Geldtasche«, sagte er untertänig.

Eine tiefe Stimme antwortete: »Zeig her!«

Abu Kudada beeilte sich, diesem Befehl nachzukommen, packte mich schmerzhaft an der Schulter, zog mich in den Raum hinein und zwang mich hinzuknien. Der sogenannte Prinz saß hier in seiner Schaltzentrale neben einem großen Tisch, auf dem mehrere

Funkgeräte lagen. An den Wänden waren Computerbildschirme, und alle Geräte waren durch die Kabel angeschlossen und in Betrieb. Er war jünger als erwartet, mit langem, schwarzem Bart, und seine Augen waren mit Kajal schwarz umrandet. Er schaute bei unserem Eintreten nicht auf, sondern blickte unverwandt auf einen der Bildschirme. In diesem Moment wusste ich, dass es bei diesem Gespräch für mich um Leben und Tod ging. Die Wahrheit zu sagen, bedeutete Tod. Lügen war vielleicht das Leben. Vielleicht. Ich wollte nicht auf seine Fragen warten, sondern gleich einen guten Eindruck machen. So begrüßte ich ihn wie Abu Kudada: »Salaam aleikum, unser Herrscher! Es handelt sich um ein Missverständnis, ich bin kein Ungläubiger! Im Koran steht, ein Muslim darf keinen anderen Muslim zu einem Ungläubigen erklären. Das ist nur Gottes Aufgabe!«

Er drehte sich langsam um und sah mich lange an. Schließlich fragte er spöttisch: »Was bist du sonst, Herr Theologe?«

An seinem Dialekt erkannte ich, dass er kein Syrer war, sondern dass es sich bei ihm vermutlich um einen Tunesier handelte. »Ich bin einfach ein Moslem.«

»Und was für ein Moslem? Sunnit oder Alevit oder Schiit?«, fragte er umgehend. Ich hätte ihm am liebsten gesagt: »Das spielt keine Rolle, Arschloch«, wollte jedoch am Leben bleiben und antwortete stattdessen: »Ein Sunnit.«

»Wenn du ein Sunnit bist, warum arbeitest du dann für die ungläubigen Aleviten?«, fragte er misstrauisch.

»Ich arbeite nicht für die Aleviten, ich arbeite für Menschen und helfe nur Sunniten. Anträge von Aleviten bearbeite ich nicht, unser Herrscher!«, musste ich leider lügen, um meinen Kopf zu retten. Ich hoffte, ihn damit beeindruckt zu haben, denn er schaute mich nachdenklich an und sagte: »Abu Kudada, steck ihn zu den anderen. Ich muss mir erst Gewissheit über ihn verschaffen.«

Hamsa stand noch immer bewegungslos an der Tür. Da schrie ihn der Prinz an: »Worauf wartest du noch? Weg mit euch, habe ich gesagt!«

»Die Belohnung, unser Herrscher!«, sagte Hamsa mit zitternder Stimme.

»Hier wirst du keine Belohnung finden. Da musst du nach Douma gehen, dort haben sie mehr Sbaya. Denn eine unserer zwei gefangenen Alevitinnen hat sich umgebracht. und die andere blutet ganz stark.«

Der frustrierte Hamsa riss mich an den gefesselten Händen in die Höhe und brachte mich an das hintere Ende des Ganges. Am Weg blieb er kurz bei einem Zimmer stehen und schnüffelte hungrig an der Tür. »Frauen, Frauen, drinnen gibt es Frauen«, erklärte er sehnsüchtig. An der Tür bemerkte ich einen Zettel. Ich las flüchtig. Es war eine Namensliste. Die Kämpfer wurden darauf zum Sex eingetragen! Für zehn Stunden durchgehend war die Liste vollgeschrieben … Hamsa zog mich von der Tür fort, und wir gingen weiter. Vor einer der Türen saß ein anderer Kämpfer, der sichtlich durch eine Explosion einen Arm verloren hatte. Sein Gesicht war voller Brandnarben. »Ist das schon wieder ein Ungläubiger?«, fragte er mit aggressivem Unterton und zog an seiner Zigarette.

»Nein, er ist ein Sunnit, aber er arbeitet für die Ungläubigen«, erklärte Hamsa, »und außerdem, warum hast du mich seit einer Woche nicht mehr für das Sbaya eingetragen? Jetzt sind sie nicht mehr zu gebrauchen, und ich muss nach Douma fahren«, fuhr er fort.

»Tut mir leid, mein Bruder. Aber das Zimmer war für den Prinzen total ausgebucht. Jetzt lass mich schauen, wie ich unseren neuen Gast in Empfang nehmen kann«, meinte der Einarmige und drehte sich zu mir. »Schau, wie mein Gesicht verbrannt ist. Ich werde dich und alle anderen da drinnen genauso verbrennen!«, schrie er und drückte seine Zigarette an meinem Arm aus. »Ich glaube nicht, dass er ein Sunnit ist, auch wenn unser Prinz das tut.« Und zu mir gewandt fuhr er fort: »Sag mir die Sure Al-Nas aus dem Koran auf!«

Zum Glück hatte ich diese Sure bereits in der Schule auswendig gelernt, obwohl ich den Religionsunterricht gehasst hatte. Es war dieselbe Sure, über die ich in der sechsten Klasse eine Klassenarbeit hatte schreiben müssen. Nach meinem Aufsagen war er zufriedengestellt. »Schon gut, du wirst jetzt keine meiner Empfangszeremonien bekommen«, beruhigte er mich, »aber wenn unser Prinz später draufkommt, dass du Ungläubigen geholfen hast, bekommst du sie doppelt und dreifach.«

Das Aufsagen der Sure stellte im Grunde eine eigenartige Prüfungsaufgabe dar, es war kein wirklicher Beweis, da auch Schiiten und Aleviten die Sure genauso gut konnten. Diese Kämpfer hatten jedoch eingebläut bekommen, dass Aleviten den Koran nie lasen, weil sie schließlich Ungläubige waren.

Der Wächter öffnete die Tür und ließ mich eintreten – in einen kleinen Raum. Er wirkte wie ein Abstellraum. Es war dunkel, nur durch die geöffnete Tür fiel ein schwacher Lichtschein ins Innere. Ich konnte vier erschöpfte Männer darin erkennen, die zusammenzuckten und voller Angst auf den Wächter blickten.

»Es gibt weder Essen, noch Wasser bis morgen Mittag«, stieß er noch hervor, drehte sich um, warf die Tür ins Schloss, und ich hörte, wie er sie zusperrte. Ich verlor jegliches Zeitgefühl und fühlte mich wie in einem Albtraum. Einer der Männer, deren Schicksal ich jetzt teilen musste, sprach mich an. »Wie haben sie dich erwischt? Was hast du für eine Religion?«

Ich war im Schock und konnte seine Fragen nicht beantworten. Ein anderer, an dessen Stimme man deutlich erkennen konnte, dass er schon älter war, meinte: »Lass ihn doch zuerst einmal zum Atmen kommen!« Er drehte sich in meine Richtung um und bat: »Setz dich zuerst einmal her.« Ich setzte mich nieder und hielt dabei meinen Arm. Die frische Brandwunde brannte höllisch. Die Narben meiner Brandwunden brennen auch jetzt beim Schreiben nach drei Jahren, ganz so, als wären sie noch frisch.

»Ich bin Abu Adnan«, stellte sich der Alte vor, der mich zum Niedersetzen aufgefordert hatte. Ich stellte mich auch vor, konnte jedoch von keinem das Gesicht sehen, so dunkel war es.

»Mein Sohn, hast du irgendwo, als sie dich hergebracht haben, zwei Mädchen mit schwarzem Haar und grünen Augen gesehen? Sie sehen einander sehr ähnlich!«, fragte Abu Adnan hoffnungsvoll.

»Nein, warum?«

»Ich bin vor einer Woche, als die Islamisten die Nachbarschaft überfallen haben, mit meinen beiden Töchtern verschleppt worden. Mich haben sie in diesem Loch eingesperrt, und ich weiß nicht, was sie mit den beiden Mädchen angestellt haben. Ich schwöre, mir ist egal, was sie mit mir machen, aber sie sollen meinen Töchtern nichts antun. Wir sind Aleviten, und sie haben keine Gnade mit uns«, erzählte er mir, und ich konnte seinen Schmerz deutlich in seiner Stimme hören. Ich konnte ihm nichts davon erzählen, was der Prinz über die zwei Alevitinnen gesagt hatte. Ich wollte nicht, dass der alte Mann das von mir erfuhr.

»Was machen sie jetzt mit uns?«, fragte ich voller Angst, ja Panik in meiner Stimme. Waleed, der Mann, der mich bei meinem Eintreten angesprochen hatte, antwortete mir: »Deswegen will ich ja wissen, welche Religion du hast, denn dann kann ich dir sagen, was sie mit dir machen werden.«

»Sunnit«, sagte ich vorsichtig.

»Dann sei froh, für dich gilt Lösegeld.«

»Und für euch?«, will ich wissen.

»Wir sind Aleviten. Für uns gilt der sichere Tod«, stieß Waleed wütend hervor. »Alle Aleviten aus unserer Nachbarschaft wurden noch am Tag des Überfalls gefangen genommen und nach Douma in Gouta gebracht. Wir vier und die beiden Mädchen wurden hierbehalten. Sie wollen mit uns irgendeinen Film drehen.«

Während dieses Gespräches klopfte es plötzlich an der Tür, und der Wächter brüllte von draußen: »Ruhe da drinnen! Ich will niemanden reden hören!«

Wir hatten so wenig Platz, dass wir unsere Beine im Sitzen nicht ausstrecken konnten, wenn wir sie nicht übereinanderlegten. Nachdem ich stundenlang im Finstern nachgedacht hatte, wurde ich trotz allem schläfrig. Als sich die Tür plötzlich öffnete, war ich schnell wieder hellwach. Der Wächter trat mit Zettel und Stift in der Hand ins Zimmer herein. »Hier, schreib die Telefonnummer von deinem Zuhause auf«, verlangte er von mir. Als ich ihm den Zettel wieder überreichte, verschwand er damit ebenso plötzlich, wie er hereingekommen war.

Entführung – Teil 2

Trotz der Eklipse bleibt der Mond ein Mond.
ARABISCHER SPRUCH

In dieser menschenunwürdigen Situation vergingen drei lange Tage. Einmal am Tag öffnete sich die Tür und halb gar gekochte Kartoffeln wurden hereingeworfen. Eine Flasche Wasser mussten wir uns teilen. Am ersten Tag weigerte ich mich zu essen. Aber am zweiten Tag wurde der Hunger übermächtig, und ich stürzte mich sofort wie die anderen auf die Kartoffeln. Miteinander sprechen konnten wir nur im Flüsterton, und wenn der Wächter das hörte, riss er die Tür auf und drückte seine Zigarette oder heiß gemachte Gegenstände am Nächstsitzenden oder Nächststehenden aus. Manchmal kam er auch einfach so. »Das ist nur eine Kostprobe von dem, was euch in der Hölle erwartet«, lachte er böse, wenn wir vor Schmerz stöhnten. Seine Taten haben an meinem Körper Spuren für die Ewigkeit hinterlassen. Die Wunden sind längst vernarbt, aber seelisch brennen sie noch immer.

Die Wasserflaschen mussten uns auch als Pissoir dienen. Von diesen Flaschen standen bereits Dutzende herum. Am dritten Tag wurde es draußen laut. Die Islamisten diskutierten heftig und lautstark über eine Videoszene. Wir verstanden jedes Wort. Sie bereiteten offenbar ein Zimmer nebenan für das Drehen eines Videos vor. Ob sie uns absichtlich Angst machen wollten und deshalb laut und für uns hörbar sprachen, wusste ich nicht, es gelang ihnen in jedem Fall. Einer der Sätze lautete etwa folgendermaßen: »Ich will in der Mitte stehen und den Mittleren erschießen.« Je mehr wir hörten, desto unerträglicher wurde unsere Angst. Ich war bereits völlig erstarrt und konnte mich nicht mehr bewegen. Das Herz blieb mir fast stehen.

Plötzlich wurde die Tür mit großem Schwung geöffnet und vier große Männer mit verdeckten Gesichtern, in Schwarz gekleidet, drangen ein. Es wurde auf einen Schlag sehr hell und ich konnte, da meine Augen imzwischen an die Dunkelheit gewöhnt waren, kaum etwas sehen. Sie hielten große Taschenlampen in den Händen und trugen ihre Gewehre an der Schulter. Ich konnte meine vier Mitgefangenen, obwohl ich noch immer geblendet war, zum ersten Mal genau sehen.

Einer der schwarzen Männer gab jedem der Gefangenen außer mir eine Tablette und eine kleine Wasserflasche. »Schluckt die Tabletten schnell runter!«, befahl einer der Islamisten. Sie kontrollierten ganz genau, wie meine Zellengenossen die Tabletten einnahmen, und verließen uns dann wieder.

»Was war das für eine Tablette?«, fragte ich.

»Sicher ein Beruhigungsmittel, damit wir keinen Widerstand leisten«, antwortete Waleed.

»Gut so! Ich will in Frieden sterben«, bekräftigte Abu Adnan.

Ich hatte keine Ahnung, wie ich mich in diesem Moment fühlen sollte. Sollte ich froh sein, dass ich keine Tablette bekommen hatte, oder furchtbar traurig darüber, was mit diesen Männern passieren würde? Einer der zwei anderen brach zusammen und fing hysterisch zu weinen an. »Ich will nicht sterben!«, schrie er aus tiefster Seele heraus. Seine Schreie gingen durch meinen ganzen Körper hindurch, und kurz darauf weinten wir alle mit ihm.

Ich kann auch heute noch diese Minuten der Todesangst und dieser unvorstellbaren Emotionen nicht mit Worten beschreiben. Nach einer Weile wurden meine Zimmergenossen sehr ruhig. Bemerkenswert ruhig. Gleichgültigkeit überfiel sie. In diesem Moment kamen die maskierten Männer wieder. Dieses Mal hatten sie Uniformjacken des syrischen Militärs mitgebracht. Ich erkannte Rangabzeichen hoher Offiziere. Die Jacken verteilten sie an die vier Gefangenen. Der Älteste, Abu Adnan, bekam die Jacke mit dem ranghöchsten Abzeichen.

»Zieht euch die Jacken schnell an!«, forderte einer der Islamisten. Ohne jeglichen Widerstand taten meine Zimmergenossen, was ihnen befohlen worden war. Dabei hatte keiner von ihnen irgendetwas mit dem Militär zu tun. In den langen drei Tagen unserer gemeinsamen Gefangenschaft hatten sie mir erzählt, was sie gearbeitet hatten: Abu Adnan war in diesem Gebäude, in dem wir gefangen ge-

halten wurden, Putzkraft gewesen, Waleed hatte für die Elektrizitätsgesellschaft die Elektrozähler in der Gegend abgelesen, die anderen
beiden waren Bauarbeiter gewesen.

»Aufstehen!«, schrie einer, und die Tragödie begann. Ich war wie
gelähmt vor Angst, konnte mich nicht bewegen. Ich erlebte, wie ich
auf unheimliche Weise meinen Körper verließ. Es war, als schwebte
ich über ihm und schaute hinab auf die Szene, die sich da unter mir
abspielte. Sie rissen die vier an den Schultern in die Höhe, bogen ihre
Arme nach hinten und legten ihnen Handschellen an. Schwankend,
betäubt von den Medikamenten, verließen sie mit ihren Bewachern
das Zimmer. Sie wurden wie Schafe von ihrem Hirten geführt. Mich
beachteten sie nicht, sie verhielten sich so, als wäre ich gar nicht da.
Auch der Wächter vor der Tür war nicht mehr zu sehen. Die Tür fiel
ins Schloss, und ich war in der Finsternis allein. Ich hörte, dass alle
ins Nebenzimmer gingen und dort lautstark Anweisungen für den
Dreh des Videos gaben.

Es dauerte ein paar Minuten, dann fing einer der Islamisten an,
laut die Todesurteile vorzulesen. Ich konnte nur einige Worte verstehen: Ungläubige, Strafe von Gott, Offiziere des syrischen Militärs,
ihr werdet dasselbe erleben … Dann plötzlich vier laute Schüsse
hintereinander. Der Boden unter meinen Füßen vibrierte, und bei
jedem Schuss zuckte ich zusammen und hielt den Atem an. Mein
Herz klopfte in meinem Kopf. Laute Schreie – »Allahu Akbar, Allahu
Akbar, Allahu Akbar!« –, die sich langsam entfernten, bis sie nicht
mehr zu hören waren. Dann war es totenstill.

Nach einigen Stunden öffnete sich die Türe und Hamsa und
Abu Kudada standen im Raum. »Dein Vater hat deinen Kopf frei-
gekauft«, sagte Abu Kudada seltsamerweise freundlich. »Aber wenn
wir erfahren, dass du weiter für die Ungläubigen arbeitest, kann dich
auch das Geld nicht mehr retten.« Ich war zutiefst erschüttert und
konnte kein Wort herausbringen, nur mit dem Kopf nicken. Hamsa
und Abu Kudada brachten mich aus dem Gebäude heraus. Es war
wieder dunkel. Mitternacht. Diesmal bekam ich aber eine Augenbinde umgelegt und musste in ein Auto steigen, das sofort losfuhr.

Später erfuhr ich, dass sie das Lösegeld von meinem Vater schon
am Nachmittag bekommen hatten. Sie hatten ihn bereits am ers-

ten Tag meiner Gefangenschaft kontaktiert und fünftausend Dollar gefordert. Mein Vater hatte keine fünftausend Dollar gehabt, deshalb hatte er mein Auto an den ersten Händler, den er erreichen konnte, um diese Summe, die dem Wert des Autos in keiner Weise entsprach – verkauft. Dafür hatte er zwei Tage gebraucht. Sie hatten ihn davor gewarnt, die Regierung oder das Militär zu informieren, sonst hätten sie mich auch erschossen. Die Geldübergabe und meine gleichzeitige Freilassung waren auf freier Strecke zwischen Damaskus und Homs vereinbart. Als mein Vater dort ankam, musste er fast eine Stunde warten. Schließlich kam ein Zivilist auf ihn zu und verlangte das Geld.

»Wo ist mein Sohn?«

»Fahr nach Hause, du wirst ihn dort finden«, bekam er zur Antwort.

Nach ein paar Minuten Fahrt blieb das Auto wieder stehen, man nahm mir die Augenbinde ab, und ich musste aussteigen. Wir waren auf einem der Hügel rund um Damaskus. »Siehst du dort in der Ferne die beleuchteten Häuser? Das ist Dahit Al-assad, lauf hin, du wirst schon wissen, was du machen musst.« Abu Kudada stieg nach diesen Worten wieder in sein Auto und fuhr ohne Beleuchtung los. Ich ging rund vierzig Minuten in die angegebene Richtung, bis ich Dahit Al-assad erreichte, ein Dorf in der Umgebung von Damaskus unter der Kontrolle der Regierung. In einer Apotheke, die Nachtdienst hatte, rief ich unter skeptischen Blicken des Apothekers zu Hause an. Mein Anblick war ja wirklich nicht vertrauenerweckend. Dennoch konnte ich bei ihm bleiben, und ich erzählte ihm alles, was ich erlebt hatte. Der Apotheker war erschüttert und schloss die Apotheke aus Angst vor der al-Nusra Front. »Dir wurde ein neues Leben geschenkt!«, waren seine letzten Worte an mich, als mein Vater und mein Bruder kamen, um mich abzuholen.

Zu Hause hatte meine Mutter Essen für mich vorbereitet. Das hätte für ein ganzes Dorf gereicht, aber ich hatte leider keinen Appetit. Ich hatte meine Mutter noch nie vorher so glücklich erlebt. Sie umarmte mich die ganze Zeit und küsste mich immer wieder. Sie hatte drei Nächte aus Sorge um mich nicht geschlafen, ihre Augen waren gerötet und verquollen, aber sie strahlte jetzt. Mir dagegen ging es gar nicht gut. Ich bekam hohes Fieber und lag zwei Wochen lang im Bett.

Mein Vater bat mich und auch meine Geschwister, niemandem davon zu erzählen. Wenn der Geheimdienst davon erfahren hätte, hätte ich sicher tagelange Befragungen über mich ergehen lassen müssen, und dazu fühlte ich mich psychisch nicht imstande. Als mein Nervenfieber vorbei war, erfuhr ich, dass das Militär diesen Ort, an dem ich gefangen gehalten worden war, zurückerobert hatte. Die al-Nusra-Front zerfiel, weil viele der Rebellen, die sich ihr angeschlossen hatten, mit ihrem Vorgehen nicht mehr einverstanden waren, sich wieder von ihr lossagten und einen Waffenstillstand mit dem syrischen Militär schlossen.

»Dir wurde ein neues Leben geschenkt.« Ja, der Apotheker hatte recht. Das passierte mir auch einige Male auf meiner Flucht. Ich bin wie eine Katze mit sieben Leben. Aber die Albträume von diesem tiefen dunklen Keller plagen mich immer noch.

Atemberaubende Fahrt

Sie haben mich gelehrt die Freude zu fürchten,
weil ihr Verrat grausam sein kann.

MAHMOD DARWISH

Heute hat ein neues Jahr begonnen. Vier Tage sind inzwischen vergangen, und wir sitzen immer noch versteckt im Stall. Es fühlte sich
seltsam an, Silvester hier zu verbringen. Letzte Nacht haben wir die
Feuerwerksgeräusche gehört, aber zum Feiern ist keinem von uns
zumute gewesen. Mir schon gar nicht, denn ich war die letzten vier
Tage krank und habe hohes Fieber gehabt. Omar hat mir Medikamente besorgt, ganz so, als wolle er sich damit für seine idiotische
Aktion mit dem Gewehr entschuldigen. Die Tabletten haben mir
gutgetan, ich habe fast die ganze Zeit schlafen können. Heute fühle
ich mich zum Glück wieder fit. Wir haben jetzt auch mehr Platz hier
drinnen, denn die kurdische Gruppe ist schon fort. Diesmal ist es
ihnen zum Glück gelungen, den Van anzutreffen und nach Belgrad
zu fahren. Das Wetter hat sich auch beruhigt, und es hat zu schneien
aufgehört. Wir kommen laut Edin, unserem neuen Schlepper, morgen dran.

Das lange Abwarten und die Ungewissheit gehören zu den schlimmsten Dingen, die ich auf der Flucht erlebt habe. Als wäre unser Gehirn
so gebaut, uns in solchen Situationen in den Wahnsinn zu treiben,
und wir nur noch Negativität entwickeln können. Dasselbe habe ich
leider erneut im Asylheim in Österreich erleben müssen. Damals
durften Asylwerber weder arbeiten noch eine Lehre machen. Ich
fand mich wieder in derselben Lage wie auf der Flucht, langes Abwarten, Angst und Sorgen um die Zukunft, Ungewissheit, Perspekti-
venlosigkeit … So versuchte ich im Asylheim Tag und Nacht, meine
Zeit mit Deutschlernen zu füllen und mich damit abzulenken. Es
war gar nicht so einfach. Jedes Mal, wenn ich das Deutschbuch auf-

schlug, war meine Konzentration dahin, und ich war in Gedanken woanders. Was mich gerettet hat, war Sport. Ohne Sport wäre ich vielleicht heute Drogenverkäufer am Bahnhof, oder ich hätte überhaupt den falschen Weg eingeschlagen. Immer wenn die Sorgen um die Zukunft und die Ängste aus der Vergangenheit mich überfielen, habe ich sie mit einer Laufrunde bekämpft.

Diese Ängste und Sorgen haben mich erst in Ruhe gelassen, als ich meinen positiven Asylbescheid bekommen und zu arbeiten angefangen habe, als ich in meinem Leben wieder einen Sinn gefunden habe. Die Sicherheit war einer der Hauptgründe meiner Flucht, trotzdem fühlte ich mich erst neun Monate nach meiner Ankunft in Österreich wirklich in Sicherheit, dann nämlich, als ich zu arbeiten begann und selber mein Geld verdienen durfte. Ich habe nie Hässlicheres erlebt, als dazusitzen und nichts zu tun. Zu den unangenehmsten Dingen gehörte es, jeden Monat wie ein Bettler vor der Betreuerin von der Caritas zu stehen und die vierzig Euro Taschengeld in die Hand zu nehmen.

Es ist Abend, und wir sitzen alle in einer Runde zusammen und trinken schwarzen Tee. Wir müssen für alles extra zahlen. Omar ist gierig und verlangt nicht nur für den Tee, sondern auch für die Tassen Geld, obwohl wir diese sowieso zurücklassen müssen. Kito erzählt uns, wie damals seine Universität in Aleppo am helllichten Tag, als der Campus voller Menschen war, mit einer Rakete angegriffen worden ist: »Ungefähr zweihundert Studenten sind ums Leben gekommen, unter anderem auch Kasem, mein bester Freund. Er ist ein Held. Was er gemacht hat, ist großartig: Er hat nach dem Anschlag, obwohl er schwer am Bauch verwundet war, seine bewusstlose Freundin zum Eingangsgebäude der Uni getragen, wo er dann schlussendlich zusammengebrochen und gestorben ist. Sie lebt noch.« Wir schweigen alle. Da gibt es nichts zu sagen.

Plötzlich klopft jemand an der Tür. Komisch. Omar klopft normalerweise nicht an. Er reißt einfach die Tür auf. Amar steht auf und öffnet. Dort steht ein kleiner Mann, der ähnlich wie Omar wie ein Rapper angezogen ist. »Ich bin Ali. Ich bin ein richtiger Moslem, Bruder! Ich habe gehört, dass ihr schon lange hier wartet. Kommt mit mir mit, ich bring euch für zweihundert Euro nach Belgrad. Ich habe Platz für acht Leute.« Während er redet, bemerken wir, dass seine Vorderzähne alle aus Gold sind. Amar sieht uns, begeistert von diesem Angebot, mit glänzenden Augen an. Er wirkt, als möchte er sofort mitfahren.

»Wir haben einen Deal mit Edin, und er wird sicher nicht begeistert sein, wenn er erfährt, dass du hier bist!« Mohammad steht auf und geht zu ihm.

»Das ist kein Problem. Edin und ich sind Partner. Wir sind wie Brüder, er weiß alles. Ich will euch nur helfen«, sagt er lachend und wirkt wie eingeraucht.

»Ja, okay. Edin kommt gleich, dann könnt ihr euch ausmachen, wer uns fährt!«, rufe ich mit lauter Stimme vom anderen Ende des Raumes.

»Nein, Edin und seine Familie sind in Kumanovo. Niemand ist zu Hause«, erwidert Ali.

»Nein, er war da. Er holt uns gerade etwas zu essen. Er kommt gleich wieder«, wiederhole ich mit Überzeugung.

Ali ist dann doch kurz etwas nachdenklich. »Ja, ich glaub', ich muss gehen. Ich habe noch was zu erledigen. Wir sehen uns später!« Daraufhin verschwindet er sofort. Ich rufe Edin an und erzähle ihm von den Geschehnissen.

»Ich bin in Kumanovo, aber ich fahre sofort zu euch«, reagiert er mit besorgter Stimme. Nach ein paar Minuten ruft er mich noch einmal an: »Macht euch fertig, ihr fahrt jetzt gleich. Ich habe alles organisiert. Ihr solltet keine Minute länger bei mir bleiben.«

Wir fahren also doch noch heute Abend. Wir stehen sofort auf, die Freunde von Kito aus Aleppo und wir vier, und beginnen hastig, unsere Sachen einzupacken. Wir versuchen, uns so warm wie möglich anzuziehen, es schneit zwar nicht mehr, aber der Schnee liegt auf der Straße, und es ist sehr kalt. Es vergeht kaum eine halbe Stunde, da stehen Edin, sein Sohn Omar und noch ein dritter Mann vor uns. »Ihr gebt mir jetzt die Hälfte des Geldes, die andere Hälfte gebt ihr dem Fahrer in Belgrad«, sagt Edin etwas gestresst. »Manu bringt euch zum Treffpunkt mit dem Fahrer. Der übliche Van kann nicht fahren, aber wir haben kurzfristig einen Kombi organisiert. Jetzt kommt, los!«

Jeder von uns gibt Edin den gewünschten Betrag, und keiner macht sich darüber Gedanken, ob es überhaupt möglich ist, neun erwachsene Menschen zusätzlich zum Fahrer in einem Kombi zu transportieren. Während wir den Raum verlassen, beginnen Omar und Edin schon, unsere Spuren zu verwischen. Sie rollen die Teppiche ein und räumen alles weg, was auf unsere Anwesenheit hindeuten könnte.

Draußen ist es schon dunkel und die Wege sind glatt. Ich bin froh, dass unser Unterschlupf verraten worden ist und wir aus diesem dunklen und finsteren Stall endlich herauskommen. Manu geht uns mit schnellen Schritten voran, er hat es offenbar eilig, uns von hier wegzubringen. Zum Glück kennt er sich hier sehr gut aus, er scheint ein Profi zu sein. Ich habe ihn so verstanden, dass wir bis zum Treffpunkt auf der Autobahn in Serbien ungefähr zwei Stunden gehen müssen. Ich schalte mein Handy ein und schaue die ganze Zeit auf Google Maps, wo wir gerade sind. Wir gehen schon seit einer Stunde auf den Eisenbahngleisen. Irgendwann haben wir die grüne Grenze zu Serbien überschritten. Wir können nicht auf der Straße gehen, da liefen wir große Gefahr, entdeckt zu werden, und alle Wege sind zugeschneit. Ich gehe mit gesenktem Kopf, schaue die ganze Zeit auf die Gleise und muss an Kitos Freund denken, der auf solchen Gleisen in Mazedonien gestorben ist. Jetzt kann ich nachvollziehen, dass man wirklich hypnotisiert wird, wenn man längere Zeit die gleiche Bewegung im gleichen Rhythmus macht und sich die örtlichen Gegebenheiten nicht ändern.

Plötzlich vibriert der Boden unter meinen Füßen und ich höre Geräusche eines nahenden Zuges. Kito schreit aus voller Kehle: »Runter!« Es geht alles so schnell, ich schaue über meine Schulter. und da sehe ich auch schon einen Zug heranbrausen. Blitzschnell werfe ich mich die Böschung hinunter, und gemeinsam mit mir auch alle anderen. Niemand ist zu Schaden gekommen. Wir trotten weiter, und wie Manu gemeint hat, kommen wir tatsächlich nach zwei Stunden an der Autobahn an unser Ziel: eine kleine Unterführung unter der Fahrbahn, gerade groß genug, dass ein Auto durchpasst. Anscheinend sind wir in einer menschenleeren Gegend, man sieht keine Lichter, nichts, was auf bewohnte Häuser hindeutet.

»Ich muss jetzt zurück, ihr wartet hier. Gib mir deine Nummer. Wenn ich dich anrufe, klettert ihr sofort hinauf auf die Autobahn, dann trefft ihr auf den Kombi. Ihr müsst dann sofort einsteigen, so schnell ihr könnt, weil der Fahrer augenblicklich weiterfahren muss«, erklärt Manu und verschwindet in der Dunkelheit. Wir warten und warten und warten. Ich fürchte, dass wir das Gleiche erleben werden wie die kurdische Gruppe, dass der Fahrer einfach nicht kommt. Mittlerweile zittern wir alle vor Kälte. Manu hatte uns verboten, Feuer zu machen, weil es Aufsehen erregen könnte. So setzen wir uns, wie wir es aus Filmen gelernt hatten, möglichst eng aneinander, um nicht zu erfrieren. Ich kontrolliere ständig mein Handy, ob ich Empfang habe. Es ist inzwischen ein Uhr geworden, und ich stelle fest, dass wir bereits drei Stunden hier warten.

Und dann klingelt es. »Jetzt, lauft sofort hinauf!«, und schon hat Manu wieder aufgelegt. Wir klettern wie verrückt hinauf, und im selben Moment, in dem wir alle oben sind, bremst neben uns ein Auto: ein grauer Peugeot-Kombi 307 mit abgedunkelten Fensterscheiben. Ich versuche mir blitzschnell vorzustellen, wie neun Personen in diesem Auto Platz finden sollen. Der Fahrer, ein junger, sportlich wirkender blonder Mann mit kurzgeschorenem Haar, steigt aus, öffnet den Kofferraum und fordert uns alle auf, irgendwie und irgendwo einzusteigen. Die Rückbank ist ausgebaut, wodurch mehr Platz ist. Ich habe eine Vorahnung und dränge nicht wie die anderen hinein, weil ich neben dem Fahrer auf dem Beifahrersitz sitzen möchte. Alle quetschen sich irgendwie in das Fahrzeug und sitzen zum Teil übereinander, nur ich stehe noch da. Da winkt mir der Fahrer, dass ich mich neben ihn setzen soll. Wir steigen beide ein und fahren sofort los. Im Auto riecht es intensiv nach Alkohol, und es ist offensichtlich, dass der Fahrer betrunken ist. Wahrscheinlich musste er seine Ängste im Alkohol ertränken. Kaum fahren wir ein paar hundert Meter, da fordert er mich auf: »Sammle den Rest des Geldes von den anderen ein und gib es mir!«

»Aber Edin meinte, dass das Geld erst in Belgrad zu zahlen ist«, wende ich ein.

»Jetzt, habe ich gesagt!«, schreit er mich an, »und wer das nicht will, soll gleich aussteigen!«

Alle geben mir das Geld und ich drücke ihm die gesamte Summe in die Hand. Er nimmt das Geld und steckt es mit einem dummen Lachen in eine Jackentasche und fährt schnell weiter. Anscheinend ist das sein Anteil. Anfangs ist es ganz still, man hört nur den Motor. »Kannst du deinen Sitz nach vorne schieben?«, fragt jemand von hinten. Als ich das machen will, greift der Fahrer nach meiner Hand und hindert mich daran. »Es soll alles normal ausschauen, es gibt Kameras auf der Autobahn«, erklärt er. Langsam wird es hinten lauter. Die Männer klagen über Schmerzen.

»Ich spüre meine Füße nicht mehr!«

»Ich bekomme keine Luft!«

»Ich kann nicht mehr!«

»Kannst du nicht das Fenster bei dir aufmachen, Jad?«

Das Fenster ist kaputt und nicht zu öffnen, und der Fahrer reagiert überhaupt nicht, er spricht während der Fahrt kein einziges Wort mehr mit uns. Es ist sehr warm in dem Auto geworden, und jedes Mal, wenn ich mich nach hinten drehe, in die Gesichter der anderen blicke und sehe, wie sie leiden, bekomme ich ein schlechtes Gewissen, weil ich da vorne wie ein König sitze. Nach ungefähr einer Stunde Fahrt fängt Kito an, mit der Faust an die Fensterscheibe zu schlagen: »Jad, lass ihn stehen bleiben, ich bekomme keine Luft mehr. Ich sterbe gleich.« Kitos Stimme klingt dramatisch, es scheint wirklich ernst zu sein, denn er schlägt weiter mit voller Kraft auf die Scheibe ein. Ich fühle mich für Kitos Leben verantwortlich und will ihn nicht im Stich lassen. Ich bitte den Fahrer ganz dringend, und ich weine fast dabei: »Bitte bleib stehen, ich muss mit meinem Freund Platz tauschen. Es geht ihm sehr schlecht.« Er reagiert jedoch nicht und tut so, als hätte er nichts gehört und gesehen. Dann stoße ich ihn fest an der Schulter an: »Bleib jetzt stehen!« Da holt er aus der Ablage in der Tür eine Pistole heraus. »Willst du eine Kugel im Kopf haben?«, lallt er grantig. Ich erstarre vor Angst, die Panik ist meiner Stimme anzuhören: »Kito, er reagiert nicht. Ihr müsst versuchen, die Scheibe einzuschlagen. Ich kann nichts tun, er erschießt mich sonst.«

Kito und die anderen schlagen fest an die Scheibe, und der Fahrer wird unruhig. »Hört auf!«, schreit er zornig. Aber sie hören nicht auf und schlagen weiter, und es wird immer lauter. Ich habe das Gefühl, dass die Scheiben gleich brechen. Der Fahrer nimmt die nächste

Ausfahrt und bleibt gleich danach stehen. Ich steige sofort aus und öffne hastig und beunruhigt den Kofferraum. Alle klettern mühsam heraus. Kito und ein paar andere legen sich lang ausgestreckt in den Schnee und atmen tief durch.

»Steigt wieder ein!«, schreit uns der Fahrer an.

»Ich will nicht mehr mitfahren«, sagt Kito.

»Doch, das willst du. Wir werden hier und jetzt – so knapp vor dem Ziel – nicht scheitern. Du setzt dich jetzt nach vorne neben den Fahrer«, beruhige ich ihn und helfe ihm aufzustehen. »Keiner von euch darf Rucksäcke mitnehmen. Die werfen wir hier einfach hin. Wir wollen nicht wegen Klamotten sterben«, fordere ich die anderen auf. Einer nach dem anderen wirft seinen Rucksack auf die Seite. Meine Gruppe und ich hatten sowieso keine Rucksäcke mehr dabei. Der Fahrer schreit noch einmal »Einsteigen!«, und das machen wir dann auch.

Kito setzt sich vorne auf den Beifahrersitz und ich quetsche mich zwischen ihn und den Fahrer. Wieder fahren wir auf die Autobahn. Je näher wir Belgrad kommen, desto stärker wird der Schneefall, der bald nach unserem Stopp eingesetzt hat, und wir müssen immer langsamer fahren.

»Scheiße, mein syrischer Reisepass ist im Rucksack geblieben!«, schreit plötzlich einer von Omrans Freunden.

»Hilft nichts, mit dem kannst du sowieso nicht mehr reisen«, versuche ich ihn zu beruhigen.

»Doch! Ich brauche ihn, um meine Nationalität in Deutschland beweisen zu können«, erwidert er hilflos.

»Ja! Es tut mir leid für dich, aber den kannst du jetzt vergessen, der Fahrer fährt sicher deswegen nicht zurück«, muss ich ihn leider enttäuschen.

Nach einer gefühlten Stunde wird es hinten wieder lauter. Die Männer klagen über Schmerzen. Die Rufe werden zu Schreien, und diese werden häufiger. »Du sitzt auf meinen Füßen! Ich spüre sie nicht mehr«, wiederholt Omran immer wieder den gleichen Satz.

»Männer, bitte reißt euch zusammen. Wir brauchen noch eine Stunde bis Belgrad, und dann ist es vorbei«, bitte ich sie alle.

»Ja, das sagst du, der ganz bequem vorne sitzt. Derjenige, der die Schläge zählt, ist nicht wie derjenige, der sie auf den Hintern bekommt«, antwortet einer von Omrans Freunden zornig.

»Okay, wenn du den Fahrer überreden kannst, stehen zu bleiben, tausche ich meinen Platz mit dir. Es ist nicht so bequem wie du
denkst«, erkläre ich ihm.

Plötzlich Rufe von hinten: »Omran ist bewusstlos geworden!«

Ich versuche, das dem Fahrer verständlich zu machen, und
bitte ihn anzuhalten. Aber es interessiert ihn nicht und er fährt
unverwandt weiter. Die Männer werden hinten lauter und lauter:
»Omran ist gestorben! Omran ist gestorben! Omran ist gestorben!«
Sie schlagen ihn immer wieder auf die Wangen, aber er reagiert
nicht mehr. Der Fahrer dreht sich mit der Pistole in der Hand zu
den Männern um und droht, sie zu erschießen, wenn sie noch einmal etwas sagen. Auf der Stelle wird es totenstill. Keiner sagt mehr
ein Wort und hält sich trotz seiner Schmerzen zurück. Ich höre nur,
dass jemand hinten ganz leise weint, aber ich wage es nicht zu fragen, wer das ist. Und nach ein paar Minuten murmelt Mohammad,
der neben Omran sitzt: »Er atmet noch! Aber ganz schwach.« Wir
atmen auf.

Es wird unter diesen Umständen noch fast eine Stunde dauern,
bis wir in Belgrad ankommen. In der Morgendämmerung lässt uns
der Fahrer bei einer Tankstelle fünf Kilometer vor Belgrad aussteigen. Wir ziehen Omran gemeinsam aus dem Auto heraus und legen
ihn auf den Boden. Und als der Letzte von uns aussteigt, fährt der
Fahrer mit Vollgas davon. Kito holt Schnee und reibt Omrans Gesicht damit ein, aber er reagiert nicht. Er scheint tief bewusstlos zu
sein. Ich laufe zur Tankstelle und bitte den Mitarbeiter, der an der
Kasse geschlafen hat, die Rettung anzurufen. »Sie brauchen ungefähr fünfzehn Minuten, bis sie hier eintreffen«, erklärt er mir, bevor
er auflegt. Ich bedanke mich und laufe zu den anderen zurück. »Die
Rettung ist unterwegs und möglicherweise kommt die Polizei auch
mit. Es ist besser, wenn einer oder zwei bei Omran bleiben und der
Rest weiter nach Belgrad geht, anstatt dass alle zur Polizeistation geführt werden«, spreche ich in die Runde, die um Omran herumsteht.
Es ist uns klar, dass die Polizei von hier aus niemanden mehr zurück
nach Mazedonien schickt, aber ich möchte uns weitere Komplikationen ersparen. Zwei von Omrans Freunden entscheiden sich, bei ihm
zu bleiben. Die anderen beiden aus der Gruppe machen sich mit uns
auf den Weg nach Belgrad.

Aus der Facebook-Austauschseite habe ich die Adresse eines Hostel gespeichert, das Geflüchtete ohne Papiere annimmt. Das Hostel ist von der Tankstelle rund eineinhalb Stunden zu Fuß entfernt. Ich gebe die Adresse ins Handy ein und wir gehen einfach dem Navi nach. Wir könnten zuerst zur Polizei gehen und uns registrieren lassen. Da bekommt man einen Zettel, der besagt, dass man bei der Behörde angemeldet ist und sie von einem Bescheid wissen. Und damit kann man sich normal in Belgrad bewegen. Aber um diese Uhrzeit werden wir von den Polizisten sicherlich nicht willkommen geheißen. Man hat nicht viel Gutes über den Umgang der serbischen Polizisten mit den Flüchtlingen gehört. Außerdem haben wir nicht vor, lange in Serbien zu bleiben, denn sobald wir uns ausgeruht haben, sollten wir uns etwas einfallen lassen, um nach Ungarn weiterzukommen.

Wehmütige Sehnsucht

Wer die Stimme der Vergangenheit unterdrückt,
hat keine Stimme, mit der Zukunft zu reden.
GIBRAN KHALIL GIBRAN

Serbien hat viele Gemeinsamkeiten mit Syrien. Auch die Polizisten sind genauso steif und korrupt. Wir sitzen seit zwei Stunden in der Polizeistation und warten auf den Anmeldeschein, mit dem wir uns in Belgrad so wie in Griechenland frei bewegen dürfen. Der Beamte jammert ununterbrochen, dass sie keine Zeit für uns haben und völlig überlastet sind, obwohl ich durch die Glasscheibe in der Tür sehen kann, dass er die ganze Zeit mit seiner Kollegin spricht, vermutlich über uns, weil sie immer wieder zu uns herüberschauen.

Ich bin völlig übermüdet und habe keine Lust mehr zu warten. Ich bitte den Polizisten um ein Wort alleine und probiere die syrische Methode mit ihm. »Die Zeit fürs Mittagessen ist schon vorbei, und Sie haben noch nichts gegessen. Wollen Sie nicht ein anständiges Abendessen bestellen?«, biete ich ihm an und nicke dabei zuversichtlich mit dem Kopf, um seine Zustimmung schneller zu bekommen. Erst als ich ihm Geld für sein Abendessen anbiete, kann er plötzlich die Papiere in zwei Minuten ausstellen. Wir nehmen sie in Empfang und gehen zurück in unser Hostel, wo wir der Besitzerin die Scheine zeigen müssen. Sie hat uns in der Früh ein Zimmer nur unter dieser Bedingung gegeben, da sie kurz vorher von der Polizei kontrolliert worden ist und nicht noch einmal in Schwierigkeiten geraten will. Ich möchte unbedingt weiterschlafen, die wenigen Stunden Schlaf am Vormittag waren nicht ausreichend, ich fühle mich noch immer nicht ganz fit, und die letzten vierundzwanzig Stunden waren extrem anstrengend.

Inzwischen haben wir gehört, dass es Omran gut geht. Er ist wieder bei Bewusstsein und schon aus dem Krankenhaus entlassen worden. Die Polizei hat ihn allerdings abgeholt, weil sie ihn noch bezüglich des Schleppers befragen will.

An der Rezeption sitzt noch immer oder vielleicht auch schon wieder dieselbe Dame wie in der Früh. Wir geben ihr unsere Papiere, sie gibt die Daten ein und lächelt uns ganz freundlich an. »Ich weiß, wie schlimm das alles ist, was ihr erleben müsst, aber ich muss mich absichern. Ich habe in den letzten zwei Monaten viele Flüchtlinge ohne Registrierung aufgenommen, aber jetzt ist die Polizei viel strenger geworden«, erklärt sie uns während ihrer Tätigkeit. Die Dame wirkt auf mich aufgrund ihres perfekten Englisch und der Art, wie sie mit uns spricht und sich ausdrückt, sehr gebildet. Ich möchte deshalb gern mit ihr ins Gespräch kommen. Die anderen sind mittlerweile in ihr Zimmer gegangen, und ich stehe allein vor ihr. »Warum hilfst du Menschen wie uns?«, frage ich sie neugierig.

»Ich weiß nicht, ob du das weißt, aber vor 25 Jahren haben wir Krieg in Ex-Jugoslawien erlebt. Da mussten auch viele Menschen flüchten. Ich bin jetzt vierzig Jahre alt, und als meine Eltern und ich nach Österreich geflüchtet sind, war ich 15. Ich weiß noch genau, wie gut sich das anfühlt, wenn jemand seine Hand zum Helfen ausstreckt.« Ich bin sehr berührt von ihren Worten und kann darauf gar nichts sagen. Ich schaue sie nur mit großen Augen an und hoffe, dass sie mein unausgesprochenes Danke auch so versteht. »Die Geschichte hat uns gelehrt, dass die unbeteiligten Zivilisten in Kriegen die größten Verlierer sind. In Ex-Jugoslawien war die Wahrscheinlichkeit zu sterben für einen Zivilisten höher als für einen Soldaten. Der Krieg klopft nicht an die Tür der Zivilisten an und fragt, ob sie ihn wollen, der Krieg kommt einfach«, setzt sie mit ernster Miene fort. Ich stimme ihr mit meinem Kopfnicken zu und möchte mehr von ihr wissen: »Warum bist du dann nicht in Österreich geblieben?«

»Ich bin wegen meiner Eltern zurückgegangen. Sie sind so sehr mit ihrer Heimat verbunden, haben sich im fremden Land nie wohlgefühlt und haben schwere Depressionen bekommen. Medikamente haben nicht geholfen, und es war wie Zauberei: Als wir zurückkehren konnten, waren sie gleich wieder gesund, als wäre nichts gewesen. Die Heimat war das Wundermittel.«

Als sie fertig gesprochen hat, spüre ich, dass ich aus dem inneren Gleichgewicht geraten bin. Ohne ihre Worte zu kommentieren, bedanke ich mich bei ihr und gehe, tief in Gedanken versunken, in mein Bett. Obwohl ich hundemüde bin, kann ich nicht einschlafen.

Was ist, wenn mir meine wehmütige Sehnsucht nach Damaskus im Exil das Herz zerreißt? Im Grunde genommen ist es bereits so weit. Ich bin nur durch die dramatischen Ereignisse meiner Flucht davon abgelenkt. Als die Dame das ausgesprochen hat, kann ich dieses Brennen in mir spüren. Ich kenne mich: Damaskus war für mich die Quelle meines Wohlbefindens. Jedes Mal, wenn es mir schlecht ging, bin ich einfach durch die Gassen der ältesten Hauptstadt der Welt geschlendert. Dabei dachte ich an nichts, es war, als wäre meine Seele in einem einzigartigen Tanz mit der Stadt des Jasmins vereint. Nach jedem Spaziergang war ich sehr entspannt. Und immer, wenn Freunde in unserer Runde vom Auswandern und von besserem Leben sprachen, meinte ich: »Ich bin wie ein Fisch, und Damaskus ist das Meer. Ohne die Stadt gehe ich zugrunde, seelenlos.«

Damaskus, meine Geliebte bist du.
Lege dich auf meine Hand wie ein Lied,
ohne nach Erklärungen zu suchen.
Du bist alle Frauen!
Von jeder Frau, die ich nach dir geliebt habe, dachte ich,
sie sei eine Illusion.
Damaskus,
meine Wunden haben keine Grenze,
wische die Traurigkeit und die Erschöpfung ab von meiner Stirn
und bring mich an die Zäune meiner Schule zurück,
bring die Kreide und die Bücher zurück.
Meine Liebe ist da,
und meine Lieben sind da geboren.
Wer bringt mir mein Leben, das vergangen ist, wieder zurück?
Ich bin ein ganzer Stamm von Leidenschaften,
und aus meinen Tränen habe ich das Meer und die Wolken bewässert.
Die grünen Felder waren in meinem Gepäck, als ich Damaskus verließ.
Ich zog kein Hemd an, ohne Traubenranken zu finden.
DER VERLIEBTE DAMASZENER
NIZĀR QABBĀNĪ

Zähl bis zehn, bevor du entscheidest!

Glück ist das Einzige, was wir anderen geben können,
ohne es selbst zu haben.
CARMEN SYLVA

Der Mensch ist von Natur aus ungeduldig. Denn Geduld ist eine Tugend, die man erlernen und immer wieder üben muss. Jeder kennt das Gefühl, wenn ein Wunsch nicht in Erfüllung geht oder es zumindest lange bis zu seiner Erfüllung dauert. Und manchmal passiert dann etwas Unerwartetes, und man ist froh, dass man so lange warten musste und der ursprüngliche Wunsch gar nicht in Erfüllung gegangen ist, weil seine Erfüllung doch nicht das Richtige gewesen wäre. Dieses Naturgesetz hat sich auf der Flucht immer wieder auf unglaubliche Weise bewahrheitet. Mein Vater hatte mir oftmals die Geschichte des Propheten Ayoub (Hiob) erzählt und davon, wie geduldig er war. Er hatte mir gegenüber immer wieder Ayoubs Geduld betont, weil er mich als ungeduldigen Menschen sah. »In der Hast lebt die Reue und in der Überlegtheit lebt die Sicherheit«, wiederholte er immer wieder.

In diesem Sinn habe ich mich gestern nach langem Überlegen für den nächsten Schritt entschieden. Ich habe die ganze Nacht in Google Maps die Grenze zwischen Serbien und Ungarn studiert, bin sie im Geist Schritt für Schritt abgegangen und habe lange überlegt. Ich war neugierig, wie die anderen heute reagieren würden.

Leider findet mein Plan nicht bei allen dreien Zustimmung. Wir sitzen im Hostel in der Lounge und diskutieren seit einer Stunde. Amar protestiert die ganze Zeit und will lieber mit einem Schlepper, den er heute Früh im Hostel gesprochen hat, weitergehen. »Dein Plan ist mir zu riskant, ich will nicht wegen des Geldes ein Risiko eingehen, ich zahle lieber einen Schlepper und übergebe ihm meine Sorge«, wendet er ein.

Ich verstehe seine Bedenken, seine Angst vor Ungarn. Wenn wir in Ungarn aufgegriffen würden, müssten wir für immer dortbleiben, denn im Gegensatz zu Griechenland wird das Dublin-Abkommen dort eingehalten. Wir haben von vielen Menschen gehört, denen in Ungarn ihre Fingerabdrücke abgenommen worden sind. Wenn sie nicht in Ungarn blieben, sondern weiterreisten, passierte es ihnen, dass sie Monate später nach Ungarn zurückgeschickt wurden, weil sie dort zuerst registriert wurden. Und das wollen wir auf gar keinen Fall erleben. Die Lage für Flüchtlinge ist in Ungarn ganz schlecht. Die Asylverfahren dauern jahrelang, die Integration wird vom Staat in keiner Weise gefördert. Die Regierung ist uns gegenüber negativ eingestellt.

Während wir hier sitzen und diskutieren, kommt der Schlepper, den Amar heute getroffen hat, auf uns zu. Anscheinend kennt sich der Schlepper mit diesem Hostel gut aus, hier machen viele Syrer halt, und er kommt jeden Tag hierher, um Kundschaft zu finden und seinen Lebensunterhalt hier zu verdienen. »Hallo Männer! Wollt ihr da in Serbien noch viel Zeit verschwenden?«, versucht er sich einzuschleimen und tätschelt meine Schulter. Ich will ihn nicht anschauen, ich sehe Fadi in ihm. Er ist Marokkaner und spielt den Macho. Ich stehe auf. »Ich kann Serbien im Augenblick nicht verlassen. Mein Geld ist zu Ende, und ich muss darauf warten, dass meine Eltern mir wieder Geld schicken. Und das wird ein paar Tage dauern«, erkläre ich, verabschiede mich und gehe ins Zimmer. Ich habe im Moment genug Geld, weiß jedoch ganz genau, dass er mich dann in Ruhe lässt.

Kito folgt mir. »Ich bin an deiner Seite, egal, wie Amar und Mohammad sich entscheiden. Mir gefällt dein Plan, ich will mich auch nie wieder einem Schlepper ausliefern!«, sagt Kito mit vollem Vertrauen in seiner Stimme.

»Und ich werde dich auch nie im Stich lassen. Was ich mir wünsche, wünsche ich auch dir«, bekräftige ich unseren Zusammenhalt mit einer festen Umarmung.

Kito und mich scheint das gemeinsame Schicksal zusammengeführt zu haben, wir sind füreinander bestimmt. Ohne ihn würde sich meine Weiterreise viel schwieriger gestalten. Wir stärken einander! Dennoch werden sich unsere Wege auf dieser Reise noch trennen.

Nach einer Weile kommen Amar und Mohammad zu uns ins Zimmer. »Jad, es tut mir leid, aber ich kann keine Minute mehr hier warten. Ich will schnell und sicher an mein Ziel kommen. Meine schwangere Frau wartet ungeduldig auf mich in Syrien, wenn ich in Ungarn erwischt werde, kann ich sie nicht mehr legal nachholen«, entschuldigte sich Amar, und Mohammad fügt hinzu: »Ich auch. Ich werde mich heute um Mitternacht mit diesem Schlepper auf den Weg machen. Ich habe Angst vor Ungarn und will gesichert nach Deutschland kommen.« Mit hochgezogenen Augenbrauen fragt er mich: »Bist du jetzt beleidigt?«

»Natürlich nicht. Natürlich hätte ich gern, dass ihr mehr Geduld hättet, aber es ist eure Entscheidung, ihr seid frei, und wir müssen nicht zusammenbleiben. Uns hat das Weiterkommen zusammengebracht, und wenn das Weiterkommen mit diesem Schlepper das Richtige für euch ist, dann ist es auch in Ordnung.«

Ich hätte natürlich gern, dass wir zusammenbleiben. Unser Ziel war anfangs weiterzukommen, aber wir werden uns auf jeden Fall trennen müssen, da jeder von uns woanders hinmöchte. Immerhin haben wir einen großen und schwierigen Teil des Weges gemeinsam geschafft. Da wir noch einige gemeinsame Stunden vor uns haben, schlage ich vor, einen Spaziergang durch Belgrad zu machen und uns auf diese Weise voneinander zu verabschieden.

Beim Spazierengehen erzählt mir Amar den Plan seines Schleppers: Sie werden mit einem Auto von Belgrad um ein Uhr in der Nacht zur Grenze gebracht, müssen dann zehn Kilometer zu Fuß über die grüne Grenze gehen, dann holt sie dieses Auto in Ungarn ab und bringt sie nach Wien. Das kostet sie dreihundert Euro pro Person. Das ist mir zu anstrengend und zu teuer. Ich habe aktuell nur noch dreihundert Euro. Für meinen Plan brauche ich nicht mal die Hälfte!

Als wir ins Hostel zurückkommen, steht der Marokkaner im Eingang. Er sieht sehr gestresst aus. »Ich kann heute nicht euch beide abholen. Ich habe mit drei anderen einen Deal ausgemacht und nur einen Platz im Auto frei. Es tut mir leid, aber dreihundert mal vier ist mehr als mal zwei. Ihr müsst euch entscheiden, wer von euch mitfährt«, spricht er die beiden an. Sprachlos schauen sich Amar und Mohammad an, aber der Marokkaner hat offensichtlich keine Zeit:

»Mir ist egal, wer von euch mitfährt. Ich komme um eins und hole denjenigen dann ab.« Er dreht sich um und geht, ohne auf eine Entscheidung zu warten.

Wir gehen ins Zimmer, und Amar und Mohammad schauen einander immer noch verwirrt an, ganz so, als würde jeder darauf warten, dass der andere sagt: »Geh du!« Kito und ich halten uns zurück. Ich äußere kein einziges Wort, obwohl sie offensichtlich gerne jemanden hätten, der für sie entscheidet. Mohammad ruft seine Mutter an und fragt sie, was sie davon hält. »Meine Mutter ist Hellseherin. Sie kann mir sagen, was richtig ist«, erklärt er, während er das Handy an sein Ohr hält und das Zimmer verlässt. Nach einer Weile kommt er zurück: »Amar, geh du. Meine Mutter hat gesagt, dass sie gestern davon geträumt hat, dass ich mit Jad im Zug sitze. Außerdem wollen wir beide nach Schweden. Also, ich bleibe und gehe mit Jad und Kito«, verkündet Mohammad und blickt Amar erleichtert an.

Somit ist die Entscheidung gefallen, und wie geplant holt der Marokkaner Amar um ein Uhr ab. Mohammad kann nicht schlafen und hält uns wach. Einerseits ist er neugierig, was mit Amar passieren wird, und fragt ihn auf dem Handy ständig, wie weit er gekommen ist, andererseits scheint er neidisch zu sein und es zu bereuen, dageblieben zu sein. »Ich bin so ein Idiot, ich hätte mitfahren sollen, da wäre ich morgen in Deutschland und erlöst von meinem Leid gewesen. Das war eine falsche Entscheidung«, trauert Mohammad die ganze Nacht der Fahrt mit dem Schlepper nach. Ich schlafe trotzdem irgendwann ein. Aber lange darf ich nicht schlafen. »Aufwachen! Aufwachen!«, schreit Mohammad um sechs Uhr laut, »die ungarische Polizei hat Amar und die anderen erwischt!« Wie furchtbar! Ich denke voll Mitleid an Amars Frau. Mohammad weiß nicht, wie er reagieren soll. »Der Arme, er hat mir nur ein Wort geschrieben: ›N'kamschna‹ – ›Sie haben uns erwischt‹ –, und seitdem ist er offline«, sagt Mohammad mit trauriger Stimme, und unmittelbar darauf fügt er hinzu: »Gott sei Dank bin ich nicht mitgefahren. Gut, dass ich gewartet habe.« Und seine Stimme klingt dabei schon fröhlicher. »In der Hast lebt die Reue und in der Überlegtheit lebt die Sicherheit«, sage ich zu ihm und denke dabei an meinen Vater.

Das ist nicht mein Krieg

Man wird eine Menge aus dem Leben lernen, wenn man merkt,
dass die Feuerwehrleute das Feuer nicht mit Feuer bekämpfen.
ARABISCHER SPRUCH

Schon wieder zu wenig geschlafen! Wenn ich endlich in Schweden ankomme, will ich wie eine Schildkröte einen Monat lang durchschlafen. Komischerweise hat sich mein Körper irgendwie an diesen Lebensstil angepasst und benötigt nur sehr wenig Schlaf. Aber wenn ich alleine bin und im Bett liege, merke ich, dass irgendetwas mit mir nicht stimmt. Ich bin unruhig und innerlich müde, aber ich kann meinen Kopf nicht freibekommen.

Kito, Mohammad und ich sitzen in der Lounge vom Hostel und gehen den Plan noch einmal ganz sorgfältig durch. Allerdings wird unser Gespräch unterbrochen, als Omran ins Hostel kommt. Die Polizei hat ihn heute entlassen. »Wechselt das Thema! Ich möchte nicht, dass sie momentan von unserem Plan erfahren!«, murmele ich leise, als ich Omran und seine Freunde auf uns zukommen sehe. Ich habe kein Problem mit Omran. Ganz im Gegenteil. Er ist mir sympathisch und ich vertraue ihm. Aber wenn er und seine Freunde sagen, sie würden gerne mitkommen, könnte das den ganzen Plan gefährden. Je weniger wir sind, desto unauffälliger sind wir an der Grenze.

Wir wollen nämlich tagsüber mit dem Bus nach Subotica und dann mit einem Taxi zur Grenze fahren. Dort wollen wir bei der Tankstelle aussteigen. Elegant und schick angezogen, können wir dann hoffentlich einer nach dem anderen einfach hinter den serbischen und ungarischen Zollgebäuden vorbeispazieren. Dann treffen wir uns in der Toilette bei der Tankstelle, die gleich nach der Grenze in Ungarn liegt. Vorher rufe ich ein Taxi, das dann ungefähr gleichzeitig mit uns bei der Tankstelle ankommen soll und uns weiter nach Budapest bringt. Im Internet habe ich eine Taxifirma aus der Grenzstadt Szeged ausfindig gemacht. »Sicher übernehmen wir auch solche Fahrten. Wir bringen Sie nach Budapest für 150 Euro«, hat die Dame freundlich auf meine Frage geantwortet, als ich sie heute in der Früh angerufen habe. Und das soll morgen, am Montag, passieren, da dann mehr Leute unterwegs sind als am Wochenende. So haben wir bessere Chancen, uns unauffällig vorbeizuschleichen. Es klingt nach einem einfach gestrickten Plan, aber das ist das Besondere an ihm, ganz nach dem arabischen Spruch: »Wenn du von der Polizei verfolgt wirst, ist das beste Versteck, auf deren Dach zu schlafen.«

Ich bin zuversichtlich und überzeugt, dass wir es schaffen werden. Wenn man in solchen Situationen ans Scheitern denkt, ist man im Kopf bereits gescheitert. Wir hören uns eine Weile an, wie es Omran im Krankenhaus und bei der Polizei ergangen ist und was sie noch für die Weiterreise vorhaben. Ich habe in diesem Moment kein Interesse an dem Gespräch, mein Kopf ist voller Gedanken über den morgigen Plan. »Solltet ihr bis Dienstag hier bleiben, schreibe ich euch, wie ihr einfach und günstig weiterkommen könnt. Ich muss zuerst diesen Plan ausprobieren.« Damit verabschiede ich mich von ihnen und gehe alleine durch Belgrad spazieren.

Endlich habe ich Zeit für mich, für mich alleine, über den vergangenen und kommenden Abschnitt meines Lebens nachzudenken. An der Sava, dem Fluss, der Belgrad durchquert, setze ich mich auf eine Bank und schaue ins Leere. Ich kann mich nicht entspannen. Mir wird klar, wie groß und chaotisch die Vielzahl an Gedanken in meinem Kopf ist. Ich weiß nicht, womit ich anfangen soll: Heimweh, Sarah, meine Familie und Freunde, die Weiterreise, das Leben in Schweden, Fadi und seine Gaunerei … Ich fühle mich, als ob das Ganze nur ein Traum sei und nicht die Realität. Es fällt mir schwer, meine jetzige Situation als Wirklichkeit anzuerkennen. Mir kommt die Geschichte eines Indianers in den Sinn: Er hat verweigert, mit dem Auto zu fahren oder mit dem Flugzeug zu fliegen, weil er davon überzeugt war, dass die Seele nicht so schnell nachkommt. Und als er dann einmal mit einem Auto gefahren ist, hat er alle paar Kilometer den Fahrer aufgefordert anzuhalten, ist ausgestiegen und hat sich an den Straßenrand gesetzt. Er hat darauf gewartet, bis seine Seele nachkommt. Was ist, wenn dieser Mythos stimmt und meine Seele noch in den Gassen von Damaskus geblieben ist, ziellos von einem

Jasmin zum anderen fliegt, auf der Suche nach mir selbst? Was ist, wenn Damaskus meine Seele ist? Wenn der Jasmin die Quelle meiner Liebe ist? Werde ich ohne Jasmin wieder lieben können?

»Могу ли да седнем?« Ein alter Mann mit einem kleinen Hund steht neben mir und fragt mich etwas auf Serbisch.

»English please!«, sage ich lächelnd.

»May I sit down?«

»Of course!«

»Wo kommst du her?«, fragt er mich auf Englisch.

»Syrien.«

»Oh«, drückt er seine Überraschung aus.

Wir unterhalten uns eine Weile. Der Mann: 72 Jahre alt, verwitwet, ein pensionierter Offizier. Er spaziert diese Strecke jeden Tag mit seinem Hund. Er ist sehr interessiert und hat viele Fragen über Syrien und den Krieg und die Aufstände im Nahen Osten. Ich spüre aber, dass er mit seinen vielen Fragen die ganze Zeit über um eine Kernfrage herumredet, die er sich nicht zu stellen traut.

»Sie können mich alles fragen, was Sie wissen wollen. Ich bin ganz offen«, ermutige ich den alten Mann.

»Ich möchte ganz gern wissen, warum Sie sich für die Flucht entschieden haben und nicht dafür, für das Land gegen den Terror zu kämpfen?«, fragt er vorsichtig. Oje! Gehört er zu jenen, die mich für einen Feigling halten, weil ich den Einberufungsbefehl verweigert habe? Aber schon gut, ich nehme mir Zeit und versuche, ihm alles zu erklären. Vielleicht kann ich etwas dazu beitragen, dass er ein bisschen umdenkt. »Ganz einfach. Das ist nicht mein Krieg! Ich habe keine Ahnung, wer gegen wen kämpft und aus welchem Grund. Ich bin kein Idiot und will mich nicht für die Waffenindustrie opfern. Außerdem sitzen diejenigen, die von diesem Krieg profitieren, jeden Abend in einer Bar, betrinken sich und teilen sich die Beute. Ich möchte für diese Menschen nicht kämpfen«, erkläre ich ihm ganz ruhig. Er wirkt positiv überrascht, und je mehr ich erzähle, desto größer wird sein Lachen. »Junger Mann! Du bist klug. Wenn alle Menschen den Krieg verweigern würden wie du, dann gäbe es keinen mehr«, sagt er mit etwas trauriger Stimme. »Ich bereue nichts mehr in meinem Leben, als meine Beteiligung am Jugoslawienkrieg«, fügt er hinzu.

»Warum das?«, frage ich neugierig.

»Damals sind wir voller Begeisterung in den Krieg gezogen, Nationalstolz, unser Volk, der starke Führer, wir sind die Besten, und und … All das waren Ausdrücke, die wir immer wieder eingeredet bekommen haben. Und was war das Ergebnis? Nichts, nur viele Tote auf beiden Seiten. Denselben Kriegsausgang hätten wir durch Sprechen und Verhandeln erreichen können. Krieg ist etwas Grauenhaftes, durch Krieg hat die Menschheit nie Frieden erreicht! Ein Krieg verursacht nur weitere Kriege und mehr Hass und Leiden auf dieser Welt«, sagt er voller Emotionen. Seine Reue ist sehr stark spürbar. Ich weiß jedoch nicht, wie ich ihn trösten kann. Wir sitzen eine Weile schweigend nebeneinander und sehen zu, wie der Fluss vorbeifließt. Ich blicke auf meine Uhr und bemerke, wie spät es schon ist. Ich verabschiede mich und gehe zum Hostel zurück mit dem Gedanken: »Wieso muss jedes Mal so viel Blut fließen, bis wir zu einer Lösung kommen? Die Menschheit hat anscheinend noch viel zu lernen.«

Schmiergeld sei Dank

Schildkröten kennen den Weg besser als die Kaninchen.
GIBRAN KHALIL GIBRAN

Wir fahren seit eineinhalb Stunden mit dem Bus nach Subotica. Wir haben das Hostel um neun Uhr vormittags verlassen, wir wollen zwischen zwölf und ein Uhr die Grenze überqueren. Das soll die Rushhour sein, während der die Beamten sehr beschäftigt sind. Der Abschied von der Rezeptionistin und ihre Worte nehmen meine Gedanken ein. »Wenn du sicher in Schweden angekommen bist und glücklich leben willst, dann vergiss die Heimat! Denk nicht, wie schön das Leben in der alten Heimat war, sondern wie schön es in deiner neuen Heimat sein könnte. Pass dich an. Lerne die Sprache, lerne, was sie gerne unternehmen, lebe wie sie und stell dir vor, dass es schon immer deine Heimat gewesen ist. Auch wenn dir Menschen begegnen, die von deiner Anwesenheit nicht begeistert sind, ignoriere sie, denn ich nehme an, dass dich auch nicht alle Menschen in Damaskus gemocht haben. Ansonsten kann das Exil zu einer Hölle werden«, erklärte sie und wünschte mir viel Glück. Die Begegnung mit dieser Dame hat mich zum Nachdenken gebracht, wie das Leben in Schweden wohl sein würde. Ich stelle fest, dass ich mir bis jetzt noch keine Gedanken darüber gemacht habe. Ich war die ganze Zeit über nur auf den Weg dorthin konzentriert. Für mich war das bislang kein Thema. Ich komme dort an und lebe einfach in Sicherheit mit den Menschen.

Jetzt sind wir endlich in Subotica angekommen. Ich muss die Gedanken an Schweden wieder wegschieben und mich auf die Weiterreise konzentrieren. Am Busbahnhof stehen drei Taxis bereit. Ich gehe an ihnen vorbei und mustere die Fahrer, ich möchte herausfinden, wer von ihnen mir am sympathischsten vorkommt. Der Letzte ist der Jüngste und sieht abenteuerlustig aus. Ich nähere mich seinem offenen Fenster und frage ihn, ob er uns zu der Tankstelle an der Grenze bringen würde.

»Ja gerne, für zwanzig Euro«, sagt er vom Auto aus, ohne mich wirklich anzuschauen, und zieht an seiner Zigarette. Ein paar Sekunden später kommt ihm plötzlich ein Gedanke: »Wer seid ihr? Ich muss eure Reisepässe sehen!«

»Warum? Bist du Polizist?«, fragt Mohammad.

»Nein, aber es sind neuerdings viele Flüchtlinge unterwegs, und die Polizei kontrolliert alles ganz streng. Wenn sie Flüchtlinge bei mir erwischen, dann bekomme ich ein Problem«, erklärte er beunruhigt.

Im ersten Impuls denke ich, dass wir die dreißig Kilometer zu Fuß gehen müssen. Aber warum zu Fuß? Serbien ist doch wie Syrien, und es ist einen Versuch wert. »Ich gebe dir fünfzig Euro und du brauchst keine Reisepässe anzusehen«, biete ich ihm an.

»Seid ihr Flüchtlinge?«, fragt er skeptisch. »Nein, nein, das ist mir zu gefährlich. Sucht euch jemand anderen«, fährt er fort, ohne auf unsere Antwort zu warten. Ich zucke mit den Schultern, drehe mich um und will beim nächsten Taxifahrer mein Glück versuchen. Ich bin aber jetzt doch sehr beunruhigt, denn wenn der Taxifahrer den guten Bürger spielen will, informiert er die Polizei. Das kommt nämlich oft vor, habe ich auf der Facebook-Austauschseite gelesen.

»Stopp! Komm her! Ich fahre euch, aber ihr müsst geduckt im Auto sitzen, damit euch keiner sieht«, ruft der Fahrer.

Wir steigen ein und fahren los, nachdem wir ihm sein Geld gegeben haben. Die Fahrt soll insgesamt etwa vierzig Minuten dauern. Wir sehen gar nichts vom Weg. Ich sitze vorne und verstecke mich im Fußraum. Die anderen machen das Gleiche hinten.

»Das ist sehr verdächtig, weil normalerweise keine Taxis in Richtung der Grenze fahren«, erklärt uns der Fahrer.

Wie man auf Deutsch sagt: »Wenn man vom Teufel spricht …«

»Ach, Scheiße, Polizei!«, ruft der Fahrer plötzlich voller Panik. Ein Polizeiauto fährt parallel zu uns und mustert den Fahrer, er kann seine Nervosität nicht verbergen. Die Polizei schaltet das Blaulicht ein und weist ihn an, anzuhalten. »Setzt euch wieder normal hin«, murmelt er leise. Ein Polizist kommt auf uns zu und stellt dem Fahrer einige Fragen auf Serbisch. Wir verstehen nichts, und es kommt uns sehr lange vor. Ich bin voller Wut, dass wir jetzt wohl zurück nach Belgrad geschickt werden. Im schlimmsten Fall bringen sie uns zurück nach Mazedonien, denke ich pessimistisch.

»Steck fünfzig Euro in deinen Reisepass und gib ihn dem Polizisten«, sagt der Taxifahrer hastig und deutlich angespannt. Der Polizist nimmt den Reisepass mit dem Geld und geht in sein Auto. Dort sitzt er für ein paar Sekunden, dann kommt er mit Pokerface wieder heraus, gibt dem Taxifahrer meinen Reisepass zurück, steigt in sein Auto und verschwindet.

An der Tankstelle lässt uns der Taxifahrer aussteigen und fährt mit quietschenden Reifen so schnell wie möglich wieder davon. Zur Tankstelle gehört auch ein Café. Dort gehen wir auf die Toilette. Ich rufe die Taxifirma an und bestelle ein Taxi zu der Tankstelle auf der ungarischen Seite in einer Stunde. Während wir uns vor dem Spiegel hübsch machen, wiederhole ich den Plan: »Ich gehe als Erster. Ich gehe hinter den Zollgebäuden auf der kleinen Parallelstraße. Ich warte auf euch zwischen dem ungarischen Zollgebäude und der Tankstelle irgendwo im Wald. Ihr lasst etwa fünfhundert Meter Abstand zwischen uns, sodass ihr mich kaum noch seht.« Wir verlassen die Toilette, stehen hinter der Tankstelle und haben die Zollgebäude nun in Sichtweite. Sie liegen unmittelbar nebeneinander. »Ich sehe euch auf der anderen Seite!«, verabschiede ich mich, atme zweimal tief durch und gehe los.

Es ist ein sonniger Tag, aber der kalte Wind bläst unangenehm in mein Gesicht. Es ist sehr ruhig, nur ein paar Autos fahren immer wieder auf der Hauptstraße vorbei. Ich versuche mich zu entspannen und fange – wie zwischen Griechenland und Mazedonien – zu singen an. Aber je näher ich dem ersten Zollgebäude komme, desto nervöser werde ich. Zu meiner Überraschung stehen dort nicht viele Autos. Die Beamten lassen sie sichtlich ohne Kontrolle vorbei. Ich entscheide mich, nicht mehr hinzuschauen und einfach das Zollgebäude zu umgehen. An der ungarischen Grenze stehen viele Autos in der Schlange, was gut für uns ist. Ein Polizeiauto steht auf der Parallelstraße, aber es sitzt keiner drin. Ich gehe ganz entspannt weiter. Als ich das ungarische Gebäude fast hinter mir gelassen habe, fängt plötzlich in einem Zimmer ein Hund laut zu bellen an. Ich erschrecke mich fast zu Tode. Ich biege sofort ab in den Wald und gehe weiter in Richtung der Tankstelle. Im Wald verstecke ich mich hinter einigen Ästen und warte auf Kito und Mohammad, um ihnen winken zu können, sobald sie in Sichtweite sind. Die beiden erleben den gleichen Schreckmoment mit dem Hund und kommen mit blassem Gesicht bei mir an. »Er hat mich so erschreckt … Ich glaube, ich bin nicht mehr in der Lage, Kinder zu machen«, erklärt Kito, während er von uns abgewandt pinkelt.

Gerade als wir uns zu beruhigen versuchen, fahren zwei Polizeiautos mit Blaulicht auf der Parallelstraße. Wir legen uns flach auf den Boden. »Sie sind sicher auf der Suche nach uns! Der Hund hat sie auf uns aufmerksam gemacht«, flüstert Kito. Wir warten, bis sie wieder weg sind, und schleichen weiter durch den Wald. Genau nach fünfzig Minuten kommen wir in der Toilette der ungarischen Tankstelle an. Ich bin demjenigen unheimlich dankbar, der die Toilette erfunden hat. Ich habe WC in meinem Wortschatz zu *Unterschlupf* umbenannt.

Das Taxi wird hoffentlich in zehn Minuten kommen, und wir warten voller Panik. Diese zehn Minuten fühlen sich an wie ein Jahr. Wir rechnen jeden Moment damit, dass sich die Tür öffnet und uns die Polizei verhaftet. Dann müssen wir für immer und ewig in Ungarn bleiben.

Als die Zeit um ist, gehe ich zum Parkplatz vor der Tankstelle und sehe, wie genau in diesem Moment das Taxi ankommt. Ich gehe auf das Fahrzeug zu und steige ein. »Bitte fahren Sie kurz zum WC, meine Freunde warten dort auf uns«, versuche ich in meinem besten American English zu erklären. Als Kito und Mohammad einsteigen, versuche ich, den Taxifahrer in ein Gespräch zu verwickeln, damit er keine Zeit hat, um uns Fragen zu stellen. »Ihr habt eine sehr schöne Landschaft hier in Ungarn. Viel schöner als bei uns in Amerika. Warst du schon mal in Amerika?«, überrolle ich ihn mit meinen Fragen. Als wir uns einige Kilometer von der Grenze entfernt haben, höre ich auf und lehne mich zurück. Ich bin müde und habe sowieso keine Lust, mit dem Fahrer zu tratschen. Er ist auch nicht so gesprächig, was mir recht ist. Ich kann es kaum glauben, dass unser primitiver Plan so gut geklappt hat. Nach etwa fünf Stunden Fahrt kommen wir in Budapest an.

Dick und Doof

Wie kann ein Samen es glauben, dass in sich ein großer Baum steckt?

SCHAMS-E TABRIZI

Budapest ist so schön! Erst jetzt fühle ich, dass ich in Europa angekommen bin. Die Stadt entspricht dem Bild, das man sich in Syrien von Europa macht. Die Prachtbauten der Innenstadt faszinieren mich, die alte Monarchie ist überall gegenwärtig, ich komme mir vor wie im 19. Jahrhundert. In dieser schönen Nachtstimmung gehen wir durch die Stadt, teils begeistert von Budapests Eleganz, teils gestresst, und schauen uns stets um, ob an irgendeiner Ecke Polizei steht.

Nach langer Suche finden wir ein Hostel in Budapests Gassen. In den Bewertungen im Internet steht, dass das Hostel bei Studenten aus der ganzen Welt sehr beliebt ist. Und das stimmt wohl. Es ist bescheiden, die Menschen sitzen auf dem Boden und kochen gemeinsam, die ganze Atmosphäre ist freundlich, obwohl sich alle wahrscheinlich erst hier im Hostel kennengelernt haben. Deshalb mache ich mir Hoffnung, dass sie uns vorbehaltlos aufnehmen werden und nichts an unserer Nationalität finden. An der Rezeption steht ein Mann mit blonden Dreadlocks, und auf unsere Frage, ob er für drei Personen für zwei Nächte Platz habe, antwortet er: »Platz haben wir immer. Wenn nicht im Hostel, dann im Herzen.«

Bei seiner Antwort fühle ich jede Menge Glückshormone durch meinen Körper strömen, und ich überreiche ihm unsere syrischen Pässe, ohne Angst, dass er die Polizei informieren würde. Er nimmt sie in die Hand, scannt sie ein, ohne ein Wort darüber zu verlieren, als wären es ganz gewöhnliche europäische Reisedokumente. Ob er es bemerkt und einfach die Augen zudrückt, kann ich nicht sagen, es sieht jedenfalls so für mich aus. Er weist uns Plätze in einem Achtbettzimmer für zwölf Euro pro Nacht und Nase zu. Die anderen begrüßen uns freundlich und gehen. Sie wollen heute ausgehen. Wir ruhen uns im Zimmer aus und vermeiden es, in die Küche zu gehen, wir wollen trotz der freundlichen Atmosphäre kein Risiko eingehen. Wir sind jetzt in Ungarn, und jede falsche Aktion könnte unsere Fingerabdrücke aktenkundig werden lassen. Ich liege die ganze Nacht auf meinem Bett und suche im Internet die beste Möglichkeit weiterzukommen.

Kito telefoniert mit seinem Onkel in Dortmund. Der erzählt ihm von der Möglichkeit, mit einem Taxifahrer über Tschechien nach Dortmund zu kommen. Der Taxifahrer sei ein Bekannter von ihm und lebe in Budapest. Aber das koste dreihundert Euro pro Person. »Das ist ein Bekannter meines Onkels und kein Schlepper, was hältst du davon, wäre das etwas für uns?«, fragt Kito mit glänzenden Augen.

»Ein Mensch, der so viel Geld für eine illegale Arbeit verlangt, ist doch ein Schlepper. Außerdem habe ich sowieso kein Geld mehr«, antworte ich ohne Begeisterung.

»Das Geld ist kein Problem, ich leihe es dir. Wir sind von dem Weg so erschöpft und müde und wollen jetzt Ungarn schnell verlassen und endlich ankommen«, versucht er mich zu überreden.

»Du reagierst jetzt genauso ungeduldig wie Amar vor zwei Tagen in Belgrad. Aber gut, wir können den Taxifahrer treffen und uns genau informieren lassen. Dann können wir noch immer eine Entscheidung treffen«, stimme ich etwas unwillig zu. Mohammad schaut mich leicht verunsichert an: »Ich bin damit einverstanden, dass Jad entscheidet. Wir sind so weit gekommen dank Gott – und ihm. Außerdem hat doch meine Mutter davon geträumt, dass wir gemeinsam mit dem Zug fahren.« Kito vereinbart sofort mit diesem Mann für den nächsten Tag um neun Uhr Früh einen Treffpunkt in einem Kaffeehaus.

Nach zwei Stunden Nachtschlaf weckt mich wieder einmal ein Albtraum: Ich träume davon, dass die Polizei das Hostel stürmt und uns verhaftet. Schlafen kann ich danach nicht mehr. Ich bleibe bis acht Uhr Früh hellwach im Bett liegen und denke an dies und das, nicht nur an die Weiterreise, sondern auch an die Heimat und an all das, was ich zurückgelassen habe. Ich hätte so gerne einen Aus-Knopf in meinem Gehirn, um alle diese Gedanken einfach abschalten zu können. Aber ich nütze die Zeit und finde eine gute Möglichkeit zur Weiterreise, falls es mit dem Taxifahrer nicht klappen sollte, also einen Plan B.

Wir machen uns auf den Weg und warten im Kaffeehaus auf diesen Typen. Endlich, mit einer halben Stunde Verspätung, erscheint er mit einer Begleitperson. Als ich ihn sehe, ist er mir sofort unsympathisch. Ich weiß nicht warum, aber ich sehe in solchen Menschen Fadi, den ich persönlich ja nie getroffen habe. Ich würde am liebsten, noch bevor er etwas sagt, umdrehen und wieder gehen. Aber ich muss Kito zuliebe bleiben. Er setzt sich mir gegenüber nieder, und sein Begleiter sitzt links von ihm. Sie erinnern mich an *Dick* und *Doof*. *Doof* ist der Bekannte von Kitos Onkel, ein Palästinenser, er ist dünn und groß und schaut aus, als wäre er gerade aus dem Gefängnis entlassen worden. Sein Begleiter ist dafür klein und kräftig. Als Erstes zündet er sich eine Zigarette an und fragt: »Sind hier in Ungarn schon von einem von euch Fingerabdrücke genommen worden?« Kito schüttelt den Kopf. Der Palästinenser zieht die Augenbrauen in die Höhe. »Hm, das kommt selten vor«, wundert er sich. Dann spricht er eine halbe Stunde lang in angeberischem Tonfall darüber, wie erfolgreich er bereits zahllose Flüchtlinge nach Deutschland gebracht hat.

Irgendwann wird es mir zu viel, ich unterbreche ihn und frage, wie alles ablaufen soll. »Junger Mann, die Welt ist in sieben Tagen erschaffen worden! Aber wie du willst: Ihr zahlt mir jetzt dreihundert Euro pro Person, und mein Partner hier, Abu Ali, fährt euch übermorgen Abend nach Deutschland. Wir müssen nur schauen, dass er heute ein österreichisches Taxi besorgt, denn die Taxis mit österreichischem Kennzeichen werden am wenigsten kontrolliert.« Jetzt ist sein Tonfall ein anderer, nicht mehr angeberisch, sondern ganz sachlich.

»Warum übermorgen, und warum im Vorhinein? Wir können doch zahlen, wenn wir angekommen sind«, frage ich kritisch.

»Du brauchst nicht so viele Fragen zu stellen, es ist einfach so. Seid froh, dass es von euch in Ungarn nirgends Fingerabdrücke in den Polizeiakten gibt. An eurer Stelle würde ich sofort zahlen und abhauen«, unterbricht er mich und wird auf einmal unfreundlich.

»Ich darf doch fragen, ich will mich nur erkundigen«, versuche ich Dampf herauszunehmen.

»Wie gesagt, seid doch froh. Je länger ihr hier seid, desto größer ist die Gefahr, dass irgendjemand, der dich nicht sympathisch findet, die Polizei informiert. Und dann ist es aus«, sagte er mit drohender Stimme, die für mich so klingt: »Wenn du nicht mit mir fährst, informiere ich die Polizei!« Ich bekomme Angst davor, dass die Polizei von uns hier in Budapest Fingerabdrücke nehmen könnte, und versuche, die Situation zu retten. »Okay, verstehe ich. Du hast ja recht, aber ich habe das Geld nicht da. Ich erwarte heute eine Überweisung meiner Eltern und bezahle dann morgen vor der Fahrt«, lüge ich ihn an, damit er uns nicht an die Polizei verrät. Damit beenden wir die Besprechung und gehen wieder zurück ins Hostel.

»Kito, was soll das? Das soll ein Bekannter deines Onkels sein? Der hat uns eindeutig bedroht!«, schreie ich ihn am Weg dorthin an.

»Ja, ich weiß auch nicht. Der ist ein Arschloch. Ich rufe jetzt meinen Onkel an«, sagt Kito ziemlich verzweifelt und nimmt gleich sein Handy.

»Für mich kommt das auch nicht infrage. Gut, dass du ihn so beruhigt hast. Wir müssen so schnell wie möglich Ungarn verlassen«, flüstert Mohammad in mein Ohr, während Kito bereits telefoniert. Er berichtet uns gleich, was sein Onkel gesagt hat: »Ja, ich weiß auch nicht, ich habe nur von Bekannten in Dortmund gehört, dass er viele Flüchtlinge hierhergebracht hat. Mich verbindet mit ihm keine Freundschaft. Macht, was für euch sinnvoll ist.«

Im Hostel sitze ich jetzt voller Anspannung und kontrolliere noch einmal meinen Plan B und informiere die beiden: »Wir machen einfach dasselbe, was wir bisher gemacht haben: als normale Zivilisten mit dem Zug weiterfahren. Wir gehen zum Kelety, Hauptbahnhof, und ich buche drei Tickets. Wir fahren in unterschiedlichen Waggons weiter.«

»Das gefällt mir«, sagt Mohammad begeistert, »ich begleite dich bis in den Tod.«

»Das einzige Problem ist, es gibt keinen direkten Zug nach Dortmund. Wir müssen in Wien umsteigen«, erkläre ich.

»Ja, gut, wir fahren nach Wien, wir buchen dann nach Schweden und Kito nach Dortmund«, schlägt Mohammad vor.

»Okay, und wann wollen wir das machen?«, will Kito wissen.

»Morgen Früh«, bestimme ich.

Am Abend sitzen wir alle in unseren Betten, jeder telefoniert mit seiner Familie und hält sie auf dem aktuellen Stand. Plötzlich klopft es an der Tür. Der Mann von der Rezeption steht draußen und informiert uns: »Ihr habt Besuch, zwei Männer warten unten in der Lounge auf euch.« Mein Herz klopft auf einmal so rasend schnell, als schlüge es tausendmal in der Minute. Ich bin sofort auf Flucht eingestellt und überlege, wie ich abhauen kann, wenn es Polizeibeamte sind. Vorsichtig gehe ich hinaus, Kito und Mohammad folgen mir. Zu unserer Überraschung sitzen *Dick* und *Doof* dort. Wie haben sie herausgefunden, in welchem Hostel wir übernachten? Meine Gedanken spreche ich sofort aus und frage sie danach.

»Tja, junger Mann, ich bin der Bürgermeister von Budapest. Das darfst du nicht fragen, meine Augen sind überall«, sagt *Doof* überheblich.

»Cool«, antworte ich und bleibe danach stumm.

»Wir wollten nur wissen, ob du das Geld hast, wir brauchen es, um das Auto zu besorgen«, teilt er uns mit.

Ich erkläre ihm, dass das Geld erst morgen kommen wird, da es Komplikationen gegeben hat. Außerdem müsse ich jetzt gleich wieder ins Zimmer gehen, da es mir nicht gut gehe. Ich drehe mich um und gebe im Weggehen Kito ein Zeichen, dass er die beiden abwimmeln soll. »Es ist gefährlich für uns beide, dass ihr hier seid, ihr müsst gleich wieder gehen, bevor jemand Verdacht schöpft«, sagt er zu den Männern.

»Schon gut, wir sind schon weg, wir kommen morgen Früh wieder«, verabschieden sie sich und gehen. Für uns heißt das jetzt, dass wir morgen weg sein müssen, bevor die beiden wiederkommen. Mit diesen Gedanken verbringe ich schon wieder eine schlaflose Nacht.

Marillenknödel oder das Ende!

Denke daran, dass etwas, das du nicht bekommst,
manchmal eine wunderbare Fügung des Schicksals sein kann.

DALAI LAMA

Um Punkt sieben Uhr verlassen wir unser Zimmer und versuchen, uns möglichst unauffällig aus dem Hostel herauszuschleichen. Der Mann mit den Dreadlocks sitzt wieder an der Rezeption und ist zu unserem Glück in seinen Computerbildschirm vertieft. »Stopp!«, ruft er, als wir gerade beim Ausgang ankommen. Er steht auf und kommt auf uns zu, dabei hält er etwas in der Hand: eine Stofftasche. »Das ist ein Geschenk von mir für euch«, sagt er und holt aus der Tasche drei T-Shirts, die gleichen, die er und das Personal des Hostels tragen. Ich bedanke mich und versuche zu lesen, was in englischer Sprache auf den Shirts steht: »Kein Mensch ist illegal.« Ich fühle auf einmal eine ungeheuer positive Energie in mir. Wir geben einander die Hand, ich bedanke mich bei ihm und sehe in diesem Moment in seinen Augen, dass ihm klar ist, wer wir sind, woher wir kommen und wohin wir wollen.

Nach einer Viertelstunde Fußmarsch erreichen wir den Hauptbahnhof. Es ist sehr ruhig und still. Am Bahnhof gehen nur ein paar Leute herum. Kito und Mohammad bleiben vor dem Eingang in der Morgensonne sitzen, ich suche einen Schalter, um die Tickets zu besorgen. Als ich den Bahnhof betrete, kommen mir zwei Polizisten entgegen. Es durchfährt mich wie ein glühend heißer Blitz vom Kopf bis zu den Zehen. Aber ich bleibe nach außen hin cool und entspannt und gehe einfach an ihnen vorbei, weiter hinein. In der Mitte der Halle steht ein großer Bildschirm mit den Ankunfts- und Abfahrtszeiten der Züge. Der nächste Zug nach Wien fährt in zwanzig Minuten. Links von mir sehe ich eine Reihe von Schaltern, aber beim Näherkommen bemerke ich, dass nur einer geöffnet ist und hinter der Scheibe eine Dame mit schwarzem Haar sitzt. Ich kaufe drei Fahrkarten nach Wien und gehe schnell zu den anderen zurück. Jeder steckt sein Ticket ein, und wir gehen direkt zum Zug, der schon am Bahnsteig wartet. Es scheint alles so friedlich zu sein, auch keine Polizisten sind zu sehen. Wir steigen, wie geplant, in verschiedene Waggons ein, ich sitze im ersten, hinten ganz rechts am Fenster.

Kurz vor der Abfahrt kommt eine junge Frau herein und fragt, ob sie sich zu mir setzen kann. »Sicher«, freue ich mich und denke insgeheim, dass das die beste Tarnung ist. Kaum sitzt sie, tauchen am anderen Waggonende die beiden Polizisten von vorhin auf. Ich beginne sofort, mich mit meiner Nachbarin zu unterhalten, und beachte die beiden nur aus den Augenwinkeln. Sie kommen näher, immer näher, sind neben uns – und gehen vorbei. Aufatmen.

Endlich, nach einer endlosen Minute, fährt der Zug los. Ich schaue ganz entspannt aus dem Fenster, und plötzlich glaube ich, meinen Augen nicht trauen zu können: Auf dem Bahnsteig stehen die beiden Polizisten und führen gerade Mohammad in Handschellen ab. Ich bin unendlich traurig, die ganze Fahrt hindurch blicke ich ins Leere und kann nur daran denken, wie seine Mutter auf diese Nachricht reagieren wird.

Nach ungefähr eineinhalb Stunden Fahrt spricht plötzlich die Sprecherin, die die Stationen ansagt, eine andere Sprache, es heißt nicht mehr Keleti, sondern Bahnhof – wir sind in Österreich! Jetzt kann ich feiern, denn laut Facebook-Austauschseite wird in Österreich nicht kontrolliert, und es besteht keine Gefahr mehr. Ich stehe auf und suche Kito. Er scheint denselben Gedanken zu haben, wir treffen einander auf halbem Weg in der Mitte eines Waggons. Sein Gesicht ist traurig verzogen. »Sie haben ihn erwischt. Sie sind an mir vorbeigegangen, als sie ihn abgeführt haben, wir haben uns noch in die Augen geschaut«, erzählt er mit tieftrauriger Stimme.

Wir setzen uns jetzt nebeneinander und können uns endlich wieder wie jeder andere Mensch in einem öffentlichen Verkehrsmittel in unserer Sprache unterhalten. Schließlich kommen wir in Wien auf dem Hauptbahnhof an. Wir steigen aus und verlassen sofort das Gebäude. Es ist elf Uhr dreißig. Es ist sonnig. Ob es kalt ist, weiß ich nicht, ich spüre vor Aufregung nur die Wärme in meinem Körper. Von den beiden großen Koffern, mit denen ich Damaskus verlassen habe, besitze ich nur noch die Kleidung, die ich anhabe! Mein materieller Besitz war noch nie so gering wie jetzt. Aber ich fühle mich nicht weniger wert als vorher, ganz im Gegenteil, ich fühle mich freier und stärker denn je zuvor. Ich beziehe mein Selbstbewusstsein nicht mehr aus den vielen Dingen, die ich besitze, sondern aus meiner Person, aus mir und meiner Erfahrung.

Wien fasziniert mich: Hier ist alles so sauber und ordentlich. Hinter mir hängen drei große rote Buchstaben: QBB.

»Das ist kein Q, sondern ein Ö, ein zusätzlicher Buchstabe in der deutschen Sprache«, erklärt Kito.

»Was? Wie spricht man das aus?«, frage ich verwundert.

»Das ist ein O und ein E, quasi ein verlängertes O. Es gibt noch Ä und Ü.«

Ich fange an zu lachen, nämlich darüber, wie mühsam Kito die Buchstaben auszusprechen versucht und dabei seinen Mund merkwürdig öffnet und schließt und seine Lippen nach vorne überdehnt.

»Wieso weißt du das alles?«, frage ich ihn.

»Ich habe voriges Jahr einen A1 Deutschkurs auf der Uni in Aleppo gemacht. Ich kann fließend Deutsch: Aufenthaltsgenehmigungsbeantragung«, erwidert Kito stolz.

»Hä? Warum tut man sich das an? Aber egal, zum Glück muss ich diese Sprache nicht lernen. Du aber schon, mein armer Freund«, bedauere ich ihn halbherzig.

»Damit ich zu lernen anfange, muss ich erst ankommen. Wie kommen wir jetzt weiter?«, möchte Kito wissen.

»Ich brauche WLAN, wir müssen uns in ein Restaurant oder ein Kaffeehaus setzen.«

Auf der Suche danach spazieren wir durch die Sonnwendgasse mit stolzgeschwellter Brust – wie Sieger. Kito singt die ganze Zeit: »We are the champions, my friend.« Schließlich kommen wir zu einem Restaurant, typisch österreichisch, aber trotz des fehlenden Frühstücks haben wir keinen Hunger. Wir fragen nur nach WLAN. Der Kellner bestätigt, dass es hier WLAN gäbe, führt uns zu einem Tisch und bringt uns sofort die Speisekarte. Ich kann leider nichts davon verstehen, es ist alles auf Deutsch geschrieben. Ich deute ganz willkürlich auf irgendetwas aus der Nachspeisenliste.

Im Internet suche ich unterdessen nach Zügen für Kito und für mich. Für ihn schaut es einfacher aus, für mich leider nicht, denn nach Schweden muss man zwei- oder dreimal umsteigen, und die Fahrkarten sind unglaublich teuer. Da taucht auf einmal ein Gedanke in mir auf: Warum soll ich überhaupt nach Schweden? Nachdenklich schaue ich ins Leere.

»Hey! In welchem Land bist du jetzt?«, unterbricht Kito meine Gedanken.

Ich spreche jetzt meine Gedanken aus. »Ich würde mich ehrlich sehr freuen, wenn du mit mir nach Dortmund kommst. Ich habe Verwandte dort, die können dir am Anfang helfen. Uns hat ein Zufall zusammengebracht, aber du bist inzwischen wie mein Bruder geworden. Du hast mir richtig gut gefallen und hast den Platz meiner Freunde eingenommen, die ich in Aleppo zurückgelassen habe«, sagt er mit einer Stimme, die ich vorher noch nie an ihm gehört hatte. Eine Träne rollt über meine Wange. Kito ist der einzige Mensch, den ich in Europa kenne. Die Idee, nach Schweden zu fahren, ist auf einmal verschwunden.

Ich suche eine Verbindung, mit der wir nur einmal umsteigen müssen. Es gibt zwei Verbindungen, ich entscheide mich für die teurere, da wir da mit dem ICE fahren, der weniger kontrolliert wird, da laut Internet nur VIPs damit unterwegs sind.

Irgendwann fällt mir auf, dass der Kellner meine Nachspeise vor mich hingestellt hat. Auf dem Teller liegen zwei mit Staubzucker bestreute Bällchen. Neugierig halbiere ich eines und entdecke, dass sich drinnen eine Marille versteckt hat. Vorsichtig probiere ich einen Bissen. Es schmeckt bitter und sauer zugleich. Das nennen die Leute hier Nachspeise? Ich vermisse unsere Nachspeisen aus Honig und Blätterteig und Pistazien. Jetzt verstehe ich aber auch, warum wir im Nahen Osten mehr Diabetiker haben. Ohne aufzuessen, bezahlen wir und gehen zurück zum Hauptbahnhof.

Dort kaufen wir an einem Automaten die Fahrkarten, und ich gebe meine letzten Euro dafür aus. Eine Stunde warten wir am Bahnsteig, bis unser Zug kommt. Ohne irgendeine Kontrolle steigen wir ein, und der Zug fährt los. Kito sitzt am Fenster und ich am Gang. Dieser Zug ist wirklich sehr komfortabel. Die Sitze sind angenehm, man spürt gar nicht, dass er zweihundert Stundenkilometer schnell fährt, was auf dem Bildschirm zu lesen ist. Auf der eingeblendeten Landkarte können wir erkennen, wo sich der Zug gerade befindet.

So etwas habe ich noch nie erlebt. In Syrien bin ich einmal mit dem Zug von Damaskus nach Aleppo gefahren und fast am Rauch der Lokomotive erstickt. Damals hatte ich so etwas wie eine Seekrankheit, mir war schlecht ohne Ende.

Ich bin so glücklich, mich nicht mehr verstecken zu müssen. Ich rufe meine Familie an, erzähle ganz normal auf Arabisch, wie weit wir schon gekommen sind und dass ich mich entschlossen habe, in Deutschland zu bleiben. Ich sehe gerade auf dem Bildschirm, dass wir die Grenze zwischen Österreich und Deutschland passieren. Da wird der Zug langsamer und hält schließlich an einem Bahnhof. Plötzlich steigen zwei Männer in Zivil ein und kommen direkt auf mich zu.

»Passport please. Bitte, Ihren Reisepass.«

Damit habe ich nicht gerechnet. Ich weiß nicht, was ich sagen soll. So antworte ich einfach: »Ich habe keinen Reisepass.«

»Was sind Sie für ein Landsmann?«, fragt der Ältere der beiden mit kritischer Miene.

»Ääääh … Franzose«, stottere ich.

»Haben Sie keinen Führerschein oder Personalausweis, oder Ihre E-Card?«, fragte er, schon etwas unwillig.

»Nein, ich habe meine Geldtasche verloren.«

»Dann stehen Sie auf, wir müssen Sie kurz abtasten.«

Die Menschen im Waggon drehen sich zu uns um und schauen herüber. Obwohl Kito neben mir sitzt, werde nur ich befragt und untersucht. Sie schauen ihn nicht einmal an, ganz so, als gäbe es ihn gar nicht. Der jüngere Beamte nimmt meine Jacke in die Hand und untersucht sie, und ich weiß, dass in der Innentasche mein syrischer Reisepass steckt. Er findet ihn sofort und bittet mich, mit ihnen zu kommen und den Zug zu verlassen. Auf dem Bahnsteig stehe ich zwischen den beiden Beamten und sehe Kito durchs Fenster an. Wir halten Augenkontakt, als der Zug langsam losfährt.

»Bin ich jetzt in Deutschland?«, frage ich sofort.

»Nein, wir sind in Österreich«, sagt der Beamte mit den weißen Haaren. Ich bin schockiert und fange sofort damit an, die Beamten anzuflehen, mich weiterreisen zu lassen. Aber die beiden reagieren darauf gar nicht. Sie bleiben stumm, während der junge Beamte telefoniert. Dann beginne ich zu weinen. »Ich kenne hier doch niemanden! Lassen Sie mich bitte weiter nach Dortmund reisen. Dort habe ich Freunde«, schluchze ich. Der ältere Beamte schaut mich schon viel freundlicher und mitleidig an, aber er kann nicht antworten, er hat Tränen in den Augen, und die Kehle ist ihm zugeschnürt. Er nimmt sich einige Sekunden Zeit, reißt sich zusammen und sagt: »Österreich kennen nicht viele, aber es ist ein wunderschönes Land, die Menschen sind freundlich und du wirst schnell Freunde finden. Du bleibst nicht alleine.«

Nachwort

Ich bin den zwei Beamten unendlich dankbar, dass sie mich im Zug aufgegriffen haben. Das Schicksal hat mich am Ende doch angelächelt und an einen sicheren Ort gebracht. Ich weiß nicht, wie das Leben in Schweden oder Deutschland ausgesehen hätte, aber mit dieser Frage beschäftige ich mich ohnehin nicht, denn mein Leben in Österreich ist wunderschön. Ich habe in den vergangenen vier Jahren in Österreich unermesslich viele positive Erfahrungen gemacht. Ich habe ein Volk erlebt, das anderen alles Gute wünscht, wie es das für sich selbst wünscht, ein Volk, das hilfsbereit ist und Frieden liebt. Mir sind Menschen in Österreich begegnet, die mich in meinen schwierigen Zeiten am Anfang mit Liebe und Hoffnung versorgt haben. Viele haben mich unterstützt und gefördert. Ohne ihr Vertrauen hätte ich niemals in Österreich Wurzeln schlagen können. Alle Menschen zu erwähnen, die mir mit Hingabe geholfen haben, würde jedoch stundenlang dauern. Ihnen gilt mein aufrichtiger Dank. Aber der größte Dank geht an Doris Brandl. Doris ist eine großartige Frau, die unzählige Stunden ihrer Zeit darin investiert hat, mir kostenlos Deutsch beizubringen, und mich dabei unterstützt hat, dieses Buch ans Licht der Welt zu bringen.

Inhalt